Imprimerie Vve Albouy, 73, avenue d'Italie. — Paris.

LÉON BAZALGETTE

L'Esprit Nouveau

DANS LA VIE
ARTISTIQUE, SOCIALE ET RELIGIEUSE

> Joies de notre siècle : voir tomber tous les voiles, oser regarder la vérité sans masques, déchirer le mensonge ; pour cela, il vaut la peine de vivre.
> — EDGAR QUINET

PARIS
SOCIÉTÉ D'ÉDITIONS LITTÉRAIRES
PLACE DE L'ÉCOLE DE MÉDECINE
4, RUE ANTOINE-DUBOIS, 4
1898

Tous droits réservés.

INTRODUCTION

L'ESPRIT NOUVEAU

Mon premier mot aura pour but de dissiper une équivoque.

Le 3 mars 1894, au cours d'une discussion provoquée par une manifestation religieuse de la rue, M. Eugène Spuller, ministre des cultes, prononçait à la tribune de la Chambre les paroles suivantes :

« ... Il est temps — comme le dit M. Cochin, à qui je ne crains pas de m'associer en cette occasion — de s'inspirer dans les questions religieuses du principe supérieur de la tolérance... Je dis que sur ce point vous pouvez compter à la fois et sur la vigilance du gouvernement pour maintenir les droits de l'Etat, et sur *l'esprit nouveau* qui l'anime (Applaudissements répétés au centre et à droite)... Cet *esprit nouveau*, c'est l'esprit qui tend, dans une société aussi profondément troublée que celle-ci, à ramener tous les Français autour des idées de bon sens, de justice et de charité qui sont nécessaires à toute société qui veut vivre... (Vifs applaudissements sur les mêmes bancs. Interruptions).

Le mot fit fortune. Il est entré, depuis lors, dans le langage courant de la presse et de la politique, avec ce sens : rapprochement entre la République et l'Eglise, alliance de la démocratie et du catholicisme, rentrée en faveur du pouvoir religieux au sein de la société civile, restauration du règne social de Jésus. On le voit, l'*esprit nouveau* ainsi compris, n'est, à peu de chose près, qu'une tentative de résurrection de l'*esprit ancien*. C'est l'esprit de *réaction*.

Le sens que j'attribue à cette formule est totalement différent de cette interprétation singulière ; il en est même l'exact opposé. J'entends lui restituer ici son sens véritable, le seul qu'il puisse, à vrai dire, posséder : c'est l'esprit qui tend à faire triompher une nouvelle conception du monde dans l'humanité occidentale. L'esprit nouveau, à mes yeux, c'est avant tout l'esprit d'*action*.

Il me semble donc impossible qu'un malentendu subsiste à cet égard.

***

Qu'est-ce au fond que l'esprit nouveau ?

Le monde ancien — je ne dis pas le monde antique — possédait une conception de l'univers dont il s'est nourri pendant des siècles. La corruption s'y est mise. Des cerveaux se sont illuminés de conscience, pour lesquels ce qui avait été l'unique vérité devint l'erreur. L'esprit nouveau était né ; et les entrailles de l'humanité ressentent encore la douleur de cet enfantement.

Le moule, — aussi large que la vérité, aux yeux du moyen âge, indiscutablement étroit à nos yeux — dans lequel l'Europe médiévale avait enfermé le monde et l'homme, toute la vie, se trouva, au bout de huit siècles, insuffisant pour contenir l'ensemble des êtres et des choses. Des fissures s'y montrèrent d'où jaillirent au dehors des parcelles de vie prisonnière. Les bouches d'air closes et condamnées, de nouvelles fissures se produisirent à côté. On y remédia, mais inutilement. Les parois craquèrent sans cesse, et ce qui était au dedans, invinciblement attiré par l'air libre, suivit l'exemple de libération, par individualités, par groupes ou par masses. Le moule était définitivement rompu.

Certains d'entre les libérés eurent bientôt l'intuition d'une vérité nouvelle : *que le monde ne pouvait être enfermé dans un moule, quel qu'il fût, et que sa réalité seule contenait toute la révélation.* Découverte immense ! Le point de vue était radicalement changé. De nouveaux yeux s'ouvraient sur une nouvelle terre.

L'œuvre de la pensée du moyen âge fut en somme une confiscation de la réalité au profit d'une formule. Une confiscation du monde au profit de Dieu, de l'homme au profit des représentants de Dieu ici-bas. Il est douteux que l'idéalisme puisse offrir à nouveau le spectacle d'une aussi prodigieuse victoire; il n'a pas moins fallu que l'énorme excès des matérialités de l'époque romaine pour engendrer celle-ci. Sacrifier l'immense foule des vivants à une abstraction est un héroïsme dont nous ne sentirons plus, il faut l'espérer du moins, la nécessité; notre naïveté n'en serait plus capable. L'Europe chrétienne, en effet, eut foi dans un mythe étrange, l'un des plus singuliers parmi ceux qui présidèrent aux destins collectifs. Des centaines de millions d'hommes, d'êtres vivant, sentant et pensant, nés sur une terre identique à la nôtre, possédant les mêmes désirs que nous, pétris de la même substance, participant à la même vie, riches des mêmes énergies, se crurent, par la plus surprenante des aberrations, des condamnés à une peine irrémissible, la peine de vivre. L'humble soumission au pouvoir divin, au monarque céleste et terrestre leur parut l'unique destin de l'homme, qui ne pouvait pas même demander l'oubli de son servage à la nature, abîme grouillant de tentations et de péchés. La seule ouverture sur la joie, le seul espoir, c'était l'au-delà, la récompense après la mort, l'envol vers le Paradis. Puisque la vie naturelle *devait* être mauvaise, puisqu'elle n'était qu'une expiation de mystérieux crimes ancestraux, fou, criminel et impie qui aurait tenté de la transformer en vue du bonheur sur cette terre ! Il fallait souffrir pour mériter la récompense posthume, puisque Dieu avait voulu *son* humanité telle qu'elle était.

Mais le moyen-âge, dans sa foi solide et naïve, ignorait cette loi du monde moral : que toute compression engendre une dilatation. La Nature refoulée pendant des siècles, fit un jour irruption, en dépit des barrières. Sa force ne pouvait être contenue plus longtemps. L'homme, qui l'avait maudite, se sentit envahir par elle. Des impulsions de la nature au cœur de l'homme est sorti le salut, c'est-à-dire le réveil du corps, du cœur, du cerveau. En quatre siècles, l'esprit nouveau s'incarna sous trois formes principales : la Renaissance, une aube de vie païenne ; la Réforme, une aube de libre pensée ; la Révolution, une aube de vie sociale. A chacune de ces prises de conscience, l'âme médiévale s'obscurcissait, tandis que la plante humaine s'épanouissait sur sa tige.

La rentrée dans l'ordre de la réalité s'effectuait.

**

De ce que la conception nouvelle ait germé depuis près de cinq siècles dans l'esprit des penseurs d'élite, il ne s'ensuit nullement qu'elle ait triomphé en fait. Il suffit de regarder autour de soi pour reconnaître qu'élaborée depuis des siècles et virtuellement victorieuse, elle ne commence qu'à peine en ce siècle, à s'incarner dans la réalité, à passer de la spéculation de l'élite dans la pratique de la foule. Les « survivances du passé » sont infiniment longues à disparaître.

Et même, — tellement sont vivaces les forces de réaction, — après cinq siècles de pensée libre, l'esprit nouveau n'en est encore qu'aux syllabes premières ! Sa force essentielle, bien qu'elle ne se soit encore qu'incomplètement prouvée, est néanmoins suffisante pour nous donner toute confiance. Quelles que soient les apparences et en dépit de l'extrême lenteur des évolutions, il existe et il nous conduit.

La conception nouvelle est en voie de transformer *la vie toute entière de l'homme,* dont la situation dans l'ensemble du monde doit changer radicalement. Voilà l'événement capital, trop souvent méconnu et qu'il faut sans cesse rappeler. L'univers est tel aujourd'hui qu'il était il y a cinq ou dix siècles : c'est l'homme qui a changé, au moins dans sa pensée, sinon, pour le présent, dans sa vie.

La vie individuelle, la vie religieuse, la vie sociale de l'humanité sont entrées, depuis l'ère moderne, dans une nouvelle phase.

La Renaissance a été le réveil de l'individu d'Occident, sa sortie de l'ordre médiéval par son adhésion à l'antiquité remise en honneur. C'est à partir de cette époque que la libre vie de l'intelligence a repris son cours détourné par l'effort chrétien d'annihilation cérébrale, que la nature et l'esprit de l'homme ont repris contact et renouvelé leur alliance. « Pour la première fois, l'homme entre dans l'intimité de l'univers (1). »

La Réforme représente le premier coup porté au dogme catholique erroné. Depuis le seizième

---

(1) Edgar Quinet. *L'Esprit nouveau.*

siècle l'œuvre de démolition a pris d'énormes proportions. Ce ne sont plus des points de dogme qu'on attaque, c'est la métaphysique chrétienne toute entière qui s'écroule sous les assauts de la pensée libre.

La Révolution enfin est venue renouveler la vie sociale de l'humanité en posant les bases du droit. A travers le serf et le seigneur, elle a vu l'homme, et par delà le pouvoir, la justice : c'est d'elle que date la cité.

Bien que pour l'immense majorité, la vie individuelle n'existe pas ou à peine, que la vie religieuse n'ait pas changé, et que la vie sociale ne soit encore qu'un espoir, il n'en est pas moins vrai qu'un esprit nouveau a déterminé l'évolution des cinq derniers siècles, ayant pour caractéristique première la rentrée de l'homme dans l'ordre naturel. Dès qu'il a connu la nature, l'homme a rejeté l'artificiel divin autrefois imposé à son ignorance. Il a reporté sur « l'univers cette même piété que l'homme pieux (ancien style), avait pour son Dieu (1) ». En même temps il a pris conscience de son énergie et librement il s'est mis à vivre. « Au seizième siècle, c'était la terre qui retrouvait sa vraie place dans le ciel ; aujourd'hui c'est l'homme..... (2) ».

Affranchissement de l'individu, retour aux voies de nature, acheminement de l'humanité vers sa propre conscience, telles sont les grandes lignes du nouveau devenir.

(1) *Id.*
(2) *Id.*

*
* *

Vis-à-vis des attaques furieuses et réitérées que mènent contre cette nouvelle conception de l'univers toutes les forces de réaction, il importe au premier chef, croyons-nous, de réaffirmer à toute occasion ce que nous croyons être la vérité. Il n'est point de participation trop humble à un labeur aussi sacré que celui qui consiste à préparer les chemins où s'engagera l'humanité de demain.

Il y a vingt-trois ans, Edgar Quinet, le clairvoyant philosophe de l'histoire, publiait son *Esprit nouveau* : et aujourd'hui ses conclusions nous apparaissent encore plus nettes, plus riches de sens, plus absolues. L'âpreté de la lutte ne nous permet plus cette modération dont s'atténue l'expression de sa pensée; nous avons besoin de vérités plus brutales et plus radicales, dont l'équivoque soit totalement absente. Mais en des jours où la formule même qu'il a imposée a pu se fausser si étrangement, son exemple nous a fortifié.

Il n'est pas vain de rappeler aux insoucieux et aux dilettantes de la vie que l'avenir du monde est lié à la banqueroute ou au succès des principes dont nous venons de résumer l'esprit : triomphe de la pensée libre, respect de la réalité, élargissement de la conscience. Car nos adversaires, j'entends les êtres d'anti-évolution, avec une audace digne d'une meilleure cause, poursuivent énergiquement leur tâche de stérilisation. Pour les luttes inévitables et fécondes, il faut créer des antagonistes.

Dans les pages qui suivent, à propos d'hommes et d'événements quotidiens, j'ai fixé durant quelques instants ma pensée sur quelques-uns des problèmes capitaux de la vie artistique, sociale et religieuse. A défaut de génie, la franchise est un moyen de parvenir à la mise en valeur du vrai. Et si la découverte de la vérité a l'importance positive que je lui attribue, peut-être n'aurais-je point fait, suivant mes forces, besogne inutile.

J'ai foi dans cette parole de Quinet : « C'est trop peu de lutter chaque jour, pour préparer le nouvel avenir, il faut encore travailler à découvrir l'*esprit* qui renouvellera toutes choses, dans ce monde dont nous touchons le seuil. »

I

LA VIE ARTISTIQUE

L'AVENIR DU NATURALISME

La situation d'Emile Zola vis-à-vis de la jeunesse littéraire française, a, depuis peu, changé brusquement (1).

Un groupe de très jeunes écrivains qui se sont rapidement groupés autour de l'étendard du « naturisme », vient de manifester son culte enthousiaste pour le romancier fameux, que la génération néo-idéaliste ne cessa d'accabler de son indifférence et de son mépris. Cette situation nouvelle, quelque éphémère et superficielle qu'elle puisse être, étant donnée la succession rapide des écoles et des théories, mérite bien qu'on s'y arrête pour l'envisager ; d'autant plus qu'elle nous fournira l'occasion d'un jugement d'ensemble, à un point de vue nouveau, sur l'œuvre et les idées conductrices du maître de Médan.

(1) Cet article était écrit avant le procès intenté à Emile Zola au cours d'une récente et retentissante affaire judiciaire, et par conséquent cette phrase ne contient aucune allusion aux nouvelles sympathies que lui attira, parmi la jeunesse comme parmi le monde entier, la belle et significative énergie de sa conduite.

Les « naturistes » placent Zola plus haut que ne l'osèrent jamais ses disciples les plus directs et les plus enthousiastes. Ecoutez l'un d'eux, M. Saint-Georges de Bouhélier, parler du « sublime grand homme », qu'il considère comme notre écrivain national : « Son œuvre est égale au monde même. Il expose de poudroyantes fresques où toute l'humanité palpite, chante, se répand... Cet homme a conçu une cosmogonie... *La Terre*, puissante fresque énorme, qui semble un pan de paysage arraché du monde par un jeune géant !... Le colossal travail d'Emile Zola, son œuvre éternelle comme les plantes, comme la terre qu'il chante, cette extraordinaire clarté répandue par lui sur le ciel, sur la nature et sur l'homme !... Ses ouvrages dans lesquels tressaille la terre toute entière (1)... » On peut voir par ces quelques phrases, choisies çà et là, que la jeunesse naturiste ne ménage pas son admiration au maître naturaliste. Il est juste d'ajouter que M. de Bouhélier lui nie la « notion du divin »; et cette remarque est importante à noter car nous verrons qu'elle est apparentée à celle que nous formulerons nous-même plus loin.

Zola eut jusqu'ici la fortune regrettable d'être bassement et grossièrement bafoué par les uns, hyperboliquement grandi par les autres, en somme presque jamais compris dans sa véritable essence. Son œuvre et son rôle valent cepen-

(1) Saint-Georges de Bouhélier : *L'Hiver en méditation*. L'ouvrage est dédié à Emile Zola.

dant la peine d'un regard sérieux et d'un clair jugement, car ils sont synonymes de force et de vie. L'insulte ne me satisfait pas plus que l'hyperbole, et je ne vois pas que l'on ait une fois essayé de déterminer son rôle exact, son œuvre et sa pensée, en toute sincérité et en toute justice, sans emphase comme sans mauvaise foi. Ce simple hommage de la vérité, à un labeur considérable, à une œuvre de haute importance n'a jamais été offert, et il serait temps de le tenter. Après l'injure et après l'encens, il y a place encore pour la justice et pour un simple regard d'humanité vers l'un de ceux dont nous sortons.

Je demande, à cet effet, que l'on oublie toutes les opinions, toutes les injures, tous les éloges conventionnels, toutes les hypocrisies, la foule des banalités écrites ou proférées autour de cet homme, pour ne se souvenir que de son œuvre et de ses idées, de ce qu'il a dit et pensé véritablement. L'effort est moins aisé que l'on ne pourrait croire, car son nom nous arrive chargé des mille défroques de la sottise, de la flatterie et de l'erreur. Cherchons à restituer le véritable sens et l'authentique saveur de cette œuvre toujours vivante et toujours méjugée.

I

Ce qui importe, à notre avis, pour débrouiller la pensée profonde d'une œuvre aussi considérable et aussi chargée de commentaires, c'est de remonter jusqu'à sa source même, jusqu'au point précis d'où elle a jailli, à la racine même de son épanouissement.

La recherche est aisée, car l'auteur a pris soin de nous en détailler longuement et scrupuleusement la genèse. Il n'a jamais caché de quelle extraction était sa pensée, et, sur ce point, nulle équivoque n'est possible : Zola appuie son œuvre et sa réforme sur la science expérimentable, et, en particulier, sur le livre fameux de Claude Bernard, *Introduction à l'étude de la médecine expérimentale*. Nous avons bien cette affirmation : « J'ai appelé naturalisme le large mouvement analytique et expérimental, qui est parti du XVIIIe siècle et qui s'élargit si magnifiquement dans le nôtre » (1). Il est toutefois indéniable que le naturalisme a eu pour principe déterminant les axiomes émis par la physiologie vers le milieu de ce siècle, spécialement par Claude Bernard.

Ce dernier avait dit :

« Je me propose d'établir que la science des phénomènes de la vie ne peut avoir d'autres

(1) Emile Zola, *Le Roman expérimental*.

bases que la science des phénomènes des corps bruts, et qu'il n'y a, sous ce rapport, aucune différence entre les principes des sciences biologiques et ceux des sciences physico-chimiques... Dans l'expérimentation sur les corps bruts, il n'y a à tenir compte que d'un seul milieu, c'est le milieu cosmique extérieur ; tandis que, chez les êtres vivants élevés, il y a au moins deux milieux à considérer : le milieu extérieur ou extra-organique, et le milieu intérieur ou intra-organique. *La complexité due à l'existence d'un milieu organique intérieur est la seule raison* des grandes difficultés que nous rencontrons dans la détermination expérimentale des phénomènes de la vie et dans l'application des moyens capables de la modifier... Si les phénomènes vitaux ont une complexité et une apparente différence de ceux des corps bruts, ils n'offrent cette différence qu'en vertu des conditions déterminées ou déterminables qui leur sont propres (1). »

Paroles que Zola commente et résume très clairement, de la manière suivante :

« ... La spontanéité des corps vivants ne s'oppose pas à l'emploi de l'expérimentation. La différence vient uniquement de ce que un corps brut se trouve dans le milieu extérieur et commun, tandis que les éléments des organismes supérieurs baignent dans un milieu

---

(1) Claude Bernard. *Introduction à l'étude de la médecine expérimentale*, passim.

intérieur et perfectionné, mais doué de propriétés physico-chimiques constantes, comme le milieu extérieur. Dès lors, il y a un déterminisme absolu dans les conditions d'existence des phénomènes naturels, aussi bien pour les corps vivants que pour les corps bruts. Il appelle « déterminisme » la cause qui détermine l'apparition des phénomènes. Cette cause prochaine, comme il la nomme, n'est rien autre chose que la condition physique et matérielle de l'existence ou de la manifestation des phénomènes... *Les corps vivants... sont tour à tour ramenés et réduits au mécanisme général de la matière.* »

Nous pouvons saisir par ces quelques phrases du savant, éclairées par le commentaire de l'homme de lettres, la pensée même de Claude Bernard. Sans chercher à la caractériser pour le moment, nous allons voir comment Zola, traduisant les idées du physiologiste, se les assimile intégralement. La méthode expérimentale et la conception qu'elle comporte, sont pour lui aussi compatibles avec l'art du romancier qu'avec la science du médecin.

« Quand on aura prouvé, écrit Zola, que le corps de l'homme est une machine, dont on pourra un jour démonter et remonter les rouages au gré de l'expérimentateur, il faudra bien passer aux actes passionnels et intellectuels de l'homme... On a la chimie et la physique expérimentale, on aura la physiologie expérimentale ; plus tard encore on aura le roman expérimental... Nous devons opérer sur les caractères, sur les passions, sur les faits humains et sociaux, comme le chimiste et le physicien opèrent sur les corps bruts, comme le physiologiste opère sur les corps vivants. *Le déterminisme domine tout*. C'est l'investigation scientifique, c'est le raisonnement expérimental qui combat une à une les hypothèses des idéalistes, et qui remplace les romans de pure imagination par les romans d'observation et d'expérimentation... C'est là ce qui constitue le roman expérimental: posséder le mécanisme des phénomènes chez l'homme, montrer les rouages des manifestations intellectuelles et sensuelles telles que la physiologie nous les expliquera, sous les influences de l'hérédité et des circonstances ambiantes, puis montrer l'homme vivant dans le milieu social qu'il a produit lui-même, qu'il modifie tous les jours, et au sein duquel il éprouve à son tour une transformation continue. Ainsi donc, nous nous appuyons sur la physiologie, nous prenons l'homme isolé des mains du physiologiste, pour continuer la solution du problème et résoudre scientifiquement la question de savoir comment se comportent les hommes, dès qu'ils sont en société... En somme, tout se résume dans ce grand fait : la méthode expérimentale, aussi bien dans les lettres que dans les sciences, est en train de déterminer les phénomènes naturels, individuels et sociaux, dont la métaphysique n'avait donné jusqu'ici que des explications irrationnelles et surnaturelles (1). »

En résumé, de même que, suivant Claude Bernard, la « méthode appliquée dans l'étude des corps bruts, dans la chimie et dans la physique, doit l'être également dans l'étude des corps vivants, en physiologie et en médecine », de même, suivant Zola, la méthode expérimentale qui conduit à la connaissance de la vie physique, « doit conduire aussi à la connaissance de la vie passionnelle et intellectuelle. » « Ce n'est qu'une question de degrés dans la même voie, ajoute le romancier, de la chimie à la physiologie, puis de la physiologie à l'anthropologie et à la sociologie. Le roman expérimental est au bout. »

L'affirmation est nette. Nous savons donc, sans nulle erreur possible, d'où procède le naturalisme et nous pourrons, cette base une fois reconnue, en découvrir tout-à-l'heure la pensée profonde. La méthode de cette littérature est calquée sur la méthode de cette science. Non seulement la littérature naturaliste est déterminée par la science, mais elle n'en est que le prolongement, elle s'identifie avec elle ; elle est de la science elle-même, si j'en crois cette phrase : « Nous continuons, je le répète, la besogne du physiologiste et du médecin, qui ont continué celle du physicien et du chimiste... *Dès lors nous entrons dans la science.* » Et cela, à mesure que

---

(1) E. Zola. *Le Roman expérimental.*

l'idéal, qui « nous vient de nos premières ignorances », recule et décroît.

En un mot, l'identification du point de vue scientifique de Claude Bernard et du point de vue littéraire de Zola est absolue.

Or, quelle est, en somme, la conception scientifique de Claude Bernard, la conception dont sa doctrine de l'expérimentation n'est que l'écorce? Les quelques lignes citées plus haut nous permettent de l'entrevoir. Le phénomène vital se résout pour lui dans matière. Point n'est besoin de supposer des éléments spirituels dont notre progressive pénétration de la matière restreint chaque jour le rôle. La vie intra-organique n'est, comme la vie extra-organique, qu'un ensemble, quoique plus complexe, de réactions physico-chimiques. En d'autres termes, la vie spirituelle se résout dans la vie matérielle. Ou bien encore, l' « âme » n'est que de la matière infiniment différenciée. C'est en somme la thèse du matérialisme pur et il serait oiseux d'en répéter ici les axiomes, d'ailleurs si populaires. Bornons-nous à constater que la méthode expérimentale de Claude Bernard est basée sur une conception strictement matérialiste de l'être vivant.

Si nous passons du savant à l'homme de lettres, de l'auteur de l'*Introduction* à l'auteur des *Rougon-Macquart*, l'analogie de principe est aussi frappante que l'analogie de méthode. Zola en adoptant la doctrine expérimentale de Claude Bernard et en l'appliquant au roman, adopte par cela même le point de départ du physiologiste. Et pour ne nous laisser aucun doute sur cette complète identification, il nous l'affirme en toute droiture et en toute énergie.

Nous voici donc en possession de la vérité première. La méthode littéraire de Zola, aussi bien que la méthode scientifique de Claude Bernard, se déduit d'une conception purement matérialiste de la vie et du monde. *Zola est tout entier dans le matérialisme comme toute la force du matérialisme est en lui.* Voilà ce qu'il importait de fixer au début ; car toute son œuvre, toute sa pensée reposent sur cette base. Et c'est, à la lumière de cette vérité, que nous pourrons pénétrer dans les contructions massives qu'il édifia, et en découvrir l'intime signification. Il faut remonter jusqu'aux genèses pour saisir le sens total des épanouisssements.

Il n'est même pas inutile de constater que le radicalisme matérialiste de Zola dépasse infiniment celui de Claude Bernard qui, en écrivant cette phrase, faisait prévoir la contre-partie de sa doctrine scientifique : « Pour les lettres et les arts, écrit-il, *la personnalité domine tout*. Il s'agit là d'une création spontanée de l'esprit et cela n'a plus rien de commun avec la constatation des phénomènes naturels, dans lesquels notre esprit ne doit rien créer. » Opinion que Zola repousse énergiquement et avec logique, puisqu'elle serait la négation de sa méthode expérimentable appliquée à la littérature. Il s'en tient strictement à cette méthode expérimentale, à la la conception de la matière et de la vie qu'elle comporte, récusant tout autre point de départ que celui du matérialisme absolu.

*
* *

Si l'on se reporte à l'époque où Zola entreprit simultanément la campagne naturaliste et son œuvre, c'est-à-dire vers 1865 — année de la *Confession de Claude* et de la polémique inaugurée au *Salut public* de Lyon — la grandeur de cette œuvre ne peut manquer d'apparaître au spectateur qui la considère par delà le tiers de siècle révolu.

Le roman, à cette époque qui nous apparaît déjà si lointaine, — suivant une formule dont une bonne partie de notre littérature contemporaine conserve pieusement la tradition — vivait de convention et de romanesque, de joliesse et de douceur, de doux parfums et d'élégantes sucreries. Le chef-d'œuvre devait énumérer le décor obligatoire des petits ruisseaux et des petits oiseaux, des fleurs en satin et des délicieuses mièvreries, des soleils immuables et des clairs de lune mélancoliques, où s'élève un chant de guitare qui fait fondre le cœur d'émotion. Au milieu de cette nature touchante et pleine de chastes ivresses, se dessèchent d'un amour aussi foudroyant que mal récompensé, de jeunes vierges que des brigands musqués enlèvent à l'amour de la famille, ou que des adolescents, transportés des plus pures intentions, arrachent à une mort certaine. La nature disparaît sous un vernis odorant, l'univers matériel et corporel n'est toléré qu'à la condition d'y montrer un visage convenablement rasé. Le sentimentalisme coule à pleins bords, et l'on boit le nectar de la divinité dans une coupe de pierreries, tandis que l'eau de rose énivre chastement les sens. On nomme les choses et les êtres par des vocables artistement choisis, et l'art ne manque jamais d'accorder les plus rudes créatures au bon ton de la société.

C'était en un mot le beau temps de la littérature spiritualiste.

Le rôle capital, énorme, de Zola consiste essentiellement dans son anti-spiritualisme. Sa gloire véritable est là. C'est dans sa lutte acharnée, héroïque, permanente contre le spiritualisme officiel et l'art issu de lui, qu'il faut chercher sa raison d'être et le sens profond de son œuvre.

A cet art anti-réel, anti-esthétique, anti-humain, anti-vivant, il oppose, d'un brutal effort, le torrent houleux des matérialités. Pour cet aliment de boudoir et de pensionnat, cette spiritualisation de bas étage, il ne dissimule pas sa haine ni son mépris. Et il lui substitue sa rude clameur de revendication en faveur de la terre et de la matière, des sauvages ivresses de la chair, des saines émanations de la vie. Le flot de sa virilité submerge toutes ces petitesses. Le rappel à l'ordre de la réalité vient de lui.

Le spiritualisme par la voix de ses disciples tient ce langage : « Vous nous affirmez que le monde n'est pas tout entier dans nos insipides fadaises, que le monde est plus rude et plus varié. Nous le savons ou le pressentons. Mais avant tout respectueux de la « morale » et du bon ton, jamais nous n'emploierons notre talent à l'expression réelle de la vie. Ce qu'il faut aux hommes, c'est le mensonge et l'éternelle illusion, c'est la flatterie. » Toute l'œuvre de Zola est la négation de cette tromperie. Son âpre restitution des choses, au mépris de toutes les traditions, fait saillir les reliefs aigus, évoque les couleurs brutales, l'odeur des sèves originelles. L'énergie, le corps, la motte de terre, le sexe, la matière sous toutes ses formes, l'homme primitif, les animaux reprennent vie sous son regard obstiné. De l'être morne, spiritualisé jusqu'à l'anémie, angélisé jusqu'à la presque totale neutralisation sensuelle par l'art du romancier en vogue, il fait jaillir, au libre contact de sa personnalité, l'animal humain dans sa fauve luxuriance ; de l'ensemble du monde pudiquement dissimulé sous un triple voile de convention, d'hypocrisie et d'ignorance, il fait renaître un univers aux forces libres et farouches. L'homme, sanctifié par le spiritualisme, tendait la main à ses frères les anges, se croyant si près d'eux que le monde animal, le monde végétal n'étaient plus rien dans son esprit qu'un décor gracieux planté par le divin régisseur des forces cosmiques. Le corps n'avait de raison d'être que dompté par l'âme; la chair, aux libres sensations, n'était que la prison d'une étincelle divine, en perpétuelle mélancolie de son exil terrestre. Dans l'univers ainsi conçu, il y avait d'une part, les choses nobles : les fleurs, les pierres précieuses, les clairs de lune, l'âme de l'homme, le désintéressement, la virginité, le sacrifice, c'est-à-dire les choses spirituelles; et d'autre part, les choses basses : la terre, les animaux, l'herbe sauvage, le corps de l'homme, la sensualité, la jouissance, l'intinct, c'est-à-dire les choses matérielles. Décrire et glorifier le monde « matériel » est une preuve de bassesse. En un mot, il y a « l'âme » dont il faut partout exulter le rayonnement, et il y a le « corps », dont il ne faut tenir compte que s'il est transfiguré par l'âme : il y a le noble et l'ignoble.

C'est contre ce principe de la plus inconcevable folie que Zola s'insurge violemment. *Pour lui rien n'est vil ni bas dans la nature et dans l'homme.* Il considère le tout du même œil impartialement humain. Les êtres et les choses, objets de mépris ou d'indifférence, reprennent en lui leur saveur originelle; ce qui semblait banal réapparaît dans tout l'éclat de la force. Il reprend par le bas cette immense investigation de la nature et de la vie qu'est au fond toute science tout art, toute littérature. La pensée spiritualiste dans toutes ses branches n'accorde sa hautaine attention qu'aux sommets de la créature, qu'aux seules floraisons de l'être humain ; les racines semblent indignes de son attention et dépendent de la catégorie des choses basses. Zola concentre tous ses regards sur les racines, sur les instincts et les origines, c'est-à-dire sur la base organique de l'être vivant. Il en pénètre les forces latentes et les fauves énergies, aliment et sève de la vie générale. Il se détourne des fades sublimités, des héroïsmes de mauvais aloi, pour scruter l'humble et grande réalité. Il déchire le voile qui couvrait de prétendues ignominies, nous découvrant la richesse infinie des organes « inférieurs ». Il ordonne et pratique le « retour à la nature, » — l'expression est de lui — revendication que sous un sens plus actuel et plus large, nous entendons formuler à nouveau de nos jours. Il retrouve la pulsation de la nature, à travers la vie de l'homme et la vie des choses.

La nature et l'homme se retrouvent en une communion frémissante ; ce lien, voilà sa grande force. L'animal humain n'apparaît pas pour lui l'acteur isolé dans un site conventionnel, la terre et l'homme se communiquent la même chaude parole, échangent les mêmes fluides, participent au même souffle. Le divorce cesse. « Nous avons fait à la nature, au vaste monde, peut-il dire justement, une place tout aussi large qu'à l'homme. Nous n'admettons pas que l'homme seul existe et que seul il importe, persuadés au contraire qu'il est un simple résultat, et que pour avoir le drame humain réel et complet, il faut le demander à tout ce qui est. » (1). Nul rôle plus noble, plus fécond. C'est le chaud contact avec la réalité, c'est la vie faisant irruption de ses mille souffles dans un domaine privé d'atmosphère, l'instinct puissant de la terre dominant les fadaises sentimentales et l'édifice des fausses moralités. A une littérature de mort succède une pensée de vie.

Il est fort concevable que la franchise de Zola ait rencontré, dès la première heure, un acharnement et une férocité d'insultes dont la bassesse émanait de ce « groupe de puritains jésuites boutonnés dans leur redingote, ayant peur des mots, tremblant devant la vie, voulant réduire le vaste mouvement de l'enquête moderne au train étroit de lectures morales et patriotiques (2) ». La rage soulevée venait confirmer ce fait, que Zola avait touché juste en attaquant le vieux principe spiritualiste et dualiste, en s'affiliant au mouvement profond d'émancipation de la pensée moderne vis-à-vis de la philosophie traditionnelle directement issue du christianisme. D'avoir battu en brèche, sans relâche, avec une énergie extraordinaire, dans sa critique et dans son œuvre, le vieux spiritualisme; de s'être insurgé contre le meurtrier dualisme chrétien de l'âme et du corps, d'avoir brutalement revendiqué la vie de la terre et de la matière, réentendu la nature et l'instinct, voilà ce

---

(1) E. Zola, *Le Roman expérimental*.
(2) E. Zola, *La République et la Littérature*.

qu'il est impossible de lui contester, et ce qui suffirait à légitimer sa gloire.

Une pensée vivante en perpétuelle action contre la tradition mensongère, tel est le spectacle qu'il nous présente.

*
* *

La fortune, bien que courte et relative, du naturalisme devait fatalement amener une vive réaction des éléments négligés, méprisés ou niés par lui. Il avait exalté la vie du corps et de la matière, à l'encontre du spiritualisme confiné dans sa conception dualiste; voici que l'idéalisme vient à son tour revendiquer la vie de l'âme et de l'esprit, et remettre en honneur tout ce que Zola avait dédaigné ou combattu. La réaction idéaliste et mystique est d'autant plus violente que le naturalisme avait été plus farouche dans ses haines et plus implacable dans son principe.

Une lutte acharnée commença — qui dure encore — entre mystiques et naturalistes. L'indifférence apparente de Zola, à l'égard de ses nouveaux adversaires, ne fit que redoubler la haine de ceux-ci, qui ne virent en lui qu'un grossier manœuvre littéraire. Cette orgie matérielle et sensuelle leur parut une impuissance de rendre la vie de l'âme. Leurs yeux « accoutumés à ne voir que l'invisible », suivant l'expression de Villiers de l'Isle Adam, furent violemment choqué par d'aussi méprisables réalités. Ils n'avaient soif que de liliales puretés dans l'univers, et dans l'homme, ils sacrifiaient hardiment le corps aux facultés supérieures. Autant Zola avait aimé la vie, autant ils la bafouaient comme une broyeuse d'idéal. Aux libres et violents instincts, aux farouches sexualités ils opposaient le rêve, la virginité, l'amour cérébral, la spiritualisation de la chair. Ce fut la revanche violente du rêve sur la réalité. La génération nouvelle, anti-réaliste, prit position dans sa tour d'ivoire, à l'exact opposé du matérialisme littéraire, qui se maintint parmi les rudesses de la vie brutale.

Toute l'importance de cette poussée mystique gît dans le fait de sa réaction. Elle manque de vie intrinsèque. Un vague instinct de vie spirituelle semble l'animer parfois, mais les plus graves questions demeurent en dehors de son domaine. Elle a pour point de départ la banqueroute de l'existence et le mépris de vivre. C'est une littérature d'impuissance et d'abandon, que la nature néglige, plus encore qu'elle n'est négligée par elle.

Malgré sa placidité, Zola laissa parfois éclater sa haine de l'idéalisme nouveau. « Littérature d'embaumement, — art réactionnaire d'aristocratie et de révélation... Je comprends, ajoute-t-il, que vous ne vouliez pas être confondus avec un homme qui aime les halles, les gares, les grandes villes modernes, les foules qui les peuplent, la vie qui s'y décuple, dans l'évolution des sociétés actuelles. J'ai la faiblesse de n'être pas pour les cités de brume et de songe, les peuples de fantôme errant par les brouillards, tout ce que le vent de l'imagination apporte et emporte. Je trouve nos démocraties d'un intérêt poignant, travaillées par le terrible problème de la loi du travail, si débordantes de souffrance et de courage, de pitié et de charité humaines, qu'un grand artiste ne saurait à les peindre, épuiser son cerveau ni son cœur. Oui, le petit peuple de la rue, le peuple de l'usine et de la ferme, le bourgeois qui lutte pour garder le pouvoir, le salarié qui exige un partage plus équitable des bénéfices, toute l'humanité contemporaine en transformation, c'est là le champ qui suffit à mon effort. *Jamais temps n'a été plus grand, plus passionnant,* plus gros de futurs prodiges, et qui ne voit pas cela est aveugle, et qui vit par mépris dans le passé ou dans le rêve n'est qu'un enfantin joueur de flûte... » (1). Ce sont là évidemment les paroles de la force, des mots irréfutables et sans réponse. La génération mystique, en se tenant à l'écart du monde moderne, s'est barrée par cela même l'avenir. Comme je l'ai dit, sa valeur est toute de réaction. A part les progrès considérables qu'elle a fait accomplir au langage et la mise en honneur par elle de penseurs et d'artistes réels, l'apport de ce groupe éphémère est plus que médiocre.

Au début de sa carrière, dans une chaude

---

(1) E. Zola, *Nouvelle Campagne* (1896).

Lettre à la jeunesse, écrite au lendemain de la première représentation de *Ruy-Blas* à la Comédie-Française et de la réception de Renan à l'Académie, Zola engageait ardemment la neuve génération à se détourner de l'idéalisme et de la rhétorique. Après l'éphémère fortune du naturalisme, une autre jeunesse, se libérant à son tour des tutelles et des méthodes, est venue manifester son goût profond du rêve et son dégoût non moins profond de la vie. Elle a nettement préféré aux documents humains l'idéal détaché de tout organisme ; elle a tenté de rompre ses liens avec le monde, attirée par les sommets spirituels. De la vie de l'instinct et du désir, de la vie des organismes et de la chair, des tragiques conflits de la force, elle s'est détournée avec hauteur, pour s'ensevelir dans la pourpre sombre de sa tristesse. Et Zola, qui n'en poursuit pas moins gravement son œuvre, est donc une deuxième fois accablé d'injures et de moqueries par le groupe idéaliste et symboliste, comme il l'avait été par les écrivains « moraux » au début de sa carrière.

II

A considérer le fond du débat, les multiples assauts qu'eut à subir le naturalisme sont de peu d'importance. Quelque chose de mille fois plus grave pour lui s'accomplissait lentement, en dehors des querelles bruyantes entre partisans du rêve et partisans de l'action.

Ce fait de la plus grave importance, c'est que *la conception première et foncière du naturalisme, c'est-à-dire le matérialisme pur, se transformait graduellement*, qu'une évolution profonde, scientifique et philosophique, élargissait la conception générale de l'être et du monde.

Abordons ce fait décisif.

Depuis Claude Bernard, la conception matérialiste du monde s'est peu à peu transformée. S'aidant des nouvelles opinions de la science la plus avancée, en chimie et en biologie, la pensée philosophique se trouve actuellement à la veille d'une nouvelle synthèse, déjà ébauchée dans quelques esprits, qui établira, sans nul doute, que la théorie si brillamment illustrée par Zola, c'est-à-dire le matérialisme scientifique, *est actuellement dépassée*. Il s'agit donc de voir si cet élargissement considérable, auquel la science nous a conduit, de l'idée génératrice du naturalisme, ne porte pas quelque atteinte à la valeur intrinsèque des œuvres qu'il engendra, et si nous ne serons pas amenés, par cette analyse, à établir une distinction entre *l'importance temporaire* du *rôle* de Zola et *la valeur permanente* de son *œuvre*.

Précisons. J'ai dit que la conception de l'être vivant s'était largement modifiée dans la seconde partie de ce siècle. Voici très succinctement dans quel sens s'est opérée cette transformation.

La « matière », plus intimement scrutée, a prouvé qu'elle contenait de la vie spirituelle ; la cellule révèle un instinct, une tendance, un désir, d'où une finalité, c'est-à-dire une virtualité d'intelligence. La « matière » n'est pas telle que se la figure l'idée populaire, un bloc inerte ou un pur mécanisme. La « matière » contient de l' « âme », à l'état rudimentaire et chaotique.

Parallèlement à cette étude de la matière, l'étude des phénomènes psychologiques est venue peu à peu ruiner l'antique opinion d'une « âme », totalement indépendante du corps et de principe opposé. L'étude de la vie spirituelle dans toutes ses manifestations a démontré au contraire qu'elle n'est que le tréfonds de la vie matérielle, qu'il n'y a non seulement aucun antagonisme entre l' « esprit » et la « matière », mais qu'ils tirent leur origine de la même substance.

Soumis à cette analyse précise qui démontrait leur pénétration réciproque, les deux principes apparurent identiques. C'est à cette conclusion, du moins, qu'aboutit une théorie récente, dite du *monisme*, parce qu'elle substitue aux deux éléments, en apparence antagonistes, un élément unique, constitutif de l'être et du monde, et qu'elle rend désormais impropres, dans le langage précis, les appellations « âme » et « corps », « esprit » et « matière ». Illustrée par des savants tels que le naturaliste d'Iéna, Ernest Hæckel, cette philosophie nouvelle occupe déjà dans le monde des idées une place enviable. « Notre conception du Monisme ou philosophie de l'unité, nous dit Hæckel, est claire et sans équivoque. Pour lui un esprit vivant immatériel est aussi inconcevable qu'une matière sans esprit et sans vie. *Dans chaque atome les deux sont inséparablement réunis.* L'idée du dualisme — (ou de pluralisme dans d'autres systèmes anti-monistes) — sépare l'esprit et la force de la matière, comme deux substances essentiellement différentes, mais que l'une des deux puisse exister sans l'autre et se laisser constater, on n'en apporte aucune preuve expérimentale (1) ». C'est ce que Giordano Bruno exprimait en ces termes : « Un esprit se trouve dans toutes les choses, et il n'y a pas de corps si petit qui ne contienne en soi une parcelle de la substance divine, par laquelle il est animé. » Et Gœthe lui-même : « L'essence éternelle se meut sans cesse en toutes choses (2) ». La conception moniste, esquissée par quelques intuitifs de génie, approfondie par des savants de large envergure, est l'une de celles qui nous permettent le plus d'espoir pour une interprétation nouvelle, à la fois plus large et plus

---

(1) Ernest Hæckel, *Le Monisme.* Trad. Vacher de Lapouge.
(2) Gœthe, Poésies : *Dieu et le Monde.*

réelle de la vie. Pour les esprits de bonne foi, il est incontestable que la théorie du matérialisme pur ne peut plus être soutenue. La synthèse moniste, en dépassant la synthèse matérialiste, a contraint cette dernière théorie à se transformer ou à s'immobiliser dans sa conception simpliste.

En même temps que par une analyse plus scrupuleuse, suivie d'une synthèse plus large, de l'être vivant, la science et la philosophie s'acheminaient du matérialisme au monisme, en littérature et en art, le naturalisme, rude et succinct du début, s'élargissait jusqu'à une conception voisine du *panthéisme*. Nous serions entraînés hors des limites de cette étude si nous voulions noter ici les phases de cette évolution. Qu'il nous suffise de citer, en art, la glorieuse école « impressionniste » française, succédant au réalisme quelque peu étroit de la première heure. Le « réalisme » approximant peu à peu la *réalité*, s'identifie graduellement avec le monde.

Nous avons dû résumer en quelques lignes très imparfaites la transformation la plus profonde peut-être de la pensée moderne. Il nous aura suffi de montrer que la doctrine scientifique et philosophique à laquelle Zola s'est pleinement rattaché au début, est actuellement dépassée, et que lui-même, demeurant étroitement fidèle à sa pensée première et s'immobilisant au milieu des idées en marche, se présente à nous maintenant comme l'un des fidèles d'une foi morte ou du moins en pleine décadence, la foi matérialiste. Que, d'une part, cette constatation n'attente en rien à la grandeur, à la puissante beauté de son rôle comme représentant de la vie en face du spiritualisme pourri et de l'idéalisme enfantin, nul n'en doutera, s'il est sincère et de jugement sain ; mais que, d'autre part, ce strict attachement à une doctrine qui nous paraît singulièrement insuffisante, aride et succincte, malgré l'enthousiasme qui cherchait à l'imposer, ne porte pas atteinte à l'intégrale portée de son œuvre aux yeux de l'avenir, il est au moins téméraire de l'affirmer.

*
* *

Qu'avait donc oublié Zola dans son bel enthousiasme d'anti-spiritualisme ?

Il avait bien regardé l'univers, mais il avait oublié d'y voir une chose, la source même de la vie « matérielle », l' « âme » ; je ne veux pas dire assurément cet étrange feu follet de la conception spiritualiste, cette entité indépendante et immortelle opposée au « corps », mais bien cette vie profonde et harmonique, cette conscience infinie du cosmos dont nous ne sommes que des étincelles et des parcelles.

« J'ai tâché d'expliquer, a-t-il dit, l'évolution évidente qui se produit dans notre littérature, en établissant que désormais le sujet d'étude, l'homme métaphysique, se trouve remplacé par l'homme physiologique (1) ». Ne trouvons-nous pas dans cette seule phrase, la racine même de l'erreur funeste à laquelle Zola, emporté par son bel élan, s'est largement abandonné ? Il nie l'homme métaphysique en lui substituant l'homme physiologique ; mais il ne voit pas que par cette négation même, il tombe dans un autre exclusivisme, dans une autre figuration artificielle de la vie. *Il oublie de voir l'homme tout simplement.* Il a raison, mais il a également tort, si je puis m'exprimer ainsi. Après s'être affranchi de la tradition stérile, après avoir entrevu les larges plaines, il s'enchaîne de nouveau par l'étroitesse de sa vision. Il ne comprend pas que la physique et la métaphysique — cette dernière, véritable et organique, j'entends — ne sont en rien dissociées par les découvertes scientifiques, qu'elles ne sont au fond qu'une seule et même chose entrevue de deux points différents, se rattachant, comme l'univers entier, au principe d'unité, au principe moniste dont nous avons parlé. Il a négligé par suite de voir l'homme dans sa totalité et dans son ensemble, dans sa conscience supérieure comme dans son instinct. En niant les vieilles et profondes intuitions de la métaphysique, en n'apercevant pas le lien qui les unit aux jeunes découvertes de la physique (au sens large), il a brutalement dissocié l'être hu-

---

(1) E. Zola, *Le Roman expérimental.*

main, et méconnu une part énorme de sa richesse. Il est semblable à celui qui, lassé d'entendre sans cesse chanter sur tous les tons les plus fades, la beauté précieuse et délicate, la beauté suprême de la fleur, déclarerait brutalement que, pour lui, la beauté réside toute entière dans l'écorce rugueuse. Assurément je comprends le brusque et sincère mouvement de cet homme écœuré des mensonges de la convention : mais il n'en est pas moins vrai qu'il se trompe, et je lui préfère de beaucoup celui qui portera instinctivement son intérêt à l'arbre entier, à l'écorce rude comme aux fleurs subtiles, aux racines noueuses aussi bien qu'aux feuilles légères, à la branche comme au fruit.

Je me heurte à une pareille insuffisance si j'examine la théorie « déterministe » dont Zola fait si grand cas, au cours de son analyse serrée du texte de Claude Bernard. Ce n'est pas le déterminisme en général qui me semble l'amoindrir, mais bien l'"étendue de son déterminisme dont je suspecte, et à juste titre, la largeur. Il a beau dire : « Nous ne sommes pas fatalistes, nous sommes déterministes, ce qui n'est pas la même chose », son déterminisme n'est pas loin du pur mécanisme. Il est impossible actuellement de ne pas posséder une notion singulièrement plus large du déterminisme vital et cosmique, conception qui est appelée à devenir la synthèse supérieure des deux termes anciens, si longtemps opposés l'un à l'autre : déterminisme, liberté.

Il est curieux de constater de quelle manière Zola procède dans sa théorie simpliste du monde, pour rétablir la part du génie chez l'artiste; le postulat dont il se sert est assez faible. Invoquant une opinion de Claude Bernard, d'après laquelle la méthode expérimentale exige trois facteurs, le sentiment, la raison et l'expérience, et, citant cette phrase de ce dernier : « C'est un sentiment particulier, un *quid proprium* qui constitue l'originalité, l'invention ou le génie de chacun », Zola s'écrie : « Voilà donc la part faite au génie, dans le roman expérimental... La méthode n'est qu'un outil; c'est l'ouvrier, c'est l'idée qu'il apporte qui fait le chef-d'œuvre. » On peut se demander ce que vient faire là ce *quid proprium*, étant donné le principe de Claude Bernard et celui de Zola, calqué sur le premier; je trouve ce sentiment particulier absolument incompatible avec la théorie générale de la vie incluse dans la méthode expérimentale. Si nous supposons, en effet, un expérimentateur pourvu de ce « sentiment particulier » jusqu'au génie, devenu lui-même sujet d'expérience pour un second expérimentateur, ce dernier pourra-t-il analyser le génie de son sujet à l'aide de la méthode expérimentale ? Pourra-t-il faire entrer ce « *quid proprium* » dans l'ensemble des phénomènes physico-chimiques de l'être intra-organique ? Je n'en vois pas la possibilité. Ce postulat me paraît donc en contradiction formelle avec la théorie générale, et le romancier ne l'a emprunté au physiologiste que parce qu'il sentait, de par sa propre intuition, l'insuffisance de sa méthode appliquée à l'art, et qu'il lui fallait trouver un débouché au génie individuel, moins facilement analysable que les nerfs et le sang. Je veux dire, en un mot, que le naturalisme a manqué jusqu'ici de largeur et d'universalité dans sa vision du monde. La raison en est peut-être, qu'il s'est trop étroitement attaché à la science en perpétuelle évolution ; la servitude qu'il s'est créée l'a certainement appauvri. Comment se fait-il qu'avec sa chaude originalité, Zola n'ait pas senti l'étroitesse de la conception à laquelle il s'était lié ? Il est indéniable qu'il ait été fécondé par la science, mais je crois qu'il faut distinguer plusieurs méthodes de fécondation. La science s'est reproduite trop identique à elle-même à travers ce puissant cerveau ; le produit de cette fécondation n'apparaît pas suffisamment nourri de la richesse propre de l'individu fécondé.

Je crois qu'Emile Zola pourrait méditer longuement et avec profit ces quelques lignes du poète américain Walt Whitman, cette vérité des vérités dont la révélation suffirait à la gloire d'un homme :

En acceptant joyeusement de marcher sous la conduite de la science moderne, je n'en reconnais pas moins un fait supérieur à tous les faits qu'elle peut mettre en lumière. Ce fait, c'est l'âme de l'homme et de toutes les créatures, l'âme universelle, le lien spirituel et religieux de tout ce qui existe. Le plus grand des services que rendra la science, ce sera de dégager ce lien des fables, des superstitions qui le recouvrent, et de centupler notre foi. Pour moi le monde religieux, divin, idéal, quoique latent uniquement dans l'humanité, a une existence aussi réelle que la chimie ou tout autre ordre de phénomènes ; et la gloire des savants consiste en cela qu'ils ouvrent les voies à une théologie plus splendide, à des chants plus divins que la théologie et les chants du passé (1).

*
* *

Je crains de paraître paradoxal en affirmant qu'à mon avis, Zola *manque de réalisme*; ou plutôt que son réalisme n'atteint pas au sens plein et véritable de ce mots. J'entends par là qu'il se contente trop souvent d'un réalisme de superficie, qu'il n'atteint pas la réalité dans sa racine, dans l'être de son être, que celle qu'il nous présente n'est pas toujours assez large pour être vraie, assez profonde pour être universelle. Je ne sais pourquoi quelques-uns de ses personnages et de ses tableaux m'apparaissent comme un artifice de réalité, et me semblent créés par la volonté violente d'un esprit tout plein d'une formule, au lieu de jaillir naturellement du

---

(1) Walt Whitman, *Préface à l'édition de 1876.* Ce fragment est une traduction libre empruntée à M. Léo Quesnel (*Revue politique et littéraire,* 16 février 1884).

contact de la nature, du pur et simple sentiment de vie dans l'être du romancier. Certaines de ses créations, même parmi les plus robustes d'aspect, donnent l'impression d'un « plaqué » sur la vie, sortant assurément de la main d'un puissant ouvrier, plutôt que l'impression de la vie elle-même, dans la richesse de ses couleurs et l'infinie variété de ses formes L'intime vérité de de la nature nous donne une autre sensation, à la fois plus simple et plus variée. Je pense même que ce rétrécissement de réalité a contribué à la naissance de cette éphémère et chétive réaction mystique qui cherche à prolonger encore un semblant d'existence. C'est l'insuffisance et l'étroitesse du réalisme de Zola qui ont causé la banqueroute transitoire, momentanée du réalisme. Si le sens profond de la réalité avait plus puissamment éclairé le naturalisme, il n'est pas imprudent d'affirmer que sa fortune serait autrement décisive aujourd'hui, et qu'il n'aurait pas laissé à d'autres le soin de faire triompher le *réalisme pratique et vécu*. Les naturalistes de la première heure se sont montrés trop exclusivement les spectateurs neutres et froids de la réalité. Peindre de la vie signifie de plus en plus prendre part à l'action. On sent à travers toute l'œuvre de Zola qu'il a moins vécu lui-même que conçu la volonté de décrire la vie. Je veux dire que la *vibration* personnelle, passionnée, instinctive, ne s'y fait pas assez souvent sentir et que, par contre, la *volonté* de l'artiste y occupe trop de place.

Je trouve chez l'un des plus clairvoyants parmi les jeunes critiques anglais, M. Havelock Ellis, l'auteur de *New Spirit*, la même remarque, développée de la façon la plus précise.

« ..... Pendant de longues années après la mort de son père, écrit M. Havelock Ellis (1), Zola, comme enfant et comme jeune homme, souffrit de la pauvreté, pauvreté qui allait presque jusqu'au positif dénûment, la terrible pauvreté d'extérieur décent. Tout le caractère de son œuvre et du regard qu'il jeta sur le monde dépend incontestablement de ce dénûment prolongé de l'adolescence. Le jeune homme timide et réservé — car tel a été, dit-on le caractère de Zola, dans la jeunesse comme dans l'âge mûr — était enfermé avec ses fraîches énergies dans une mansarde, d'où le panorama du monde de Paris se déployait au-dessous de lui. Forcé par les circonstances ou par le tempérament à pratiquer la chasteté et la sobriété la plus stricte, il ne lui restait qu'une seule satisfaction permise, une orgie de vision. Nous ne pouvons douter qu'il ait pleinement tiré parti de cela, lorsque nous lisons ses livres, car chaque volume de la série des Rougon-Macquart est une orgie de vision matérielle.

« Zola passe encore maintenant pour être chaste et pour être sobre — bien que l'on nous ait dit que sa face morose de mélancolie s'éclaire

---

(1) Havelock Ellis, *Zola : The man and his Work*. The Savoy. janvier 1896.

comme celle d'un gourmet au moment de se mettre à table — mais cette ancienne avidité à se repaître des spectacles aussi bien que des sons, et l'on peut ajouter même des odeurs du monde extérieur, s'est à la fin façonné en une méthode de routine. Prendre un coin de vie et en cataloguer chaque détail, y placer une personne vivante et décrire chaque spectacle, chaque odeur et chaque son autour d'elle, quoique cette personne puisse être absolument inconsciente de ces spectacles, de ces odeurs et de ces sons, — ceci réduit à la plus simple forme, est la recette pour faire un « roman expérimental ». Cette méthode, et je désire insister là-dessus, a pris racine dans l'expérience du monde qu'a eu l'auteur. *La vie ne venait à lui que sous la forme des spectacles, des sons, des odeurs qui atteignaient les fenêtres de sa mansarde.* Son âme semble avoir été vaincue par la faim, au centre, et s'être répandue à la phériphérie sensorielle. Il n'a jamais goûter la profondeur de la vie, il n'a accumulé aucune de ces sources *d'émotion purement personnelle d'où les grands artistes ont tiré le fluide précieux qui fait le sang éclatant et vivant de leurs créations.* Combien différent il est sous ce rapport de l'autre grand romancier de notre époque, qui a été lui aussi une force volcanique d'une signification large comme le monde ! Tolstoï se présente devant nous comme un homme *qui a vécu lui-même profondément*, un homme qui a une soif intense de la vie, qui a satisfait cette soif. Il a désiré ardemment connaître les femmes, la joie du vin, la furie du combat, le goût de la sueur du laboureur dans le champ. Il a connu toutes ces choses, *non comme matériaux pour faire des livres*, mais pour satisfaire ses instinctives passions personnelles. Et en les connaissant, il a amassé un trésor d'expériences où il puisa lorsqu'il vint à faire des livres, et qui leur donne ce troublant parfum spécial *qu'exhalent seules les choses qui ont été vécues personnellement dans l'éloignement du passé*. La méthode de Zola a été entièrement différente. Quand il se proposa de décrire une grande maison, il se posta devant la résidence princière de M. Meunier, le fabricant de chocolat, et imagina en lui-même la luxueuse installation de l'intérieur, découvrant plusieurs années après, que sa description était peu éloignée de la réalité ; avant d'écrire *Nana*, il obtint une introduction auprès d'une demi-mondaine, avec laquelle il eut le privilège de déjeuner ; sa laborieuse préparation au prodigieux récit de la guerre de 1870, dans *La Débâcle*, se compose purement de livres, de documents et d'expériences de seconde main ; quand il voulut décrire le travail, il alla dans les mines et dans les champs, mais il ne semble pas qu'il ait jamais fait un travail manuel d'un seul jour. Les méthodes littéraires de Zola sont celles d'un « parvenu », qui s'est efforcé de pénétrer les choses de l'extérieur, *qui ne s'est jamais assis à la table de la vie et qui n'a jamais réellement vécu...* »

Et le critique ajoute quelques lignes plus loin :

« Le jeune homme famélique dont les yeux étaient concentrés avec un désir ardent sur le monde visible a tiré un certain bénéfice de sa chasteté intellectuelle ; il a préservé des choses matérielles sa clarté de vision, une vision avide, insatiable, impartiale... La virginale fraîcheur de sa soif de vie, donne à son œuvre son souffle de vigueur et de jeunesse, son indomptable énergie ».

La question est alors de savoir si la soif de vie inassouvie peut valoir en fécondité réelle pour l'artiste, cette même soif assouvie, et si l'esprit qui regarde de l'extérieur vibrer la matière vaut l'être qui la *sent intérieurement* vibrer en lui-même. Je ne le crois pas Il ne faudrait pas néanmoins exagérer l'importance de cette remarque et prétendre qu'il est indispensable d'avoir vécu une action matérielle pour la faire revivre dans l'œuvre d'art. Celui qui a vécu largement une part quelconque de la vie peut en faire revivre, par sa seule puissance individuelle, une autre partie, et c'est là le propre du génie. Mais il semble que Zola n'ait jamais vécu profondément et intimement une part quelconque de la vie qu'il a voulu rendre, si ce n'est toutefois ses années de misère et les petites tribulations de la vie artistique et parisienne. C'est du moins l'impression sincère qui nous vient de son œuvre, l'impression de la vie imparfaitement vécue.

Je ne trouve pas que, suivant une expression de M. Saint-Georges de Bouhélier, Zola ait « ressenti l'émotion de Pan » ; et c'est justement là ce qui manque à son œuvre de n'avoir point été traversée par cette émotion.

Je m'étonne d'avoir à prononcer de telles paroles sur une œuvre qui contient parfois de si riches intuitions, comme en témoignent des phrases semblables à celle-ci : « La nature est entrée dans nos œuvres d'un élan si impétueux, qu'elle les a emplies, noyant parfois l'humanité, submergeant et emportant les personnages, au milieu d'une débâcle de roches et de grands arbres (1) ». Il est vrai, que si nous jetons les yeux à la page suivante, nous sentons chez l'auteur un certain regret — inexplicable — de s'être abandonné à de telles « folies » : « La passion de la nature nous a souvent emportés, et nous avons donné de mauvais exemples, par notre exubérance, par nos griseries du grand air. Rien ne détraque plus sûrement une cervelle de poète qu'un coup de soleil. On rêve alors toutes sortes de choses folles, on écrit des œuvres où les ruisseaux se mettent à chanter, où les chênes causent entre eux, où les roches blanches soupirent comme des poitrines de femmes à la chaleur de midi. Et ce sont des symphonies de feuillage, des rôles donnés aux brins d'herbe, des poèmes de clarté et de parfums. S'il y a une excuse possible à de tels écarts, c'est que nous avons rêvé d'élargir l'humanité et que nous l'avons mise jusque dans les pierres

---

(1) E. Zola, *Le Roman expérimental.*

des chemins. » Je n'ai jamais pu croire que la griserie du grand air eût diminué un écrivain, ni que donner une voix aux choses de la nature fût une petitesse pour un romancier : je crois même que cette communion avec la vie universelle est la condition des grandes œuvres. Pour Zola, le panthéisme semble donc une erreur, qu'il proscrit aussi volontiers que le mysticisme ou le spiritualisme.

Tel m'est apparu l'homme qui, après avoir détruit tous les obstacles devant lui, a craint de s'élancer au grand air libre, ce grand air dont il redoute l'ivresse et dont il ordonne à l'écrivain de se détourner. Malgré la belle santé apparente et le fort parfum qui s'en dégage, son œuvre ne me donne pas assez l'impression d'un équilibre puissant de la vie intérieure et extérieure, d'une vision pleine et harmonique du monde. J'y sens même parfois une sorte d'indécision, de crainte. Sa face mélancolique et morose, en faisant la part même des ravages qu'y ont causés les lutte ardentes où il s'est prodigué, respire comme une tristesse de n'avoir pas embrassé vraiment la vie des êtres et des choses, de n'avoir pas soulevé en lui avec ivresse, la matière vivante pour la faire vibrer éperdument.

III

A qui nous reprocherait de n'envisager ici que la pensée générale de Zola, en laissant de côté son œuvre d'écrivain et d'artiste, nous pourrions répondre par une phrase du romancier lui-même : « Au fond des querelles littéraires, il y a toujours une question philosophique ». Nous sommes donc en droit de rechercher par delà son œuvre, l'idée maîtresse dont elle dépend.

Si l'avenir, acceptant dans son ensemble l'historien des Rougon-Macquart, devait oublier ses erreurs et s'il ne devait que saluer en lui l'apôtre âpre et fervent de la nature et de la force, nous serions quand même en droit de formuler nos réserves et de rétablir les faits pour l'honneur de cette vérité dont il se réclame à bon droit.

Autant je donne mon admiration entière à Zola pour son ardente foi de révolutionnaire, de réaliste et de libre penseur, autant je salue joyeusement son indomptable et âpre désir de vérité, autant je lui reproche d'avoir amoindri l'humanité, d'avoir amputé le monde de la moitié de lui même, d'avoir étriqué de nouveau la vie, d'avoir privé en somme l'univers de son âme, lui, le vivant et le robuste, le sincère et le sain, à qui semblait réservé un plus vaste rôle. Après lui, la « Terre » et la « Joie de vivre » restent encore à décrire, car nous mettons désormais sous ces mots une plus riche compréhension.

Je ne sais si nos désirs et nos appétits deviennent plus conscients, mais nous exigeons toujours plus d'air, toujours plus de réalité, et nous souhaitons pour la France un homme nouveau, aussi puissant que Zola, mais plus largement vital, qui ne s'enchaîne pas à une méthode, qui ne compromette pas sa propre liberté, qui étreigne librement la vie, qui se plie à tous ses aspects, qui rende toutes ses couleurs et toutes ses variétés, qui comprenne d'une façon moins étroite la purification par la science de la pensée. Aussi a-t-il été le partisan acclamé d'un mouvement, plutôt que l'interprète direct et universel du monde. Son génie consiste moins peut-être, dans sa propre et personnelle intuition de l'univers et de la vie, que dans le fait d'avoir apporté sa collaboration énorme à ce vaste et splendide mouvement vers la réalité, qu'il définit lui-même « le large mouvement analytique et expérimental qui est parti du dix-huitième siècle et qui s'élargit si magnifiquement dans le nôtre », et dans cette poussée brutale en avant qui demeure comme le symbole de son œuvre.

Quel autre écrivain de l'heure présente aurait-on pu lui préférer, s'il avait vraiment approfondi cette phrase de son étude sur Edouard Manet : « Le beau devient la vie humaine elle-même », ou cette autre : « La vie seule parle de la vie, il ne se dégage de la beauté et de la vérité que de la nature vivante (1) » ? Les *Trois*

---

(1) E. Zola, *Nouvelle Campagne*, 1896.

Villes toutefois, sa récente trilogie, marque un élargissement de la pensée qui conçut les Rougon-Macquart, élargissement qu'entrevoyait peut-être Zola, lorsqu'il prononçait ces paroles : « L'avenir appartiendra à celui où à ceux qui auront saisi l'âme de la société moderne, qui, se dégageant des théories trop rigoureuses, consentiront à une acceptation plus logique, plus attendrie de la vie. *Je crois à une peinture de la vérité plus large, plus complexe, à une ouverture plus grande sur l'humanité*..... (1) » Il y a peut-être là l'intuition du vrai. Que ce soit par lui-même ou par d'autres, ce que nous désirons, après tout, c'est voir son œuvre acharnée de réaliste s'épanouir, se multiplier, éclore partout, envahir, submerger le monde encore pourri de faux idéal, écraser comme sous un prodigieux marteau les fadaises, les redites et les conventions au milieu desquelles nous nous débattons.

Et voilà ce qu'en fin de compte, nous lui disons :

« Vous avez combattu pendant plus d'un quart de siècle le plus magnifique combat de la pensée moderne, celui de la réalité contre le mensonge, de la loyauté contre l'hypocrisie, de la vie contre la convention, de la force contre l'artifice, de l'instinct naturel contre les cérébralités pourries. Jamais on ne louera suffisamment votre

---

(1) Réponse à l'*Enquête sur l'évolution littéraire* de M. Jules Huret. 1891.

action grandiose. Mais au seuil des libres plaines entrevues par vous, retenu par l'étroitesse d'une doctrine et peut-être aussi par la faiblesse des forces humaines (votre rôle de lutteur ayant absorbé votre énergie), vous avez enfermé la vie dans une nouvelle convention plus large que la précédente, mais une convention que nous n'admettons plus.

« Et malgré nos réserves, (dont vous devez, en partie du moins, comprendre la justesse), c'est la sympathie puissante qui l'emporte pour votre œuvre saine et forte, et nous ne sommes pas près d'oublier quelques-unes de vos pages admirables sur les bêtes, sur l'art, sur la femme, sur l'humanité. Nous ne vous en savons pas moins gré d'avoir projeté ce torrent de matérialités et de brutalités sur les cerveaux desséchés, sur les rêveries anémiées, sur l'ignorance vaniteuse et les stériles délicatesses, d'avoir restitué la vie de la chair, la vie du ventre, la vie du sexe, la vie digestive, la vie sanguine et musculaire toujours méconnues au profit du cœur et du cerveau. Quand bien même vos plus fortes œuvres, l'*Assommoir*, *Germinal*, *la Terre*, ne parleraient pas assez haut pour votre gloire (ce que je crois inadmissible), votre nom restera toujours synonyme d'une formidable prise de corps avec la réalité, d'une énorme poussée vitale. Le flot d'injures ignobles déversé sans trêve sur vous, s'adresse à l'apôtre réaliste, et voilà pourquoi, vis-à-vis de ces basses insultes, nous ne marchanderons jamais notre sympathie à l'homme fort et sain qui a creusé la terre d'un soc aussi vigoureux.

« Et nous vous applaudissons de tout cœur lorsque vous dites vous-même : « J'espère, quand je serai mort, être traité avec plus d'équité. On reconnaîtra alors que je ne fus ni un pessimiste ni un corrupteur. N'est pas pessimiste celui qui en toute occasion chante des hymnes à la vie ; n'est pas corrupteur celui qui, sans se lasser, proclame les suprêmes bienfaits du travail. Or, si l'on parcourt la série des Rougon-Macquart, l'amour de la vie et la passion du travail y éclatent à chaque page. J'ai secoué les délicatesses morbides, exalté l'œuvre féconde de la chair, tenté l'assaut des tours solitaires, qu'elles fussent d'ivoire ou de pierre, fait surgir des passions qui aboutissaient à la reproduction de l'espèce. Car rien n'est pire que la solitude et la mort. Voilà le sillon que j'ai creusé dans le champ ingrat de la littérature, l'amour du travail et de la vie. Il n'est pas vrai, que j'aie voulu corrompre et décourager les esprits, et, si cette opinion me laisse indifférent à cette heure, c'est que je ne crois pas à sa durée. (1) »

Tel est, en toute justice, le sentiment que son œuvre a fait naître en moi.

Voilà pourquoi je trouve que les jeunes écrivains dont j'ai parlé au début de cette étude font une œuvre de justice en réhabilitant Zola vis-à-vis des irréalistes de toutes nuances. Mais je crois

---

(1) *Le Temps,* 13 octobre 1897 *(Interview).*

que leur voix ne sera vraiment prophétique que si, dépassant le cercle étroit du matérialisme et du document, ils en appellent à cette large vérité toujours trahie, à ce panthéisme ardemment pressenti, au sein desquels doivent grandir l'art et la pensée.

L'ART ET LA SEXUALITÉ

L'ABSTINENCE SEXUELLE COMME PRINCIPE CRÉATEUR EN ART

I

NARCISSES MODERNES

> — *Ne t'effarouche pas, petit! Tu en entendras de plus crues et de moins sensées. Mais, vois-tu, vous êtes tous pour moi des espèces d'Onans. Vous vous battez les flancs de métaphysique, vous vous chatouillez spirituellement... Puis, vous croyez que ça vous érige vers l'Infini et que vos extases fécondent l'Univers... Ça vous vide; voilà tout...*
>
> B. GUINAUDEAU. *L'Abbé Paul Allain.*

Je suis vivement reconnaissant à M. G. Rodenbach d'avoir précisé en moi un sentiment que je possédais obscurément sans pouvoir le formuler, et de me fournir l'occasion d'une critique d'ensemble, en publiant ce suggestif volume: *Les Vies encloses*. Ce livre contient un poème intitulé : *Aquarium mental*, dont la lecture m'a secoué d'un frisson révélateur. Je collectionnerai tout d'abord pour le lecteur qui les ignore, quelques fragments parmi les plus étranges :

L'eau sage s'est enclose en des cloisons de verre
D'où le monde lui soit plus vague et plus lointain;

. . . .

D'être recluse, elle s'épure, devient chaste,

. . . .

Et, riche ainsi pour s'être enclose, l'eau s'écoute
A travers les poissons et les herbages verts;
Elle est fermée au monde et se possède toute
Et nul vent ne détruit son fragile univers.

. . . .

Ainsi mon âme, seule, et que rien n'influence !
Elle est, comme en du verre, enclose en du silence,
Toute vouée à son spectacle intérieur,
A sa sorte de vie intime et sous-marine,
Où des rêves ont lui dans l'eau toute argentine.
Et que lui fait alors la Vie ? Et qu'est-ce encore
Les reflets de surface, éphémère décor !

. . . .

Transparence de l'âme et du verre complice,
Que nul désir n'atteint, qu'aucun émoi ne plisse !
Mon âme s'est fermée et limitée à soi;
Et, n'ayant pas voulu se mêler à la vie,
S'en épure et de plus en plus se clarifie.

. . . .

L'aquarium prend en pitié les autres eaux.

. . . .

L'aquarium les plaint, toutes ces eaux vassales
Que la vie intéresse, et s'y associant;
Tandis que lui, de son seul songe est conscient;
Il n'a pas d'autre but que ses fêtes mentales
Et l'anoblissement de l'univers qu'il est;
Eau de l'aquarium dont la pâleur miroite.
— C'est comme si du clair de lune se gelait ! —
Car dans le verre elle s'est close et se tient coite,
Moins en souci des vains reflets et du réel
Que d'être ainsi quelque mystère qui scintille
Et de réaliser ce qu'elle a d'éternel,
Avec l'orgueil un peu triste d'être inutile !

Je ne sais si le public a su découvrir entre les lignes de ce poème délicieusement ensorceleur les traces de l'anormal et dangereux penchant qui conduisit à leur ruine tant de nobles esprits. Quant à moi, j'y saisis l'expression la plus complète, la plus précise et la plus raffinée de cet état spécial a quelques-uns de nos jeunes artistes, que je qualifierais de *terreur du réel* ou *d'onanisme mental*. Nous nous trouvons là en face d'une grave affection, dont une bonne partie de la neuve génération artistique me semble atteinte, sans chercher à s'en guérir, à la racine d'un mal qui dévore l'énergie d'une jeunesse déjà caduque et refroidie.

Et d'abord, exposons brièvement notre pensée.

L'adolescent vierge est sans réel contact avec le monde extérieur. A l'âge normal de la virginité, cet isolement du monde, nécessaire à la croissance de l'individualité physique, est une source de force et de profit, loin d'être néfaste. Mais dès qu'a sonné l'heure vraiment humaine des solidarités et des étreintes, ce repliement sur soi n'engendre plus que faiblesse et que dessèchement. Alors la fusion s'impose. L'un appelle le tout. Chaque être demande à se nourrir des contingences pour les refondre en lui, suivant son propre caractère. Il veut s'épanouir en toutes choses, pour que toutes choses s'épanouissent en lui. L'homme qui dès lors, à l'âge de l'amour, se livre aux voluptés solitaires et s'enferme en son propre être, ne jouit que de lui-même, de son pauvre et triste moi. Devant l'acte vivant, sa crainte et sa frayeur se traduisent par une fuite toujours plus éperdue en lui-même. Entre le monde et lui une barrière s'élève, toujours plus haute. L'isolement le stérilise, car la solitude n'engendre qu'elle-même. L'évolution de notre individu est une perpétuelle négation de virginité. La pureté n'est pas le produit de l'absorption en soi : la réelle pureté jaillit du mélange et de l'étreinte. Ce n'est pas l'eau solitaire et croupie de l'étang qui est pure; c'est l'eau violente, frémissante et cristalline du torrent qui est pure. La solitude corrompt; l'expansion purifie.

A quel instinct ou à quel sentiment peuvent donc obéir ceux de nos jeunes artistes auxquels je viens de faire allusion, en fermant leurs yeux au monde pour préserver de contacts impurs le développement de leurs consciences, en se livrant à ces jouissances secrètes, à cette culture intensive et exclusive du « moi », qui les sépare de toute humanité? Je crois que cet appétit de la solitude mentale et du plaisir jalousement individuel, — ce mode d'embrasser la vie qui consiste à la savourer avec art et toute entière en soi-même, — peut facilement se ramener à une cause unique. Voici de quelle façon je l'entends. L'onanisme mental provient presque toujours de l'impuissance physique, qui est elle-même la conséquence du manque d'énergie vitale chez l'individu qui en est atteint. La terreur de l'étreinte naturelle des sexes ne peut provenir que de la pauvreté du sang, car l'être sain et puissant désire et se satifait. Le solitaire désire, mais pas assez fortement pour oser satisfaire son instinct de jouissance. Et comme cet instinct de jouissance exige, pour la grandeur de l'individu et du monde, sa nourriture et son expansion, le craintif et douloureux solitaire s'efforce de la satisfaire par des moyens hors nature. Des raisons de différent ordre peuvent expliquer cette fécondation de l'individu par lui-même, par exemple de graves imperfections physiques du sujet, l'influence d'un milieu puritain ou idéaliste, l'habitude de travaux spécialement intellectuels pervertissant la vie corporelle. Mais si des causes multiples peuvent y conduire, nulle raison ne peut la justifier, si ce n'est la maladie, l'emprisonnement, la vie déserte, ou quelque autre motif de cet ordre majeur. Tout être vivant qui, plongé dans un milieu d'action et de passion, de haines et de sympathies, de lutte et de liberté, de mille et mille liens entremêlés, d'hommes et de femmes, dans un ensemble de toutes les vies, de toutes les natures, de toutes les jouissances, ne s'élance pas d'un libre instinct dans ce riche univers, pour y satisfaire sa soif infinie du plaisir et lui demander sa part de tout ce qu'il recèle de saveur et de sens, ne sera jamais qu'un rameau desséché sur l'arbre de la grande vie : sans parfum, sans éclat, sans fruit et sans couleur, sans force créatrice. La joie physique et mutuelle étant le cœur même de l'existence, celui qui n'en poursuit pas, invinciblement et pleinement à travers le monde, la possession, ne connaîtra jamais le sens de la vie, ni ce qu'un être peut contenir en lui ; sa croissance ne sera jamais plus que la maigre efflorescence de la tige que compriment les pavés d'une cour et qu'enténèbre la barrière de froides murailles. Rien ne peut remplacer l'audace et la franchise de vivre : aucune vertu ni aucun vice, aucune patience ni aucune finesse, aucune intelligence ni aucune délicatesse *ne peuvent valoir le clair et libre accomplissement d'un acte naturel et libre*, pas même l'art prodigieusement esthétique et raffiné auquel peut parvenir l'égotisme dans tous les mondes, et spécialement — selon l'intention de cet article — dans une partie de la jeunesse littéraire moderne. Si l'on aime une femme saine, la nature ne connaît pas encore d'autre mode d'épanouissement de cet amour, que de l'aimer physiquement.

J'admire avec quelle précision et quelle délicatesse, M. Rodenbach a su dépeindre en ce poème, dont j'ai cité plus haut quelques vers, le cœur même de l'onanisme. Comme je comprends cette expression de si mélancolique pitié à l'égard de « ceux que la vie intéresse » !... Le dérivé mental de l'onanisme tel que nous venons de le dépeindre, c'est en effet, la conception fixe que pour parvenir dans le calme de la félicité, à une vision esthétique de l'univers, il faut se détourner méthodiquement de tout ce que colore un rayon de vie, de tout ce qui respire et frémit, de tout ce qui pourrait ressembler même lointainement, à une action, en un mot de tout ce que la vie vulgaire pourrait ternir de sa matérialité sans goût. Le solitaire découvreur des terres vierges du songe ne permet pas aux grossiers produits d'humanité d'embarrasser la route qu'il suit, perdu qu'il est dans son rêve d'épuration toujours plus artistique et plus parfaite. C'est en persévérant dans cette voie qu'il grandit peu à peu à sa propre vue, dans l'isolement et l'inimitié du tout. Dans le monde qui n'est qu'une immense étreinte, où chaque atome de chaque vivant reçoit et déverse mille sensations variées, profondes ou fugitives, de douleur et de joie, où chaque impondérable molécule de chair est, à chaque seconde, baigné par les flots continus, en marche éternelle, d'êtres innombrables qui subissent eux-mêmes la même toute-puissante fécondation, où les floraisons humbles ou géantes de l'action, s'épanouissent et meurent, nourrissant de leurs parfums et réchauffant de leur éclat la mouvante foule autour d'eux, dans ce monde où la grandeur naît de l'enlacement des forces, le solitaire amoureux de lui-même, refermant sur son être, d'un geste de farouche et pudique fierté, le triple voile de son dédain, de sa mélancolie et de son art, se dresse devant le monde stupéfait comme la victime de l'exil dans un monde de douleur insondable. Pour ces âmes d'exceptionnelle clarté, l'isolement farouche est la condition essentielle de toute grandeur individuelle, tandis que le monde croupit autour d'eux, au-dessous d'eux, dans l'ordure des promiscuités. Ce qui peut convenir à la foule des humains perd par cela même toute valeur a leurs yeux.

Celui qui a dressé dans son cerveau, avec des assises dans l'être entier, un autel au dieu des voluptés secrètes, contemplant sa propre image que des rides précoces lui interdisent seules de comparer à l'éclatante beauté d'un Narcisse, s'adresse à lui-même ces paroles dans la mystérieuse solitude de son être : « Restons de plus en plus en nous-mêmes, d'essence toujours plus rare et sans cesse plus précieuse; ne troublons pas ce qui doit rester pur, pour dominer les vains fantômes illusoires des réalités et l'immense troupeau des apparences. A travers les stériles et bruyantes agitations du songe vital, faisons le silence en nous-mêmes, soyons toujours plus silencieux; que le silence étende un voile entre la chasteté de nos élans et ces vaines formes, là-bas ; que le silence croisse en nous, jusqu'à ce qu'il chante... O le chant du silence!... La noble et mélancolique douceur de ce chant!... J'entends en moi naître et s'élever la mélodie des élus du silence... » Et le solitaire, abîmé dans la contemplation de sa beauté, dont la simple clarté du jour ruinerait l'infinie délicatesse incomprise, se perd de plus en plus dans les abîmes de jouissance qu'il découvre en lui-même, en sculptant sa propre image, d'une main que l'art rend toujours plus mystérieusement habile. Cette variété d'esprits précieux et rares dépend d'une esthétique tellement raffinée que tout usage de la vie leur est insupportable et vulgaire, s'ils ne l'ont auparavant épurée jusqu'au point où il leur est impossible d'en jouir matériellement et sensuellement. Les enfants de cette race élue pour les exceptionnels destins, ne sont pas rares parmi nous, et nous n'avons pas à craindre pour aujourd'hui l'extinction de cette *aristocratie du* NON-SENS.

Chacun de nous a sûrement observé dans son entourage l'un de ces êtres incapables de prendre la réalité pour elle-même et qui ressentent en face d'elle, une inexprimable terreur. A travers le prisme de leur cerveau dégénéré que ruine progressivement leur abstention farouche de vie générale, toute réalité se déforme, même et surtout la plus proche. Voyez agir — ou plutôt non agir — et se mouvoir ce fantastique personnage qui, mis en présence de n'importe quel aspect de notre monde, semble être tombé subitement d'une planète en décomposition. L'usage des plus simples actions lui cause une perpétuelle horreur, qui se manifeste tantôt par un trouble éperdu et sans cesse croissant, tantôt par de stupéfiantes maladresses, qui provoqueraient l'hilarité du plus petit portefaix dans la rue; soit par des accidents bizarres que le manque d'audace de la victime empêche seul d'être funestes; soit encore par un balbutiement qui appelle à son secours les plus précieuses et les plus subtiles finesses du dialogue esthétique, mais qui ne parvient pas à trouver les plus simples mots du langage de tous; soit enfin par une ignorance aristocratique mais absolue, des diverses et primaires méthodes par lesquelles un animal des premiers degrés de la création ose instinctivement jouir de la vie. S'il s'efforce par hasard de suivre un moment l'exemple du vulgaire, pour une action usuelle dont il reconnaît temporairement la nécessité, c'est au prix d'efforts inouïs qu'il pourra dompter son habitude de s'approcher des choses de la vie par la route la plus longue, la plus ténébreuse et la plus compliquée ; et même s'il y parvient, sa jouissance sera médiocre. Pour ce raffiné dilettante, jouir d'une chose importe peu : *c'est la méthode à suivre pour n'en pas jouir*, qui occupe tous ses instants. C'est à ce travail qu'il consume peu à peu son existence en précieuses voluptés intellectuelles dont témoignent les rides prématurées d'un visage que n'éclaira jamais aucun rayon de saine joie.

Regardez s'avancer vers vous ce distingué spécialiste des titillements de l'âme. Sa marche saccadée, tantôt rapide, tantôt incertaine, le conduit indirectement vers vous par un chemin qu'assurément nul être vivant sur ce globe n'eut instinctivement suivi. Sur son visage flotte un air d'angoisse profonde, bien que violemment contenue et cachée ; une atmosphère émane de lui, semblable à celle qui flotte autour des ruines. Cet homme arrête sur vous deux yeux, qui sont beaux, mais tournés au dedans : ce sont *des yeux qui ne regardent pas*. S'il parle de choses pratiques d'importance vulgaire, il saura employer de telles périphrases qu'il vous est impossible, après l'avoir quitté, de répéter un seul mot de son langage, d'une imprécision tellement esthétique, que l'homme le mieux doué ne pourrait en saisir le sens réel. Si, d'aventure, vous le questionnez, soyez sûr qu'il vous faudra prendre l'exact contraire de sa réponse, si vous ne voulez pas commettre une erreur, et cela toujours par le même besoin invincible de cacher la vérité afin de la conserver plus rare et plus personnelle. En un mot ce lamentable personnage contient en lui, à doses différentes, des éléments d'involontaire bouffonnerie et de tragique faiblesse qui en font l'une des plus singulières floraisons de la multicolore humanité.

Ce que le solitaire peut nous inspirer, après l'étonnement ou la colère, c'est un sentiment de profonde pitié que mérite à tous égards ce naufragé de la vie, dont les larges flots n'ont pu épanouir les pauvres et tristes sens. Infiniment las et vieilli avant l'âge, sa mélancolique existence s'assombrit de plus en plus, parfois même jusqu'à la folie ou au suicide. Goûtant chaque jour la saveur amère de sa conscience stérile, la vie n'est pour lui qu'une ironie funèbre, affolante et cruelle.

Un autre motif nous force à combattre ceux qui tentent d'élever l'onanisme mental à la hauteur d'une méthode : l'examen des résultats positifs que cette méthode a enfantés dans le monde nous le fournit. Je ne crois pas qu'il existe dans le monde entier une seule œuvre d'art, de premier ordre et d'incontestable grandeur, qui soit sortie de l'un des exemplaires de cette race inféconde. Je crois au contraire que toutes les œuvres où éclatent la couleur, la nouveauté, la richesse et la variété, — toutes qualités du génie, — ont eu pour auteurs des êtres vivant et sentant, en intime et sensuel contact avec le monde, dépourvus de la crainte de s'y mêler largement et d'y renouveler sans cesse leur vitalité par des sensations intégralement et réellement vécues. Toute œuvre forte est un rayon de réalité, un prolongement de réalité, une réalité elle-même. Sa grandeur est là ; et la médiocrité provient toujours d'une méconnaissance de réalité. Etreindre, c'est être puissant ; se résorber, c'est être faible. Et je dirai même plus : si une œuvre d'art quelconque a pour origine la pauvreté sensuelle d'une vie sans positifs contacts extérieurs, quelqu'en soit la conception, l'étendue, la forme, la portée, le raffinement, l'origine et le succès, j'en suspecte, toujours, partout, *et à priori*, la valeur originale et géniale. Il est absolument impossible pour moi qu'un homme sans vie produise de la beauté ; d'un être farouchement clos ne peut sortir aucune vivace mélodie, pas plus que du sol d'une cave ne peut naître une tige colorée. On peut deviner ou pressentir ou élargir, si l'on a goûté quelque partie des choses ; mais celui qui n'a goûté que lui-même ne nous offrira pas plus de saveur qu'il n'en a éprouvée. Aucun virtuose n'a pu et ne pourra donner l'illusion de posséder la vie par les sens, s'il n'a pas vécu avant de chanter.

Que vaut pour nous ce volume de vers où vous analysez en des centaines de pages, les phases et les résultats de vos jouissances secrètes ? Bien moins que le légume de la fruitière ou la chandelle vendue par l'épicier qui sont des produits compréhensibles, délimités, utiles. Pourquoi votre spécialité « littéraire » serait-elle supérieure à la spécialité du marchand de confection ou du coiffeur ? Elle ne l'est en rien ! Puisque vous n'atteignez dans vos œuvres aucun sens général et positif de la vie, que ses richesses et ses couleurs, ses millions de formes et ses ardeurs, ses printemps et ses hivers, vous sont inconnus et même odieux, je ne vois pas que le travail accompli par le plus simple ouvrier de fabrique soit inférieur à vos précieux produits. Si votre incroyable vanité se nourrit de la conscience de posséder un privilège, soyez persuadés qu'il y a là une illusion de votre part, et que la poésie n'a pas borné sa demeure aux temples silencieux de vos personnes, car il est impossible que chaque être n'en possède pas en lui, à un degré quelconque et à une seconde de sa vie. Et si le don d'expression manque à la plupart, il n'en est pas moins vrai que celui qui vit dans le monde sans faire dépendre sa joie ou ses larmes exclusivement de son cerveau, qui connaît chaque parcelle d'existence pour l'avoir personnellement senti vivre en lui, dont la solitude n'a pas ravagé le désir et la sensualité, est mille fois plus poète, sans avoir écrit une seule ligne, que le plus raffiné jouisseur de lui-même.

Cette conception malheureuse, qui prétend abstraire la poésie de l'homme et du monde en général, me semble jeter ses derniers feux ; mais néanmoins, une part importante — je veux dire relativement étendue — de la production artistique récente dénote une ardente propension aux voluptés solitaires, aux jouissances exclusivement individuelles. Je sais bien que l'effort international, de liberté, de vie nouvelle, de sensualité païenne et d'action écrase et submerge ces produits sans avenir, mais il importe toutefois de signaler le danger.

Si la vie, en développant ces jeunes êtres atrophiés, ne les détourne pas de l'excitation solitaire de leurs cerveaux, si elle ne parvient pas à submerger leurs délicatesses de mauvais aloi sous un torrent de brutalités, s'ils n'arrivent pas enfin à comprendre que pour créer il faut étreindre, et soulever la matière vivante, vibrer en elle et la faire vibrer en soi, et qu'en cette double action résident la vie et la beauté, s'ils continuent à n'être dans le monde, qui les méprise, que des spécialistes et des vendeurs de pommade, à quel titre pourrions-nous les admettre, si, malgré la plus exquise délicatesse de l'amoureux le plus exquis de lui-même, nous continuons à préférer franchement aux plaisirs solitaires, les joies solidaires ?

II

RÉPONSE A M. PANIZZA

Poussé par un sentiment d'amertume à l'égard d'un groupe d'artistes, que je me permis de nommer, non sans flatterie pour eux, les *Narcisses modernes*, j'écrivis contre cette école bizarre un réquisitoire assez violent, dont un livre de vers m'avait fourni le thème. L'une des pièces de ce recueil surtout, me servit à préciser la singulière doctrine qui enseigne à l'individu la voie du bonheur par la destruction successive, patiente et méthodique des multiples liens qui l'unissent à ses semblables et au monde, au bénéfice d'une culture intensive et exclusive du « moi ». Quelques-uns des partisans de cette théorie de l'inertie rédemptrice et de l'introspection exclusive, n'étant pas dépourvus de toute influence dans le petit cercle de leur solitude, il m'avait paru intéressant d'opposer à leur opinion, celle des quelques hommes qui n'ont pas honte de s'avouer, en face des solitaires et des neutres, les partisans obstinés de l'expansion.

Ma querelle était plutôt de nature littéraire et tant soit peu philosophique, et laissait derrière elle, tout en l'impliquant, la question technique des résultats mentaux et animiques de la chasteté. Bien que j'eusse dû peut-être entamer le débat sur ce terrain même, antérieurement à toute autre considération, je me bornais à des arguments plus généraux et de portée plus large. Aussi ma thèse, en raison de son caractère in-scientifique et incomplet, prêtait-elle le flanc à plus d'une controverse.

C'est ainsi que M. Panizza, avec beaucoup de science et de finesse, entreprit de me démontrer qu'en croyant prendre le parti des « réalistes » contre les « rêveurs », j'avais moi-même absolument faussé la réalité, et que la stérilisation sensuelle *pouvait être et était* réellement pour l'individu la cause même de sa fécondité cérébrale (1).

J'avais pris la défense de la vie comprise à la façon païenne, c'est-à-dire large et féconde, contre les mystiques et les in-sensuels de tout ordre, qui dirigent tous leurs efforts vers son anéantissement; mais je ne traitais pas, à proprement parler, la question des rapports de la vie sexuelle et de la vie cérébrale, question qui aurait exigé une démonstration scientifique, et qui demeurait englobée, à l'état embryonnaire, dans la généralité de ma thèse. Ce fut précisément sur ce point spécial que porta l'argumentation de M. Panizza, et en cela il eut raison, car c'était là le nerf de la question. De la série d'objections qu'il m'opposa, je vais noter les principales, en

---

(1) *Wiener Rundschau*, (15 mars 1897). Vienne. Die sexuelle Belastung der Psyche als Quelle künstlerischer Inspirazion.

les faisant suivre des réflexions qu'elles me suggèrent

« Il suffit, dit M. Panizza, d'observer un jeune garçon, pendant ses années de développement, et de suivre les agitations de son âme : on le trouvera beaucoup plus intéressant que le jeune homme qui sort des bras d'une cocotte.

« *En tous cas, chez le premier, on trouvera beaucoup plus de profondeur intellectuelle.* »

Il nous faut ici faire une remarque : que le jeune garçon, à l'âge de la croissance physique et du développement cérébral, soit momentanément plus « intellectuel » que le jeune homme qui fait ses premières armes sur le terrain de l'amour, cela, je ne le nie pas. Encore faut-il, cette distinction admise, ne pas confondre la pensée du garçon encore vierge avec celle de l'adolescent qui a pénétré le mystère du sexe. La « profondeur intellectuelle » du premier me paraît être plutôt une *rêverie* qu'une pensée véritable s'exerçant sur les choses ; une rêverie sur la vie, tandis que le second, avec moins de profondeur peut-être, mais plus de réalité que le premier, possède une pensée qui s'est affermie au contact du monde, dont la pratique sexuelle modifie profondément la conception. Il y a peut-être moins d'imagination — je puis l'accorder, bien que j'en doute fort — chez l'adolescent, mais il y a moins de vérité chez le garçon. S'il n'en était pas ainsi, comment expliquer que la crise sexuelle bouleverse à son passage la plus grande partie de nos croyances et de nos primitives opinions ? Tout simplement, parce que l'exercice de l'énergie virile a transformé le rêve illusoire en réalité vivante.

A l'appui de sa thèse, M. Panizza cite cette opinion de Paulsen qui écrivit dans son Ethique : « On a souvent remarqué que, parmi les grands philosophes qui ont ouvert de nouvelles voies à la pensée, la plupart étaient célibataires ; certainement cela n'est pas par hasard. Des hommes comme Bruno, Spinoza, Schopenhauer, on se les représente difficilement comme maris et pères de famille ; ils seraient devenus autres, s'ils avaient eu femmes et enfants, plus prudents, plus circonspects, plus flexibles. » Descartes, Leibnitz, Newton et Kant étaient aussi des célibataires, ajoute M. Panizza. Il aurait pu joindre à ce groupe Nietzsche, dont la folie est née peut-être de l'abstentionisme vis-à-vis de la femme et de tout ce qu'entraîne la continence.

Il y a certainement une part de vérité dans cette remarque sur l'infécondité physique des grands spéculatifs. Le désir d'indépendance et la perspective des mille tracas de la vie de famille ont été sans doute pour beaucoup dans leur stoïque résolution d'aimer uniquement l'abstrait. Je n'affirme pas qu'ils auraient été plus grands, s'ils avaient obéi à la loi normale du sexe, mais assurément, ils n'en eussent pas été diminués. Je reviendrai d'ailleurs sur ce point qui est, à mon avis, le plus solide de l'argumentation de mon érudit contradicteur. En revanche, il est facile de citer les grands génies qui ont été de grands sensuels : les Shelley, les Gœthe, les Hugo et les Wagner. On m'objectera que ceux-là ne furent pas seulement des intellectuels et des métaphysiciens ; mais c'est justement parce qu'ils furent à la fois, et dans une harmonie supérieure, des penseurs et des artistes, qu'ils sont une preuve vivante de ce que je soutiens, à savoir que la génialité plonge ses racines dans la sensualité, loin d'en être l'ennemie. Le génie n'est pas celui qui se soustrait aux lois communes de la nature et de la vie, c'est au contraire celui qui y obéit le plus. De même pour les femmes écrivains, dont les plus remarquables ne furent pas mariées, selon l'avis de M. Panizza. Je me permettrais de citer George Sand, Elisabeth Browning, Berthe de Suttner, Olive Schreiner, qui ont su, il me semble, concilier l'amour sexuel avec l'intellectualité la plus haute.

Mais voici la racine même du débat qui apparaît dans cette opinion du docteur Norbert Grabowsky : « C'est l'intérêt bien compris de chacun, qui devrait pousser tout le monde à s'exercer dans l'abstinence. *Celui qui s'adonne à la femme perd secrètement, sans s'en douter, la faculté de penser métaphysiquement et d'avoir conscience de son moi supérieur. Du reste, toute jouissance sensuelle terrestre est ennemie de la science.* » L'avouerai-je ? Oser écrire ceci, à la fin du dix-neuvième siècle, me paraît une monstrueuse folie, ou plutôt une plaisanterie de mauvais goût... Aussi me semble-t-il vain d'insister sur cette étrange pensée jésuitique, d'autant plus que nous aurons à revenir plus longuement tout à l'heure sur les idées de M. Grabowsky.

C'est d'un malentendu que naissent presque toutes les discussions, et je reconnais une fois de plus, ici, la vérité de cette observation. Ainsi M. Panizza, après avoir rappelé la vieille opinion des Jésuites et des Théologiens « que le sperme viril non utilisé profite au cerveau », et après avoir reconnu que cette opinion était insoutenable de nos jours, ajoute : « Il ne s'agit pas d'une transmigration, mais d'une propagation nerveuse vers le cerveau, de l'excitation causée par l'inhibition sexuelle ». Que l'excitation sexuelle produise sur le cerveau une action féconde, ceci non seulement je ne cherche pas à le nier, mais je l'affirme avec l'auteur et avec tout homme de bon sens, qui aura pu observer ce phénomène d'après les autres ou d'après lui-même. Mais l'excitation, ayant pour but l'union sexuelle, si ce but n'est pas atteint à un moment plus ou moins proche, non seulement l'action nerveuse de cette excitation sur le cerveau ne sera plus féconde, mais elle sera forcément déprimante. Et comment n'en serait-il pas ainsi ? Quand l'excitation ne s'épanouit pas en possession, elle aboutit fatalement à une sensation de douleur ou plutôt de malaise, née du désir non satisfait. Dans ce cas, les nerfs ne peuvent « propager » à la substance cérébrale que ce malaise. C'est ce que nous constatons à chaque instant dans la réalité. Si l'excitation sexuelle, lorsqu'elle naît et s'élève en nous, éveille et fait briller nos facultés cérébrales, lorsqu'elle se prolonge, elle ne fait que les engourdir et les paralyser, et l'on ne peut citer de meilleure preuve de cet engourdissement que les « maux de tête » qui en résultent presque toujours. L'être entier, d'abord illuminé par une espérance de joie sexuelle, s'obscurcit bientôt lorsque cette joie lui est refusée. On peut mieux encore observer la vérité de ce fait, chez les individus dont le désir d'un autre être n'est pas satisfait, en un mot chez les amoureux éconduits, dont la morne tristesse et la sombre rêverie sont demeurés classiques en tout pays. « Languir d'amour » est la traduction, en langage proverbial et populaire, de cette vérité biologique : l'excitation sexuelle non satisfaite déprime les facultés cérébrales.

Il me faut encore faire une distinction du même ordre afin de pouvoir admettre cette autre objection de M. Panizza : « La cohabitation sexuelle, dit-il, fait table rase dans l'âme, ne laisse aucun germe et détruit ce qui existait auparavant... Le suprême enthousiasme de la vie est détruit, corrompu par cet instant... Il est incontesté que l'assouvissement sans bornes des appétits sexuels engourdit chez l'homme les forces intellectuelles, en tous cas ne les augmente pas ». Il est trop évident que dans l'instant qui suit l'acte sexuel, l'être humain, secoué dans ses fondements, subit un affaissement momentané, une sorte de semi-conscience passagère, une « annihilation de l'âme », si l'on veut, comme après toute fatigue musculaire d'ailleurs. Mais il est aussi évident que cet obscurcissement de la conscience suprême et de sa volonté n'est que purement transitoire, sa durée correspondant à la violence et à la fréquence du *coïtus*. Tout effort physique produit un engourdissement de la vie générale, et la dépense d'énergie qu'implique l'acte sexuel suffit à expliquer l'affaiblissement momentané qui en résulte. Dès que la fatigue physique s'est dissipée, non seulement le cerveau ne demeure pas obscurci, mais c'est alors qu'éclate dans toute son intensité le phénomène de fécondité qu'engendre l'amour sexuel. La dépense physique est devenue profit cérébral. La pensée auparavant isolée, s'est comme renouvelée dans ce bain de chair; elle en ressort, plus vigoureuse, plus vivante et plus féconde. En écrivant ceci, mon souvenir se reporte involontairement à un petit poème de M.-G. Conrad : *Miracle d'une nuit de printemps*, que je ne puis m'empêcher de mettre sous les yeux de mes lecteurs :

Hier j'étais souffrant, épuisé, plein de morgue.
Mon regard était hébété, mon œil voilé d'un crêpe.
Mes oreilles n'entendaient plus rien.
Ma main pendait flasque et sans énergie,
Ma démarche était pénible, mes pieds semblaient de [plomb.
Aujourd'hui ?
Mes sens fleurissent d'une flamme vive,
Mon âme chante des psaumes d'allégresse,
Mon sang projette des hymnes,

*Mes membres se gonflent de force pour tout travail.
La joie, la radieuse prospérité reposent en tout.
Il n'est ni hauteur, ni obstacle,
Ni distance, ni chemin,
Ni témérité, ni folie,
Que mon pied bondissant n'ose franchir d'un saut.
Je me moque du monde et de moi-même.
Qu'y a-t-il entre hier et aujourd'hui, pour produire ce
Une nuit ! |changement?
Des roses de pourpre sur un fond bleu-noir,
Orné d'étoiles et bardé d'éclairs :
Une nuit de printemps créa le miracle,
Dans les bras voluptueux de l'Amour.
Salut à toi, mon épouse divine ! (1).*

Pour nous, les facultés intellectuelles plongent leurs racines profondes dans la vie sexuelle, dans la vie végétative et animale ; et dès lors, les actes de la vie naturelle, loin d'affaiblir ou de ruiner celles-ci, contribuent sans cesse à les enrichir et à les féconder. Après le repas quotidien, lorsque la faim est apaisée, il est d'expérience vulgaire que la pensée subit un léger obscurcissement. Il n'est cependant pas probable que la nutrition soit nuisible au cerveau. Malgré la distance considérable qui sépare la nutrition de la copulation, il n'est pas impossible de comparer un instant ces deux fonctions de l'animal humain dans leur rapport avec la pensée. C'est au contraire la faculté cérébralement créatrice

---

(1) Traduit par M. David Roget.

de l'amour, qui me frappe, en examinant cette question. Non seulement la fonction normale de la chair et du sexe ne détruit pas la vie de la pensée, mais elle lui communique la force nécessaire pour créer, elle alimente et renouvelle sa fécondité, comme l'eau du fleuve fertilise la terre desséchée, incapable de produire d'elle-même. Il n'est même pas exagéré de prétendre que l'acte sexuel, qui crée suivant les lois de la chair, apporte également au cerveau la fécondation nécessaire pour en faire éclore les germes. Les ovules de la pensée risquent fort d'aboutir au fœtus, si l'action fécondante du sexe ne vient participer à leur développement.

Quant aux visions et aux hallucinations des saints et des ascètes, qu'envisage M. Panizza comme un autre argument à l'appui de sa thèse, leur caractère morbide ne prouve-t-il pas justement que l'abstinence, accompagnée, dans ce cas, de privations de toute nature, n'aboutit qu'à des troubles mentaux, qu'il est impossible d'assimiler à des manifestations intellectuelles normales? Comment comparer la vision essentiellement saine, bien que sur-naturelle, de l'homme de génie, avec la vision absolument maladive et anti-naturelle du pénitent? Il faudrait pour oser cette confusion, partager l'opinion puérile de Lombroso sur l'homme de génie. Entre la contemplation sereine du savant, du philosophe ou de l'artiste de génie, et la vision extatique de l'ascète, il y a toute la distance qui sépare le sens visuel de l'homme sain du regard halluciné d'un malade que dévore la fièvre. Je crains qu'en se basant sur le fait de l'hallucination religieuse et de l'extase provoquée par une existence contre nature, M. Panizza n'ait fait que fournir des armes contre lui. Nous ne nous en servirons pas, persuadé qu'un examen plus attentif lui ferait reconnaître le bien-fondé de notre observation.

Tel est le résumé succinct des objections, auxquelles je suis heureux de répondre, parcequ'elles me fournissent l'occasion de préciser ma pensée. En conclusion de ses arguments, dont quelques-uns ne sont pas dépourvus de force, M. Panizza affirme, « en s'appuyant autant sur l'histoire que sur l'observation psychologique », que l'abstinence sexuelle est favorable à « l'approfondissement, à la maturité et à la production artistique ». Tout en étant persuadé, comme je le suis, qu'une sorte de conciliation des deux thèses dans une synthèse supérieure pourrait être opérée, malgré leur apparence d'opposition nette, en poursuivant la discussion d'une façon plus serrée, — malgré ce sentiment, je crois toutefois, en m'expliquant plus complètement et avec quelques réserves de détail, pouvoir maintenir les grandes lignes de la mienne. En laissant de côté l'histoire et la psycopathie et en s'appuyant sur la simple physiologie, il ne serait pas impossible de prouver que la continence, étant anormale, ne peut pas, comme tout ce qui s'oppose au libre jeu des fonctions vitales, ne pas perturber l'organisme, et par conséquent la pensée qui en est la fleur. Le précieux *semen virile* n'est pas distillé par la nature pour demeurer inactif et se corrompre. Tout ce qui ne remplit pas sa fonction souffre et fait souffrir. La semence humaine qui engraisse et boursouffle le corps de ceux qui refusent de la répandre sur le monde, épaissit également leur cerveau. L'exemple du clergé catholique, chez lequel le cerveau semble vouloir prendre sa part de la stérilité du corps, et cela malgré son observance plus ou moins scrupuleuse du vœu de chasteté, semble confirmer cette loi d'humanité.

Justement ce docteur Grabowsky, dont nous avons vu M. Panizza citer plus haut une phrase empruntée au volume : *L'abstinence sexuelle comme nécessité morale*, vient d'en faire paraître un second, où son formidable individualisme éclate et resplendit dans toute sa puissance. Son nouveau manifeste anti-sexuel est intitulé : *La religion de l'avenir et la science de l'avenir fondées sur l'émancipation de l'homme à l'égard de la femme* (1). Voici de quelle façon, ce docteur de l'infécondité appelle l'attention du public sur son œuvre : « Depuis plus de cinq mille ans, l'humanité cherche en vain la solution des grands problèmes de l'univers, le problème de l'existence d'un dieu personnel, celui de la survivance de l'âme après la mort, celui des causes

(1) Die Zukunftsreligion und Zukunftswissenschaft auf Grundlage der Emancipation des Mannes vom Weibe. 1 vol. Leipzig, 1897.

de la souffrance qui est dans le monde, et de ses remèdes etc. Or voici que, enfin, un siècle après Kant, *cette solution vient d'être trouvée!* Elle est contenue dans mes écrits, à moi Norbert Grabowsky, médecin-praticien..... Je suis bien certain que mon livre aura un effet extraordinaire, et qu'immense sera la révolution morale et sociale qui en résultera ».

Nous voici donc fixés une fois de plus sur l'avenir humain : désormais les deux sexes doivent vivre à distance respectable l'un de l'autre, et chercher leur bonheur dans les hautes voluptés individuelles et solitaires. J'ose à peine l'avouer au nouvel apôtre, mais il me semble que l'idéal qu'il nous propose, n'est pas fort éloigné de celui du moyen-âge catholique, avec ses couvents d'hommes et de femmes, où chaque sexe, en s'éloignant de l'autre, poursuivait, pour son compte personnel, les délices du ciel. Mais après cette modeste remarque, entrons dans la pensée plus intime de l'auteur. « ..... L'homme est né pour l'idéal, dit un de ses critiques (1) en résumant le thème général du livre, il a mission de travailler à l'amélioration de son espèce, et il s'en trouve empêché par ses instincts sexuels, source infinie d'abrutissement et de dégradation. « Il est temps, s'écrie M. Grabowsky, que les deux sexes s'émancipent l'un de l'autre! »..... Religion et science, ce sont choses ouvertes aux seuls céli-

(1) M. *Teodor de Wyzeva* dans le *Temps*. Paris, 20 Septembre 1897.

bataires. Elles réclament de nous un esprit libre et des sens en repos (1)..... Mais, plus intéressants encore sont les chapitres qui suivent et où l'auteur, après avoir exposé les avantages théoriques de la continence, s'efforce de nous en démontrer les avantages pratiques. « Certes, dit-il, c'est un grand sacrifice que de renoncer aux joies de la paternité. Mais, pour grand que soit le malheur de n'avoir pas d'enfants, celui d'en avoir est, à coup sûr, cent fois plus grand et plus lamentable ! Quoi de plus affreux que d'appeler au monde de nouveaux êtres, voués d'avance à souffrir et à prolonger la durée de l'universelle misère ? »

C'est une grande surprise pour nous d'entendre, chez un moderne et chez un indépendant, l'écho d'un sophisme aussi vieux que le catholicisme. Cela doit nous prouver, sans doute, que les erreurs qui ont pris racine sont infiniment longues à périr, et qu'il faut nous attendre, pendant longtemps encore, à rencontrer dans notre chemin, les illusions et les préjugés que nous pouvions croire à jamais ensevelis. En renonçant à m'attaquer à la doctrine tellement surnaturelle du moderne « vierge et martyr », je me demande ce qu'il faut le plus

---

(1) Je me demande si M. Grabowsky entend par des « sens en repos », l'état de perpétuelle excitation qu'engendre l'abstinence, et par un « esprit libre », le cerveau que titille incessamment le besoin sexuel ! Il semblerait plutôt que les sens sont en repos lorsqu'ils sont normalement satisfaits et que l'esprit est libre, lorsque le désir du sexe pleinement rempli, ne vient pas le détourner de sa fonction qui est de penser.

admirer, du courage de celui qui écrivit un livre semblable au sien, ou de l'inépuisable sympathie de ceux qui eurent la constance de prendre pour autre chose que ce qu'elle est au fond, cette amusante comédie dont l'auteur est le seul personnage, et à laquelle il voudrait nous voir participer. Si je possède assez de bonne humeur pour m'amuser cordialement d'une comédie considérée comme telle, j'admire que d'autres possèdent assez de sérieux pour y voir un drame.

Mais ce n'est pas avec de pareilles plaisanteries que l'on fait avancer une question aussi délicate que celle qui nous occupe; c'est en l'examinant avec tout le sérieux et toute la science scrupuleuse, qu'y apporta M. Panizza, avec la sincérité que nous nous sommes efforcé nous-même d'y mettre. De la généralité des objections que nous avons examinées une à une, nous ne voulons retenir que la principale, autour de laquelle, à notre avis, se précise le débat, à savoir celle-ci : que la concentration cérébrale, produite par la chasteté, peut rendre plus intense la pensée, et plus puissant le cerveau. J'admets cette chasteté bienfaisante, pour une période subordonnée à la vigueur mentale de l'individu qui peut la pratiquer impunément, et tous les travailleurs intellectuels connaissent, par expérience personnelle, ces besoins momentanés de solitude et de claustration. Je ne puis donc chercher à nier l'objection dans son ensemble, et au contraire je l'accepte comme correctif à l'endroit de ma thèse, un peu trop outrancière et trop étroite peut-être, contrairement à mon intention ; mais ce que je ne puis concéder, c'est que cette période d'abstinence puisse être étendue à toute la vie, ou même à un trop long fragment de la vie. Car, dans ce cas, la loi générale du sexe retombe de toute sa puissance sur l'individu qui y contrevient, et ce qui était accidentellement vertu se change en vice.

Dans ma première étude, ce qui m'a détourné de remarques et d'incidentes telles que celles qui précèdent, c'est que je les croyais d'une vérité tellement commune et indiscutée, que les réaffirmer après tant d'autres, me semblait inutile. Entraîné par le courant de mon idée néo-païenne du sexe, et profondément pénétré de l'importance du jeu normal de cet élément au point de vue de la vie toute entière, j'avais négligé d'étendre suffisamment ma thèse jusqu'à ses contingences. Je reconnais pleinement qu'il y a de nombreuses exceptions à la commune loi sexuelle et que si nul ne peut y échapper, beaucoup peuvent y obéir à leur façon. Il y a des volontés d'une telle puissance qu'elles semblent parfois plier l'individu à de véritables tours de force; mais lorsque la tension est trop violente, l'être mental se brise soudain, et c'est le spectacle auquel nous assistons parfois. La nature est tellement riche qu'elle accumule en quelques-uns des ressources insoupçonnées; et nous voyons alors des prodiges, que, chez tout autre, nous devrions nommer folies. Mais l'exception ne fait ici que confirmer la règle.

L'histoire nous présente, et nous distinguons même dans notre entourage, de ces grands spéculatifs, dont l'étonnante vigueur mentale semble impunément braver les plus fondamentales nécessités de l'animal humain. Nous les admirons et avec raison : ce sont les forts et les victorieux. Pénétrons toutefois dans l'intimité de leurs créations, dans ce qui est visible ou sensible du cœur de leur pensée, et peut-être nous apercevrons-nous que ce prodigieux repliement sur soi-même, qui provoque notre admiration, n'a peut-être pas été sans laisser sa trace au fond de leur individu. N'êtes-vous pas frappé, en leur présence, d'une sorte de sécheresse et d'inhumanité, ne sentez-vous pas un souffle glacial vous traverser, et l'atmosphère se raréfier autour d'eux ? Nommez-les héros, cette appellation leur convient, mais ce sont à coup sûr des héros sans joie. Ils ont gardé, jusque dans leur plus mystérieux tréfonds, le caractère indélébile de leur renonciation, et tout ce qui sort d'eux s'en ressent. Le hautain isolement cérébral, tout grandiose qu'il soit, ne peut être pratiqué durant toute une vie, sans finalement faire dévier l'individu de son axe essentiel. Ainsi les grands spéculatifs, qui ont été des in-sensuels par principe, restent, malgré leur grandeur et leur génie, des incomplets..... Les Kant, les Schopenhauer, les Descartes, les Nietzsche, et même les Spinoza, manqueront toujours, malgré leur immense et juste gloire intellectuelle, d'une saveur d'humanité, de ce parfum qui émane de la terre et du cœur de l'homme. Je crois que l'humanité future modifiera à leur endroit les anciens jugements. Comme il y a loin pour moi de ceux que je viens de nommer, aux grands harmonieux, aux intellectuels-sensuels, aux plus grands des Grecs tout d'abord, et parmi les modernes, aux Shelley, aux Gœthe et aux Whitman !

L'équilibre demeure toujours la vertu suprême et la base infrangible de toute grandeur. Il faut avant tout se pénétrer du rythme véritable de la vie. L'existence réelle est une symphonie, où l'unité jaillit de la juste combinaison des accords. Harmoniser la vie intérieure et la vie extérieure, pénétrer les rapports de l'ensemble et du « soi », tel doit être notre devoir, si nous voulons parvenir à un état vraiment digne d'être vécu. Si les prévisions d'aujourd'hui ne nous trompent pas, la pensée de l'avenir s'orientera, en chaque individu, vers une existence panthéistique, où tous les éléments qui nous entourent rempliront librement leur rôle respectif à notre égard, une existence qui, loin de sombrer dans cet océan d'actions et de réactions, s'enrichira du tout, de chaque parcelle d'univers, créée pour nourrir sa prodigieuse et toujours plus vaste unité.

LA BANQUEROUTE
DU PRÉRAPHAÉLISME

En parcourant, l'an dernier, avec quelques amis, la section de peinture d'une exposition internationale, je fus frappé, comme eux, de la médiocrité des œuvres anglaises. Quelques-unes d'entre elles, étaient pourtant signées de noms illustres, tels ceux de Burne-Jones, de Watts, de Leighton, de Alma Tadema. Une impression de platitude, d'artifice et de froideur se dégageait de cet ensemble d'œuvres propres et fades, sans originalité, sans fantaisie, sans accent.

Bien qu'une partie des peintres représentés à cette Exposition ne se rattachât pas au groupe dit préraphaélite, l'incontestable médiocrité de cette petite salle anglaise me parut un indice de la décadence de cette école d'art à la renommée retentissante, dont il ne me parut pas impossible dès lors, de prévoir la banqueroute prochaine. Le sentiment de ce déclin fut d'autant plus net et fort en moi, qu'une impression semblablement désolante m'avait déjà envahi au Salon du Champ-de-Mars de 1896, à Paris, devant un Burne-Jones, qui synthétisait en quelque sorte la décadence inéluctable de l'art préraphaélite.

Que signifiait donc cette double constatation ? L'arbre aux fleurs merveilleuses et capiteuses était-il victime de quelque mystérieux ver rongeur, pour se dessécher ainsi ? Telle fut la question que je me posai, et aussitôt le désir me vint de rechercher les causes de cette décadence et par suite l'origine de ce mouvement d'art.

Deux livres récents (1) viennent d'y intéresser le public français. Il n'est donc point sans intérêt, en dehors même du milieu qui l'a vu naître et s'épanouir, d'en scruter les dessous.

I

Pour celui qui considère d'un œil attentif les origines mêmes de cette peinture intellectuelle et mystique, il n'est pas douteux qu'elles recèlent les germes morbides qui envahiront plus tard tout son organisme.

Que furent ses premiers initiateurs, les Holman Hunt et les Rossetti ? De purs mystiques, hantés par un idéal du passé, imprégnés de l'esprit chrétien, des êtres de rêve, séparés de la nature et de la vie par une barrière de préjugés. Voilà ce qu'il importe de connaître avant tout, pour que l'âme même du préraphaélisme apparaisse sous son véritable jour, c'est-à-dire

---

(1). ROBERT DE LA SIZERANNE. *La peinture anglaise contemporaine*. 1. vol. in-16, Hachette. 1895. *Ruskin et la Religion de la beauté*, id. 1897.

comme un *art d'anti-réalité*. Il faut voir Rossetti, italien d'origine et fortement incliné vers le catholicisme, s'abîmer dans le mysticisme dantesque, Holman Hunt ne vivre que par le Christ et passer en Terre Sainte de longues années, tel autre membre de la « Confrérie », Collinson, se réfugier au cloître, pour comprendre qu'elles pouvaient être les espérances et la vie intime de ce petit groupe.

Le spectacle de ces artistes, rêvant de renouveler l'art anglais et l'engageant à cette fin dans la plus funeste des voies, n'est pas sans provoquer l'étonnement et la tristesse. Comment ces jeunes hommes pleins d'ardeur, en révolte généreuse contre la plate médiocrité de l'art académique, ne se tournèrent-ils pas résolument, d'un cœur libre, vers la réalité du monde ouvert devant eux ? A cette question il n'y a pas de réponse Enregistrer le fait, c'est mettre en lumière l'erreur capitale du préraphaélisme.

Il existe encore pour nous un autre motif d'étonnement à constater cette singulière méprise des novateurs : c'est qu'ils eurent pour principal auxiliaire et pour guide intellectuel, le vivant et robuste John Ruskin, dont le naturisme puissant semble en contradiction flagrante avec l'esprit chrétien de la « Confrérie ». Bien qu'il partage quelques-uns des sentiments dont les Préraphaélites étaient imbus, il diffère profondément d'eux tous par son éclatant réalisme. Possédant une imagination et une langue d'une richesse extraordinaire, une sensibilité et une originalité exceptionnelles, observateur et psychologue de premier ordre, d'une activité, d'une universalité étonnante, le moindre spectacle de nature le fait vibrer tout entier. L'air, la couleur, l'eau, le roc, la fleur, la montagne, aspirés par son regard jusqu'à son être intime, allument en lui un enthousiasme qui déborde en accents d'un panthéisme grandiose. « Creusons sous son réalisme, et qu'y trouvons nous ? dit l'un de ses critiques. 1. Le sentiment intense et profondément juste qu'un art vivant et large, large comme la nature, et comme l'homme, ne peut avoir sa source que dans une sympathie universelle, dans cette disposition qui est comme le génie d'aimer, de nous intéresser à tout, de découvrir à force de nous oublier, la beauté et le côté frappant de chaque chose ». Ruskin en effet est surtout grand en ceci, qu'il restitue aux plus simples aspects du monde, l'éternelle beauté que méconnaît l'artiste vulgaire. L'univers entier est pour lui un motif de joie, d'amour et d'étude. « Celui qui se renferme en lui-même, ajoute la même critique, pour rêver d'après ses goûts des types de perfection idéale..... n'est certainement pas l'homme qui sait le mieux..... tirer des campagnes et des buissons qui entourent sa demeure le contentement et les inspirations qu'ils pourraient fournir, — et ce n'est pas lui non plus qui sera le plus grand artiste. »

(1). J. MILSAND, *L'esthétique anglaise, étude sur M. John Ruskin.* Germer Baillière, 1864.

Ceci nous montre tout ce qui sépare la riche émotivité de Ruskin, l'homme qui « découvre le côté frappant de chaque chose », de la sèche artificialité des Préraphaélites, de Rossetti et de Burne-Jones notamment, « rêvant d'après leur goût des types de perfection idéale ». En dix lignes descriptives au cours de son enseignement esthétique, Ruskin sait enfermer plus de beauté que n'en reflète le préraphaélisme tout entier en une centaine de toiles. Quelques graves que soient nos réserves à son endroit, il n'en est pas moins vrai qu'il a fait preuve d'une compréhension de la nature souvent grandiose, presque toujours chaude et réaliste, et qu'il dépasse, à notre avis, sans conteste, toute l'école dont il prépara et glorifia les œuvres et les idées.

Nous dirons même plus. En vérité il a été trahi par les peintres. Un critique récent (1) n'a pas craint de l'affirmer : « L'esthétisme dont se réclament tant de colères intransigeantes, *préraphaélites et autres, et qui, évidemment ne comprennent rien à la pensée de leur maître*, le grand loyal, candide et subtil Ruskin..... » Toute la force de son enseignement et de son exemple a été perdue pour eux. Le souffle puissant qui soulève telles de ses pages, dont les mots frémissent comme secoués par le vent et caressés par la lumière, n'a point animé leurs toiles laborieuses, aux vaines subtilités. L'univers vivant qu'il entrevoit et qu'il reflète s'est glacé devant

(1) M. Stanislas Rzewuski, dans la *Liberté* du 25 juin 1897.

leurs regards attentifs mais sans passion. Imprégnez-vous de ces quelques lignes de l'esthéticien, prises au hasard : « Ces caractères de Beauté que Dieu a mis dans notre nature d'aimer, il les a imprimés sur les formes qui, dans le monde de chaque jour, sont les plus familières aux yeux des hommes.... Oui, seulement un coteau et un enfoncement d'eau calme, et une exhalaison de brume et un rayon de soleil. Les plus simples des choses, les plus banales, les plus chères choses que vous pouvez voir chaque soir d'été le long de mille milliers de cours d'eau parmi les collines basses de vos vieilles contrées familiales. Aimez-le et voyez-les avec droiture ! L'Amazone et l'Indus, les Andes et le Caucase ne peuvent rien nous donner de plus (1) ». Comparez l'impression qui jaillit pour vous de cette chaude et directe notation, avec celle que vous ressentez devant telle œuvre fameuse du préraphaélisme, la *Beata Beatrix* de Rossetti, ou l'*Amour dans les ruines* de Burne-Jones, et vous éprouverez la sensation de passer brusquement du plein jour et du plein air aux ténèbres et à l'oppression d'un rêve, je dirais presque d'un cauchemar. Vous avouerez que ces derniers n'ont pas su entendre « l'appel de toute la nature inférieure aux cœurs des hommes, l'appel du rocher, de la vague, de l'herbe, comme une part de la vie nécessaire de leurs âmes. » (2). Ils

---

(1) J. Ruskin. *The Art of England*, lecture IV. Traduit par M. Robert de la Sizeranne.

(2) Cook, *Studies in Ruskin*, chap. II. Traduit par M. R. de la S.

ont préféré leur idéal mystique à l'immense variété de la réelle nature. A l'avenir — et peut-être même au présent — de juger s'ils ont eu tort ou raison. Pour nous, la question n'est pas douteuse.

Si nous voulions prouver expérimentalement notre opinion à cet égard, il nous serait facile de montrer ce que sont devenus, dans l'application préraphaélite, quelques-uns des préceptes les plus importants et les plus absolus de Ruskin ; nous nous bornerons à un seul exemple, assez général et assez frappant pour témoigner de la singulière transmutation d'une pensée saine en des œuvres chlorotiques. Ruskin avait dit, en 1843, au début de son œuvre : « Ils (les artistes) doivent aller à la nature en toute simplicité du cœur et marcher avec elle, obstinés et fidèles, n'ayant qu'une idée : *pénétrer sa signification et rappeler son enseignement, sans rien rejeter, sans rien mépriser, sans rien choisir.* (1) »

Quel enseignement plus haut et plus simple put jamais être donné ? N'est-ce pas là un axiome de vérité éternelle, bien que toujours méconnu ? Jetez les yeux sur telle œuvre de Burne-Jones ou de Watts (2) et voyez si l'un ou l'autre de ces artistes semble avoir, un seul instant, possédé

(1) JOHN RUSKIN, *Modern Painters*, vol. II, chap. III. Traduit par M. R. de la S.

(2) Nous pouvons assimiler Watts aux préraphaélites, bien qu'il n'ait jamais appartenu proprement à cette école ; comme le dit M. Robert de la Sizeranne (*La peinture anglaise contemporaine*) « s'il n'a pas fait partie du corps de la petite église l'âme de l'église n'a pas cessé de l'inspirer. »

la notion de ce que peut valoir l'atmosphère dans une œuvre d'art, de ce que signifient la lumière et la couleur, un être vivant au plein air, un visage humain, de ce qu'est en un mot la vie dans son essence et sa réalité, dans sa multiple et permanente expression..... Je le répète, le préraphaélisme n'a cessé de violer la nature, d'en trangresser les lois les plus élémentaires, de s'en détourner dédaigneusement, perdu à l'écart dans son rêve ascétique.

Il nous paraît profondément ironique d'entendre la critique, sur la foi des mots et des affirmations trompeuses, assimiler le préraphaélisme à un retour à la nature en art.

Ruskin prêchait, il est vrai, un retour sincère et réel à la nature et à la vérité; et les peintres dont il se fit le champion passèrent pour mettre en pratique sa théorie toute entière. C'est de cette assimilation fausse que naquit la singulière opinion qui attribue au mouvement préraphaélite les caractères d'un retour à la nature. Il est permis de se demander dans ce cas à quelle nature peuvent bien faire allusion les auteurs de ce singulier jugement; à une nature, sans doute, où l'air ne vibre pas, où les êtres se développent dans l'athmosphère d'un souterrain, où les regards imprégnés de lassitude sont tournés au dedans, où les mille aspects des choses, en un mot, sont contraire à la réalité, à ce que nous voyons et sentons. Celle que nous connaissons nous apparaît tout autre.

Je crois qu'en assimilant Ruskin au préraphaélisme, on commet une grave erreur aux dépens de l'esthéticien-philosophe. Malgré de profondes lacunes dans sa conception de l'univers et de la beauté, malgré ses puérilités, ses faiblesses, malgré sa compréhension notoirement insuffisante du monde moderne, malgré l'étonnante erreur qu'il a commise, Ruskin *est à beaucoup d'égards un réaliste ;* et malgré leur prétendu souci exclusif de la nature, malgré leur juvénile ardeur et leur enthousiasme, malgré leur amour sincère de l'art et leur austère labeur, les peintres préraphaélites *sont, à presque tous les points de vue, des idéalistes.* Par *réaliste,* j'entends, dans un sens large, celui qui, ne méprisant aucun fragment, aucun aspect de la nature, en respectant la vie réelle des choses, de la communion même de ce monde extérieur avec son être propre, fait jaillir une expression vivante. Par *idéaliste,* je désigne celui qui, détournant son regard des choses et des êtres du monde extérieur, du monde sensuel qui nous enveloppe en un perpétuel contact, ne daigne employer les formes de la nature qu'à l'expression de ses conceptions intellectuelles.

L'art qui se rattache à la première de ces conceptions est un art de vérité, celui qui se rattache à la seconde, un art d'illusion.

II

Ruskin est incontestablement un vigoureux esprit. En dépit de sa puissante nature, il a commis une erreur gigantesque dont l'ensemble de sa doctrine demeure vicié. Il y a dans son œuvre à côté de l'élément véridique et fécond, un autre élément funeste et mensonger. C'est à ce dernier qu'ont adhéré les préraphaélites.

Quelle put être cette colossale méprise de la part d'un tel esprit ? La voici : Toute la pensée de Ruskin, tous ses efforts, toute sa doctrine, son idéal esthétique et social *sont orientés vers le passé*.

L'avenir, tel qu'il est possible de le concevoir ou, du moins, de le conjecturer, lui est nettement odieux. Pour lui le retour en arrière à des âges abolis, c'est le progrès, le seul bonheur que l'on doive souhaiter à la terre ; et il déploie, pour soutenir la plus insoutenable des thèses, la même énergie avec laquelle nous l'avons vu pénétrer le monde extérieur. Ruskin, comme l'a très bien noté M. J. Milsand, est « *un chaos intérieur de vitalités désordonnées et de déraison indomptable.* » Les pratiques du monde moderne, la science, le machinisme, l'industrie, le mouvement des villes monstrueuses lui apparaissent comme autant de maléfices. Le spectacle de ce monde, en dehors de la nature sauvage, des musées ou des édifices anciens lui répugne. Il n'y voit que hideur et barbarie. La formidable agitation de toute notre humanité en travail ne lui apparaît que comme un cauchemar en pleines ténèbres. Non seulement l'action puissante de nos sociétés modernes ne signifie rien à ses yeux pour la grandeur ou la beauté d'un monde futur, mais l'impiété lui paraît régner sans conteste sur les hommes de son temps.

La raison de ce farouche ostracisme, c'est que son idéal est fait d'ingénuité. L'innocence et la candeur résument pour lui toute la beauté humaine. C'est pourquoi il se tourne, en art, vers les « Primitifs », vers les simples et les ignorants. Le « *Beati pauperes spiritus* » serait sorti de ses lèvres, s'il n'avait été prononcé par Jésus. Ces trois mots résument sa croyance. La science, le calcul, l'étude de l'anatomie et de la biologie marquent pour lui la décadence de l'art. La science est pour lui maudite et c'est elle qui souilla les œuvres des maîtres de la Renaissance, des Vinci et des Michel-Ange. Etrange souillure !..... L'art n'a besoin que d'un cœur pur, que d'amour et de respect ; les curiosités de l'intelligence sont impies et ne peuvent qu'amener sa déchéance. Son idéal d'humanité est un idéal de Christ ou de Saint-François d'Assise ; l'évangélisme de Tolstoï est apparenté à sa doctrine. « L'idéal d'aujourd'hui, c'est peut-être simplement un souvenir des réalités d'autrefois... »

dit M. Robert de la Sizeranne, commentant la pensée esthétique de Ruskin. Et telle est sans doute la racine de l'erreur colossale qu'a commise celui-ci.

On comprend que cette étrange déviation mentale ait influé sur son esthétique. Notre monde ne peut plus s'en nourrir, ayant entrevu d'autres horizons et pressenti d'autres vérités. Se résigner à ne voir la nature que d'un œil ingénu, c'est quelque chose. Mais l'embrasser de tout son être, avec passion, avec le cœur et l'intelligence, avec la volonté et le regard, sensuellement, cordialement, c'est mieux. Quelques-uns des principes de Ruskin sont d'une incontestable fausseté; par exemple, celui-ci : « Le meilleur tableau, écrit-il (1), est celui qui renferme le plus d'idées et les idées les plus hautes » A quoi il ajoute comme commentaire, que « les plus hautes idées sont celles qui tiennent le moins à la forme qui les revêt, et que la dignité d'une peinture, comme l'honneur dont elle est digne, s'élèvent exactement dans la même mesure où les conceptions qu'elle traduit en images *sont indépendantes de la langue des images.* » Rien n'est plus funeste, à mon sens, que ce principe dualiste qui, s'il était observé, empoisonnerait l'art entier. Ruskin ne semble pas comprendre qu'une forme réellement belle renferme, *du fait même de sa beauté,* le sentiment et la pensée, et que vouloir mettre dans la nature une idée indépendante d'elle, c'est l'amoindrir en la falsifiant. Les choses sont

(1) J. MILSAND. *L'Esthétique anglaise.*

belles et grandes par elles-mêmes, et l'intellectualité la plus profonde, n'empêchera jamais une œuvre d'être mauvaise, si la réalité s'y trouve trahie. Un légume vigoureusement interprété sera toujours supérieur à un mauvais Christ, quelque soit la noblesse de l'intention.

La pensée de Ruskin va à l'encontre du monde moderne. En nous proposant comme modèles les Giotto et les Angelico, il a prouvé que l'énorme et capitale nouveauté de la peinture moderne, insoupçonnée du plus génial des *Primitifs*, demeurait lettre morte pour lui. Il a pris les *Lois de Fiesole* pour les règles éternelles de l'art, et celui qui a décrit l'athmosphère en des pages si merveilleuses, n'a pas senti que son introduction dans la vieille et lourde peinture l'avait bouleversée de fond en comble. Il n'a pas compris dès lors qu'un art nouveau était en train de naître ; et sa merveilleuse sensibilité, sa nature puissante se sont égarées à la défense de théories rétrogrades et d'opinions abolies. Il est déplorable pour ce siècle et pour les siècles qu'une aussi riche nature, qu'un aussi noble esprit ait fait fausse route.

Tout ce qui s'oriente vers le passé est mort-né : aussi, son rêve, sans rapport avec la réalité présente, demeure-t-il infécond. La position de Ruskin vis-à-vis de l'ensemble du monde moderne, loin d'être une participation joyeuse, est une âpre réprobation ; sa haine seule du machinisme, de l'architecture de fer, provient d'une puérile méconnaissance des lois de l'évolution humaine. Son rêve d'esthélicien lui a voilé l'ensemble du monde. Il a manqué d'humanité, et dès lors sa conception esthétique se hâte vers le déclin. Sa réaction naïve, son rêve de « Primitif » sont emportés dans les remous violents du monde moderne et nous pouvons conclure que l'idéal Ruskinien est en majeure partie l'opposé de tout ce que nous entrevoyons pour l'avenir.

Semblable a été l'erreur des peintres préraphaélites et de tous ceux qui, de près ou de loin, se rattachent au mouvement de l'art mystique anglais. Je comprends que l'audace juvénile de ces artistes, la nouveauté de leurs moyens d'exécution, leur sincère ardeur, la nouveauté et l'élévation des sujets auxquels ils s'attachèrent, la fraîcheur du coloris de quelques-uns d'entre eux vis-à-vis du morne poncif académique, aient pu faire illusion et donner l'espoir d'une vigoureuse renaissance. Mais si l'on regarde de près, cette illusion s'efface et cette renaissance se transforme en déclin. L'école qui semble au début basée sur la scrupuleuse recherche de la vérité — *uncompromising truth* — aboutit en réalité à un rêve d'artiste mystique conçu en dehors de toute réalité. L'idéal chrétien ou un idéal dérivé du christianisme l'a trop accaparée; et l'art chrétien ne peut plus être autre chose qu'un anachronisme. Malgré les études patientes de ces artistes devant la nature, leur esprit était faussé *à priori*. Ils ne sont pas venus devant elle avec le désir ardent de la surprendre dans sa directe et complète réalité, mais bien avec l'intention de lui faire exprimer des idées morales. Un art nouveau ne peut sortir de l'imitation des *Quattrocentisti*, qui voyaient la nature avec leur cœur, leur croyance, leurs connaissances, alors que nous devons la considérer avec notre cœur, avec notre œil et notre science d'hommes modernes. L'art n'est pas une résurrection, mais une évolution. La méconnaissance de ce principe a engendré la ruine des Préraphaélites qui, tout en proscrivant le bitume de leurs toiles, n'ont pas su, pour cela, rendre aux couleurs leur authentique vérité.

« Je peins les idées, non les choses (1) » dit Watts. Voilà l'une des erreurs gigantesques du préraphaélisme, que nous avons déjà signalée chez Ruskin. Il s'agit en effet, de *peindre les choses* et non les idées. Les idées n'ont rien à faire avec la peinture, étant du domaine exclusif de la métaphysique et de la science. « M. Watts fait bien poser devant lui un modèle, nous dit M. Robert de la Sizeranne (2), *mais il ne le regarde pas. S'il le regardait, l'être vivant pourrait modifier l'idée qu'il s'est faite du mythe, et le mythe seul importe.* » Il est impossible de mieux caractériser qu'en cette affirmation la folie de l'art « intellectuel ». Exista-t-il jamais un grand artiste *pour qui l'être vivant fut d'ordre secondaire* et le « mythe » seul important ? Je le demande à

---

(1) ROBERT DE LA SIZERANNE, *La Peinture anglaise contemporaine.*

(2) *Ibid.*

tous les mystiques de la terre, ou plutôt à tous ceux pour qui la terre n'est que l'antichambre du ciel. Le grand art vit de réalisme. Le mythe ne lui importe en rien, étant du domaine religieux et philosophique. Les « intentions » et les idées en peinture ne dénotent que l'avortement d'une œuvre, car la grandeur et la noblesse sont dans la réalité elle-même, et ne peuvent en aucun cas résulter de l'idée de faire noble ou grand.

J'ai devant moi en écrivant ces lignes deux portraits de Carlyle, l'un d'après le tableau de Watts, l'autre qui est une photographie quelconque ; de leur comparaison naît pour moi un exemple-type. L'œuvre de Watts est magnifique en tant qu'œuvre d'art et attirera sûrement le regard aux dépens de la modeste photographie. Toutefois si on l'examine attentivement, y trouve-t-on la nature et l'âme même de Carlyle ? Je ne crois pas. Ce portrait est pénétré d'une profonde mélancolie, d'un indicible abandon, d'une étrange résignation, depuis les yeux à l'éclat affaibli jusqu'aux mains admirablement dessinées, lasses et comme incapables d'action. Le peintre a donné à son modèle l'attitude d'un rêveur maladif ; il lui a donné son âme, en un mot. Je n'y trouve ni la robustesse, ni la rudesse, ni l'incomparable énergie dont la photographie me donne la sensation. Il n'en faut pas douter, Watts a *défiguré* son modèle, et c'est pourquoi cette œuvre d'art, si admirable qu'elle puisse être, ne me satisfait pas, en tant que portrait. Si l'on jette ensuite les yeux sur le second, la différence éclate. Certes il y a de la tristesse aussi dans ce visage âpre et brusque, mais il y a de la force avant tout, et de la vie ! Une indomptable vigueur mêlée de tristesse ardente. En un mot Watts a fait de Carlyle un « vaincu », au lieu de voir en lui le vivant original et âpre qu'il est réellement. Vous me direz : « L'office de l'artiste est de ne pas rendre servilement la réalité, mais d'y ajouter son tempérament. » Je suis d'accord avec vous, mais il s'agit alors de savoir si l'art a pour but le mensonge ou la vérité. S'il a pour but le mensonge, j'avoue le mépriser malgré les plus admirables artifices dont il puisse entourer le mensonge ; s'il doit être au contraire l'expression d'une vérité plus profonde et plus réelle que la vérité courante, comme je le crois, il nous faut avouer que l'artiste doit, en ce cas particulier, céder le pas à l'humble photographe.

Et, en effet, l'œuvre du préraphaélisme comme celle de tous les purs mystiques, tend à déviriliser, c'est-à-dire à *dès-humaniser*. Or, l'effort de l'artiste moderne tend de plus en plus à *ré-humaniser*. Comment peut-on admettre qu'un artiste donne à tous ses modèles des faces et des attitudes de « vaincus » ? Et lorsqu'il s'agit d'un homme tel que Carlyle, qui ne comprend l'étrange anomalie d'un tel procédé ?

Le même mystère insondable de mélancolie enveloppe toutes les figures qu'à peintes Burne-Jones. M. Robert de la Sizeranne en a très bien saisi le caractère, en ces quelques lignes : « Les chevaliers, nous dit-il (1), s'avancent dans la toile avec des demi-mouvements jolis, mais gauches comme s'il marchaient sur des pointes d'épées et *s'ils avaient peur d'être contaminés par tous les objets qui les entourent. Ils font ordinairement une retraite de corps pour se garer de la chose vers laquelle ils tendent la tête.....* Aucun membre n'est raidi pour un effort; aucun geste n'est rapide, ni violent. S'ils étreignent, c'est avec lassitude; s'ils tuent un monstre, c'est à regret. Les muscles sont sains, les épaules droites, bien effacées, les cuirasses sont rigides, *mais un mal mystérieux fait chanceler toute cette enveloppe de chair et de fer.* On sent leur détachement et leur indifférence pour cette magnifique machine humaine que la nature a mise à leur disposition. Ce sont des âmes étonnées d'être prises dans des corps. » Ne pourrait-on pas dire que ce « mal mystérieux fait chanceler » également le préraphaélisme tout entier ?

Le portrait de femme par Burne-Jones, exposé au salon du Champ-de-Mars en 1896, celui auquel nous faisions allusion au début de cette étude, et qui présente tous les défauts de l'artiste poussés à leur plus haute puissance, fut l'objet, de la part d'un critique parisien (2), d'un jugement cruel mais juste, que je prends plaisir à mentionner ici, en l'opposant aux louanges enthousiastes qui ont accablé l'artiste au cours

(1) ROBERT DE LA SIZERANNE. *La peinture anglaise contemporaine.*

(2) M. EDOUARD CONTE dans *l'Echo de Paris* du 25 Avril 1896.

de sa carrière : « ...... Hélas ! un plus malade nous retient au passage ! C'est le peintre anglais Burne-Jones, le préraphaélite, le peintre intellectuel (nous y voilà !) le peintre qui excite chez les jeunes nigauds de la littérature contournée, décadente et éminemment prétentieuse, l'admiratif jargon à la mode. Cette fois oseront-ils se presser devant ce portrait au sexe douteux, devant cette face faisandée, pourrie, exténuée de vice solitaire, devant ce cadavre avant la lettre dont la tristesse est marquée de l'hébètement particulier aux sectateurs trop fougueux d'Onan ? Et toujours même nez mou et même bouche grande, molle presque obscène. La voilà bien la peinture-formule. Celle-là est sale, sent mauvais. Les mouches vont s'y mettre. » Cette sévère apostrophe, ne vise en vérité qu'une mauvaise toile du peintre ; cependant si nous l'appliquons à l'art de Burne-Jones, et au préraphaélisme entier, nous voyons que, sous son allure outrancière, elle n'est pas tout à fait dépourvue de sens. Ces guerriers de vaste stature, mais intérieurement vaincus, ces femmes aux lèvres charnues, mais à tout jamais stériles, sont rongés par la lèpre du mysticisme, du pessimisme et du catholicisme, triple et unique maladie qui ternit leurs yeux, dissout leurs muscles et décolore leur chair. Burne-Jones déforme et viole la réalité à chaque trait, à chaque touche. Son œuvre demeurera l'exemple de la plus extraordinaire aberration de la peinture, et j'imagine que l'avenir, s'il prend souci de comparer les œuvres des préraphaélites avec les jugements qu'elles ont suscités, demeurera stupéfait de ce que l'on ait pu, pendant de longues années, considérer comme de la peinture, ce qui n'en est le plus souvent que la parodie ou la négation.

III

« Le préraphaélisme contenait en germe toute la peinture contemporaine », déclare l'auteur de la *Peinture anglaise contemporaine*. Les quelques pages qui précèdent n'ont été écrites qu'en vue d'une conclusion contraire, celle-ci : que les préraphaélites et ceux qui les suivirent demeurent pour nous à l'écart de la réelle peinture contemporaine, de celle que l'on peut hardiment qualifier d'art nouveau. Aux principes de cet art nouveau l'école mystique anglaise resta toujours étrangère. Le mouvement qu'elle suscita procède plus directement des *Primitifs* que de la nature, et cette prétendue recherche scrupuleuse de la réalité, qui fut à l'origine l'une des règles capitales de l'école, ne produisit dans la pratique que des résultats tout à fait insuffisants. Son innovation, qui consiste dans la rupture avec la tradition de la Renaissance et le retour au moyen âge, ne pouvait aboutir.

L'art moderne a d'autres origines, et qualifier

de ce nom l'art préraphaélite ne peut être qu'une méprise d'un moment. L'art moderne, en effet, tel qu'il se dégage des efforts et des réalisations d'une élite de peintres, aussi différents que reliés entre eux par une perception confuse des nouvelles nécessités de la peinture, est *un art de réalité vivante et crue*, sans autre doctrine que celles de l'individu qui le pratique et sans autre intention que lui-même. La prise de possession de la toile par l'air et la lumière le caractérise avant toute chose. La peinture ancienne, presque toute entière, quelqu'admirable qu'ait été ses glorieux représentants, se meut dans le vide; l'atmosphère n'existe pas pour elle. Les êtres et les objets qu'elle crée se tiennent *isolés* de leur milieu. Il semblerait qu'entre l'œil du peintre et son modèle, l'air ait été préalablement absorbé par quelque immense machine pneumatique. Quelque soit l'unité de composition de l'œuvre ancienne, les parties en demeurent solitaires. L'art moderne a *relié* ce que l'art ancien avait isolé imitant en cela la nature, où il n'y a pas de solution de continuité. Il a replacé les choses dans le milieu où elles baignent en rendant à l'athmosphère son rôle aussi capital dans l'art que dans la vie. Aux juxtapositions de blocs inertes succèdent les fluides contacts. Pour l'artiste moderne, digne de ce nom, l'œuvre picturale est un tout qu'anime et que vivifie la circulation de l'athmosphère.

En second lieu, la transformation de l'art s'est accomplie par l'entrée en scène de la lumière.

Jusqu'au milieu de ce siècle, même en tenant compte du ravage des années, la lumière qui colore l'œuvre d'art, est une lumière essentiellement *fausse et irréelle,* engendrant la fausseté et l'irréalité des formes qu'elle enveloppe. La peinture a vécu jusqu'à nos jours, à de rares exceptions près, d'un poncif de lumière et d'ombre, du jour de l'atelier. D'où l'absence de toute couleur réellement vivante chez presque tous les maîtres anciens, qui toujours rendaient un ton réel par un ton faux, quand ils n'en atténuaient pas purement et simplement l'éclat véritable, considéré comme contraire à l'art. L'art d'aujourd'hui est une ré-intronisation des joies de la lumière. Je n'entends pas dire par là qu'un artiste est moderne parce qu'il inonde sa toile des tons les plus aveuglants, comme quelques-uns le crurent, qui ne produisirent ainsi que des ébauches informes. J'entends que le peintre moderne ne détournant plus son regard des mille couleurs qui viennent le frapper, a cessé de méconnaître l'importance du rendu scrupuleux de la lumière. Cette fidèle observation des couleurs réelles de la nature l'a conduit à les traduire sur la toile dans leur authentique et intégrale valeur, à les prendre pour ce qu'elles sont.

On le voit donc, l'art moderne a fait entrer la lumière et l'air dans le royaume de la peinture, qui craignait jusqu'ici de voir son aristocratique visage vulgarisé par de tels éléments. Il repousse toute « intention » en ceci qu'il ne cherche pas à rendre à travers une forme notoirement insuffisante et sans vie, quelque idée sublime. Il rompt d'une manière décisive avec l'idéalisme, c'est-à-dire que, respectueux de ce qu'il voit et de ce qu'il sent, il ne se reconnait pas le droit de trahir les formes dans le but de leur faire exprimer un autre sens que celui qu'elles possèdent réellement. C'est un art enfin qui trouve dans la réalité et dans la vie, mille fois plus de beauté que dans la fiction et dans le rêve avec leur morale, leurs artifices et leurs évangiles, mille fois plus d'éclat, de variété, d'unité, d'harmonie, de grandeur, de méthode, de liberté, de fantaisie, de noblesse, et pour lequel il n'y a pas de sujets nobles ou ignobles, dignes ou indignes, mais seulement des artistes dignes ou indignes de les créer.

Voilà de quelle façon quelques artistes ont compris l'art moderne. Je nommerai tout d'abord le groupe glorieux des peintres français, mal nommé Impressionnistes, les Claude Monet, les Sisley, les Pissarro et les Renoir, presque aussi méconnus dans leur pays que mal connus au dehors, et qui sont cependant l'honneur de cet art nouveau. Ce qu'ils ont été pour l'art contemporain, on le comprendra plus tard, lorsque la mort de ces artistes amènera celle de quelques-uns des préjugés qui s'opposent maintenant à leur gloire. C'est aussi le grand Böcklin, que la France ignore totalement, mais qui est l'âme de la jeune peinture en Allemagne et en Suisse, Böcklin, le peintre de la joie; c'est encore l'école de Worpswede, où quelques artistes travaillant en pleine nature, ont déjà produit des œuvres merveilleuses. Je pourrai cité le norvégien Thaulow et quelques autres artistes de Hollande, de France ou de Belgique, qui malgré la muraille de fer de la routine, n'en sont pas moins, aux yeux de ceux qui veulent regarder, les maîtres d'aujourd'hui et les annonciateurs de demain.

Si l'on veut bien admettre les quelques lignes qui précèdent, ou du moins ce qu'elles renferment de plus saillant au point de vue de l'art nouveau, on voit dès lors de quelle inappréciable distance l'art préraphaélite s'éloigne de ce dernier ; de toute la distance qui sépare l'artifice et la pré-conception de la réalité franchement acceptée. Pour rendre plus frappante la singulière méprise qui a pu confondre deux arts de conception si opposée, nous pouvons dire que l'art moderne est d'inspiration *panthéiste* plus ou moins consciente, tandis que l'art préraphaélite est d'inspiration *spiritualiste*, toujours consciente.

Alors qu'en divers pays, quelques artistes de génie en qui vibrait le souffle de l'esprit nouveau, s'épanouissaient au grand air et à la lumière, refusant d'admettre pour l'art un soleil spécial, d'une autre nature que celui qui nous éclaire, et une athmosphère sans rapport avec celle qui nous nourrit, alors que l'art se replongeait à nouveau dans la vie, les néo-Primitifs s'étouffaient sous mille préjugés moraux, abîmés dans la rêverie, dépourvus de toute saine notion d'ensemble et de nature, fermaient les yeux à tout

ce que leur présentait le monde, et croyaient
« sublimer » la réalité en la trahissant sans
relâche. Ils ont affaibli, décoloré, et dévirilisé
tout ce qu'ils ont touché. A dire vrai, non seulement ils sont demeurés totalement étrangers
au mouvement de l'art moderne, mais ils représentent un art essentiellement rétrograde, un
art de *réaction*, un art sans avenir. Leur peinture de rêve, privée de muscles, de chaleur et
de sang, de soleil et d'air, dévorée de langueur,
ne s'adaptera jamais aux conditions de la terre.
L'art préraphaélite est un art éminemment artificiel; et c'est pourquoi l'école a rapidement
dégénéré. Aussi lorsque nous comparons sa
renommée bruyante et sa valeur réelle vis-à-vis
du présent et surtout de l'avenir, nous ne pouvons nous empêcher de répéter qu'elle a fait
banqueroute. Nous serions presque tentés — si
nous étions injustes — de lui reprocher le caractère néfaste de son influence, la foule étrange
de ses caudataires, tout ce bas esthétisme que
nous avons vu fleurir et pourrir, et dont elle
peut assumer la paternité. En nous bornant à
l'école elle-même, nous pouvons constater qu'elle
n'a pas produit un grand homme, à proprement
parler. « L'école sèche » disait Delacroix, c'est-
à-dire contraire à l'art véritable, vivant, fécond
et large. En nous ralliant à cette pensée, nous
dirons que cet art de spiritualisation doit disparaître à mesure que la conception qui le soutient,
s'ensevelit dans le passé. Et nous estimons que
Ruskin fut mauvais prophète, lorsqu'il affirma

que les préraphaélites « jetteraient en Angleterre les fondations de l'école d'art la plus noble qu'on ait vue depuis trois cents ans (1) ».

Encore une fois la haute idéalité humaine a fait banqueroute devant la simple nature, devant la plus humble feuille éclairée par le jour, devant le plus banal visage de la rue. Et il en sera hélas ! de même pour tous ceux qui se refuseront à conclure le loyal pacte définitif, l'alliance sacrée qui défie les défaites, entre l'intelligence, la fantaisie, la pensée de l'homme et la réalité de la nature.

---

(1) JOHN RUSKIN. *The pre-raphaelite brethren*. Cité par M. R. de la S.

L'ARCHITECTURE NOUVELLE

Je vois bien peu d'esprits prêts à admettre que ce que nous nommons communément *beau*, n'est qu'une part infime de la beauté répandue dans le monde. J'entends désigner ici la beauté apparente aux sens, et non la beauté purement spirituelle. Etrangement étroite et conventionnelle en effet, est notre conception du beau, incroyable même, pour les siècles postérieurs. Nous appelons beauté ce que nos pères, aux yeux desquels l'Univers insoupçonné n'existait pas, appelaient monde, c'est-à-dire un grain de sable perdu dans l'immensité. Je crois que l'humanité bouleversera de fond en comble son esthétique.

A ceux qui seraient tentés de s'inscrire en faux contre une telle affirmation révolutionnaire, je proposerai l'exemple des siècles passés. Combien le passé nous présente, à cet égard, d'enseignement et combien l'avenir s'éclaire à sa lueur! Les néophobes doivent en ignorer l'histoire pour n'y point découvrir les traces de l'incessante évolution qui nous transforme et nous élargit malgré toutes les stagnations, tous les reculs, toutes les aventures. Comment assigner un terme à cette inépuisable évolution, lorsque chaque siècle nous découvre les trésors d'énergie qu'elle recèle ? Si nous l'interrogions sur le sens du beau tel que le possédèrent les âges successifs l'enquête serait immense. Quelques exemples suffiront.

Consultons l'histoire littéraire moderne. Que signifie cette appellation de « sauvage ivre », décernée par Voltaire à Shakespeare ? Elle signifie que Voltaire, bien qu'appartenant à l'élite, se réclamait d'une esthétique trop médiocre et trop restreinte pour admettre un poète aussi libre, aussi tumultueux, aussi exubérant que Shakespeare. Nourri du dix-septième siècle français, cet âge de froide étiquette et de servilisme intellectuel, Voltaire et son temps, au nom de Corneille, excommunient Shakespeare, qui écrase cependant le tragique français de toute la souveraineté de son génie. Ce qui nous apparaît suprêmement beau de nos jours, notre sens de la beauté s'étant démesurément élargi, ce qui apparaissait déjà comme tel à Hugo, c'est-à-dire moins d'un siècle après le jugement de Voltaire, semblait alors l'ignoble et le grossier aux plus perspicaces. L'évolution fut, dans ce cas, prodigieusement rapide. De quelle façon le dix-septième siècle, formaliste et pédant, eut accueilli Hugo ou Balzac, on peut facilement le deviner : par l'insulte et par la moquerie. Et il n'est pas imprudent d'affirmer que les romantiques eussent reçu Zola ou Maupassant de la même manière. Qu'on ne s'y méprenne pas : je n'ai nullement l'intention de prouver par là que le génie progresse de siècle en siècle, car ce serait une étrange et absurde erreur, le grand art étant, comme l'a défini l'auteur de *William Shakespeare,* « la région des Égaux ». Je voudrais seulement démontrer qu'au cours des siècles, le trésor des choses auxquelles nous reconnaissons de la beauté s'enrichit, et que *le caractère de beauté qui, à l'origine ou chez les peuples enfants, n'est attribué qu'à quelques spécialités,* — une belle femme, une belle arme, un beau bijou, — *tend invariablement à s'universaliser, jusqu'à s'appliquer au tout;* en d'autres termes, que notre compréhension du monde va s'élargissant.

Si nous passons des lettres aux arts, nous découvrons le même phénomène. La peinture, par exemple, n'admettait avant ce siècle qu'un nombre restreint de sujets, interprétés d'une certaine manière, susceptibles de prétendre à la dignité de l'art. Dès lors, pour quelle sorte d'hommes auraient pu passer, à la Renaissance, les Degas, les Manet ou les Raffaëlli, qui ont prouvé, par leur exemple, que tout objet, tout spectacle, tout être, contenait autant de réelle beauté qu'une Madone ou qu'un gentilhomme en prière ? Quelles risées n'auraient pas accueilli Constantin Meunier, prétendant, il y a un siècle, au titre de sculpteur ? Nous avons entendu les fidèles de Rossini accueillir les drames lyriques de Wagner par cette phrase caractéristique : « Cela n'est pas de la musique » ; qui niera cependant que Wagner ait enrichi le domaine de l'expression musicale ? Et nous entrevoyons de ce côté d'immenses plaines à défricher, le jour où l'expression musicale s'appliquera à un nombre illimité d'êtres, en dehors des héros et des dieux de la *Tetralogie* ou de *Tristan et Yseult*.

Il nous suffit de ces quelques exemples pour illustrer cette vérité que le domaine du beau s'élargit insensiblement, que le nombre des choses et des êtres admis par l'esthétique s'accroît de siècles en siècles, que des formes nouvelles et des manifestations inconnues de beauté surgissent à toute heure en dehors des champs clos, au cours de l'évolution humaine. Il ne s'ensuit nullement qu'un palais de Ninive, un temple grec, une cathédrale du Moyen-âge ou un palais de la Renaissance, doivent à nos yeux, perdre leur caractère de beauté; pas plus qu'Eschyle n'est effacé par Shakespeare ou Shakespeare par Wagner. Il en résulte uniquement ceci, que ce que nous estimons aujourd'hui contraire à la beauté, aveuglés que nous sommes par un sentiment conventionnel et arbitraire du beau, apparaîtra demain sous son véritable jour de beauté. De même qu'à un sens nouveau de la vie correspondent des œuvres nouvelles, aux œuvres nouvelles doit correspondre un sentiment nouveau de la beauté.

L'absolue mesquinerie de notre esthétique provient de cette étrange opinion que l'art est une chose de luxe, alors que l'art est essentiellement vital, nécessaire à la vie, inséparable d'elle. De cette erreur est sorti le jugement qui reconnaissait comme beaux un nombre très restreint d'objets, et comme laids tous les autres. On ne songeait pas que cette laideur se transformerait un jour en beauté pour des yeux moins prévenus. Et l'on décréta qu'il y avait des choses nobles et des choses ignobles, que le beau ne pouvait, sans s'avilir, s'étendre au delà de l'aristocratique domaine où il demeurait enclos. Quelle raison peut nous faire juger beau le costume enrubanné du courtisan d'ancien régime, et vulgaire le simple vêtement bruni par le travail du terrassier, si ce n'est la pauvreté de notre esthétique, plus digne de sauvages ou d'enfants que d'hommes raffinés ? Nous nous extasions devant la délicatesse de la rose et du lys, et nous passons sans un regard pour la marguerite des champs, non moins admirable.

La même étroitesse de sens esthétique nous rend aveugles aux nouvelles formes de beauté qu'engendre incessamment sous nos yeux la vie moderne. Les créations de l'industrie notamment, si nombreuses et si magnifiques à beaucoup d'égards, demeurent pour nous sans signification de beauté. Nous sommes tellement accoutumés à ne décerner cette épithète qu'à un petit nombre d'objets, autorisés et catalogués, que nous détournons la tête avec dédain, si l'on veut nous insinuer que telle création considérée par tous comme vulgaire n'est peut-être pas inférieure en beauté, à tel chef-d'œuvre devant lequel nous passons, comme en prière, des heures d'extase. La faute en est moins peut-être à nous-mêmes qu'aux hommes d'exceptionnelle valeur qui ont égaré sur ce point notre sentiment. Nous avons entendu John Ruskin poursuivre de ses plus amères railleries l'industrie moderne toute entière et proscrire, au nom du Moyen-âge, notre machinisme et notre civilisation. Nous avons pris au pied de la lettre, le joyeux paradoxe de Théophile Gautier : « Il n'y a de vraiment beau que ce qui ne peut servir à rien ; tout ce qui est utile est laid, car c'est l'expression de quelque besoin, et ceux de l'homme sont ignobles et dégoutants, comme sa pauvre et infirme nature. — L'endroit le plus utile d'une maison, ce sont les latrines. » Et nous avons conformé notre jugement à ce précepte, d'après lequel il serait impossible à un meuble, à une habitation, à une étoffe, de satisfaire aux exigences de la beauté.

Notre sens esthétique en demeure faussé, à tel point qu'il nous paraît admis que la vie moderne ne peut engendrer que laideurs et banalités. Etrange opinion ! Il y aura cent mille paires d'yeux pour admirer les lourds et grossiers carosses royaux tout ruisselants d'or que renferment nos musées, tandis que passe rapidement dans la rue, sans un regard, le coupé ou la victoria moderne, dont l'aisance et la légèreté valent bien la dorure et les ornements massifs du « grand siècle » Je ne vois pas en vertu de quel principe, la voiture sans chevaux, la voiture automobile ne pourrait à son tour rivaliser de beauté avec l'attelage coutumier. Jamais les artistes ne se consoleront du pittoresque défunt de la vieille et pesante diligence; ce qui n'empêche pas certaines gens, qui ne sont en rien des barbares, de trouver infiniment plus beau le gracieux et silencieux tramway électrique, à l'allure noble et rapide. J'entends par avance rugir d'indignation les moins subtils de nos esthètes, si quelqu'un affirme naïvement devant eux trouver un plaisir esthétique à contempler une machine en mouvement, découvrir une beauté singulière dans la vie fiévreuse et rythmique des volants, des pistons et des bielles. Ce sont évidemment là de damnables hérésies, des crimes de lèse-beauté. On encourt la même accusation d'incompétence, si l'on ne prend pas soin de dissimuler la joie de beauté qu'est susceptible d'éveiller la vue d'un de ces hardis et gigantesques ponts de fer suspendus au-dessus de l'abîme, décrivant une courbe d'un prodigieux élan. Si vous soutenez que l'on peut attendre de l'architecture métallique des effets de beauté au moins égaux à ceux dont le marbre et la pierre ont jusqu'ici fourni la preuve, vous passerez pour un vulgaire « philistin ». Il nous est également interdit de trouver çà et là, parmi les mille produits généralement bruts et grossiers de l'industrie moderne des fragments de beauté en germe ou réalisée. Découvrir de la beauté en dehors de la région où elle doit exclusivement éclore, loin d'être considéré comme l'indice d'une conception esthétique plus large et plus profonde que celle dont se nourrit la corporation des esthètes, ne dénote à leurs yeux que grossièreté, vulgarité de goût.

Ce qui peut adoucir — si cela semble nécessaire — l'amertume de pareils reproches, c'est la pensée qu'ils n'ont qu'un temps, et que l'esthétique doit fatalement réédifier la base étroite qui lui sert encore de soutien. Elle ne peut se contenter longtemps encore de l'appui ridiculement précaire que lui fournit la tradition. Si elle s'obstine à demeurer sur son roc branlant, qu'assaillent et qu'envahissent de toutes parts les flots en marche de la vie moderne, si elle se contente d'adresser des imprécations aux vagues qui n'en avancent pas moins, en se drapant dans le mélancolique manteau de sa fierté dont le flux n'a cure, sa ruine est plus que certaine. Elle est inscrite d'avance dans les annales du destin, et nuls pleurs, nulles colères n'en pourront reculer la date.

Une esthétique nouvelle rejaillira de ces flots purificateurs qui renferment, comme ceux de l'Océan, tous les germes et toutes les pourritures, toutes les splendeurs et toutes les grossièretés ; et la menace des vagues se changera en caresse fécondante. Sa face ridée réapparaîtra brillante de jeunesse et de vie, et de sa bouche ne sortiront ni malédictions ni cris de douleur, mais des hymnes et des cris de joie. Le monde ne pourra la renier ; jaillie de lui, toute pleine de son âme, comprenant le sens intime de ses manifestations, elle étendra son domaine jusqu'aux limites mêmes de ce monde. Et l'antagonisme ayant cessé entre elle et lui, nos fils très lointains pourront peut-être un jour bénir les fiançailles du monde et de la beauté.

Il n'est pas douteux — quelque chimérique que puisse paraître cet espoir — que nous allons vers un élargissement énorme et inattendu du sens de la beauté. Il me semble radicalement impossible que le monde se contente à jamais de la mesquine et puérile esthétique actuellement en honneur. Nous avons enfermé la beauté dans un domaine tellement étroit, que les barrières factices craquent de toute part, et qu'elle menace d'étouffer si nous ne lui faisons place. Nous la délivrerons : et redevenue maîtresse d'elle-même, ce n'est ni en amante lointaine, ni en étrangère, ni en exilée qu'elle nous apparaîtra, mais en amie de tous les jours, heureuse d'être aimée au gré de notre désir.

*
* *

J'emprunterai ici un exemple à l'architecture moderne, pour établir que des formes nouvelles de beauté peuvent surgir en dehors de la tradition et des principes en honneur, et que le domaine de la beauté n'est point un enclos aux barrières immuables. Il est bien entendu d'ailleurs qu'ignorant de la technique de cet art, je ne ferai qu'exposer, sans prétention aucune, mon sentiment sur son évolution actuelle.

Il est à peine nécessaire d'insister sur ce fait que l'architecture dont les produits s'offrent quotidiennement à nos yeux, ou plutôt ce que nous nommons ainsi, n'en est presque toujours que la parodie. Quelles sortes d'édifices rencontrons-nous dans nos villes, en dehors des monuments transmis par les siècles, palais ou cathédrales? On peut les diviser en deux catégories. Ce sont en premier lieu les monuments, généralement publics, qui ne sont qu'une reproduction plus ou moins exacte des monuments anciens, ou qu'un amalgame de différents styles à peine rehaussé de quelques détails, dus à l'imagination de l'artiste. Il n'y a point là création, il n'y a qu'arrangement, habileté, érudition, c'est-à-dire des qualités que l'artiste créateur répudie. Ce sont ensuite ces innombrables amas de pierres en équilibre qui nous servent d'habitations. De cette sorte d'édifices, dont l'absence de prétention est la seule excuse, il n'y a rien à dire, sinon que bâtis uniquement en vue de l'acheteur ou du locataire, nul souci d'esthétique n'a pu présider à leur conception. Dans cet ordre de construction, la devise est: faire vite, banal, à bon marché; et les quelques ornements seuls permis à la virtuosité de l'artiste, ne peuvent qu'accentuer la laideur de l'ensemble. Dans une troisième catégorie je fais entrer tous les édifices qui ne se rattachent pas directement aux deux premières, tous ceux qui témoignent d'une certaine personnalité, d'une recherche de faire neuf, d'un souci d'échapper à la banalité courante, d'une ébauche de compréhension des nécessités nouvelles de l'art. Si, d'une part, l'horreur des sentiers battus dont témoignent ces derniers n'a eu, en général, pour résultat, que l'élargissement du domaine, déjà si vaste, de la laideur et du baroque, il faut bien avouer, d'autre part, que nous leur devons quelques sensations d'art véritable. Parmi ces très rares originaux, il y a évidemment des artistes. Toutefois, si sincère que soit leur désir du mieux, si abondante qu'apparaisse leur fantaisie, ils ne sont pas parvenus à se débarrasser entièrement de la tradition, à renouveler totalement leur art, à créer en un mot un *style moderne*. L'ensemble chez eux n'est jamais harmonique, et si nous ne cachons pas notre admiration devant certains fragments, nous sommes contraints de reconnaître que l'œuvre n'est pas essentiellement nouvelle, qu'elle ne répond pas à notre conception de l'art d'aujourd'hui.

L'architecture moderne, en un mot, nous est apparue jusqu'à présent comme un art sans vie et sans beauté, en complète infériorité vis à vis des autres arts, qu'un sentiment nouveau a déjà orientés dans une voie nouvelle. Réduite à la copie des styles traditionnels, à la plate virtuosité, au style neutre, aux recommencements stériles, on a pu croire que son unique destin consistait à détailler les gloires du grec, du gothique, du roman, du renaissant. C'est alors que quelques tentatives hardies se manifestèrent, notamment en Angleterre, en vue de régénérer l'architecture ainsi que l'art de la décoration et du meuble, qui lui sont connexes. Le besoin de créations nouvelles suscita des artistes originaux, qui délaissèrent brusquement les formules anciennes. En divers pays, l'exemple de libération fut suivi. L'élan était donné, mais la création décisive faisait encore défaut.

C'est à Victor Horta, l'architecte belge, que revient l'honneur d'avoir accompli la révolution décisive, d'avoir créé, sans conteste, une architecture nouvelle. Le bataillon de ses collègues peut perpétuer en tous pays le culte du pastiche et du convenu, il n'en subsiste pas moins ce fait que, grâce à lui, *l'architecture moderne existe*. Je voudrais en ces quelques pages pouvoir caractériser son œuvre de novateur. Mais entrer dans l'intimité même de ses créations serait hors de ma compétence; je redirais seulement l'impression faite sur moi.

Ce qui frappe, au premier contact avec l'une des œuvres de Horta, c'est sa puissante originalité. On sent que cette œuvre est sortie uniquement de lui, sans l'ombre d'un ressouvenir, d'un respect quelconque pour la tradition, et qu'il y a là, au sens plein et authentique du mot, une création, dont la forme et le fond prennent leurs racines dans le tempérament propre de l'artiste. On comprend immédiatement qu'entre cet art et l'art courant, même le moins banal, il y a un abîme; il s'agit en effet d'une œuvre entièrement nouvelle. Vous reconnaissez en même temps de quel frappant caractère esthétique elle est empreinte. Je ne veux pas dire par là que tel détail vous attire par son heureuse inspiration ou que tel fragment dénote, à vos yeux, l'artiste de race qui l'a conçu : je dis que de l'œuvre dans sa totalité, de ses moindres détails comme de ses lignes maîtresses, jaillit une incomparable expression de beauté. Originalité, beauté, également puissantes, tels sont les deux caractères dont la révélation vous saisit à première vue.

En poursuivant l'examen, en abordant la structure de l'œuvre, les divers éléments apparaissent successivement, complétant et renforçant l'impression première. L'utilisation des matériaux, du fer surtout dans la charpente, l'adaptation des formes à la matière employée frappent aussitôt. Pour cet artiste, libéré des traditions fossiles, il est évident qu'il n'y a pas comme unique matière noble, la pierre, et que tous les matériaux sont nobles s'ils sont justement employés. On voit de suite à quelle richesse d'expression aboutit ce principe. Une autre conséquence en surgit, celle-ci, qu'une matière autrefois considérée comme inesthétique en architecture et par conséquent dissimulée, le fer par exemple, demeure apparente dans l'édifice de Horta et devient elle-même un élément de beauté. La science et l'art se combinent, de sorte que l'élément nécessaire à la stabilité de l'édifice contribue en même temps à sa beauté. On comprend dès lors le rôle de l'ornement dans une pareille conception. Il n'existe pas, pour ainsi dire ; ce sont les formes données à la structure même de l'édifice qui composent l'ornement, intimement lié, au lieu d'être ajouté à l'édifice. Il n'y a aucun artifice dans cet art de sincérité.

Une des principales raisons qui me font considérer Horta comme un artiste de premier ordre, c'est qu'il conçoit lui-même en même temps que l'édifice, tout ce qui en dépend : décoration, ameublement, vitraux, étoffes, objets d'art, etc. Tel édifice exige, selon lui, des objets complémentaires appropriés à son caractère. Ainsi les verrières, les tentures, les tapis, les étoffes, les meubles, sont exécutés d'après ses plans, et non seulement il crée, par exemple, une table de salle à manger, mais encore tous les accessoires du service destiné à la garnir. Il est impossible de ne pas être saisi de la beauté qu'engendre une telle unité de conception, de la profonde et intime originalité qui en résulte. « L'architecte avait vu, peu à peu, son autorité et son rôle s'amoindrir, écrit avec justesse M. Thiébault-Sisson au cours d'un article consacré à Horta. Du jour où il ne fut plus, pour ses collaborateurs, l'excitateur du cerveau et le guide de la main qu'il doit être, ses collaborateurs, un à un, le délaissèrent. Ils se dérobèrent à cette direction vague et molle, ils reprirent leur liberté d'action, ils travaillèrent chacun à leur guise. Le décorateur, l'ornementiste, le sculpteur sur pierre ou sur bois se livrèrent à leur inspiration sans contrôle ; l'ébéniste et le tapissier, le céramiste, le menuisier, le ferronnier, le ciseleur et le peintre-verrier firent de même. Jamais, entre les divers éléments qui concourent à la décoration, le malentendu ne fut plus grand et la cacophonie plus complète ». (1) Ce qui fait la grandeur de l'artiste, c'est d'avoir coordonné les éléments épars, de les avoir refondus dans son cerveau, d'où ils sont sortis puissamment marqués du caractère propre qui les fait concourir à la beauté de l'ensemble. Renouveler l'ensemble est la marque du grand artiste, et je ne puis m'empêcher ici de songer à Richard Wagner qui, tout en fondant le drame musical, entendait réformer, suivant son tempérament propre, tous les arts qui s'y rattachent, animés du même souffle que l'œuvre principale, incomplète sans eux.

L'unité de conception n'est pas la seule marque distinctive de la réforme imposée par Horta. La variété de conception est tout aussi remarquable chez lui que l'unité de conception. Ayant créé un style moderne, il ne s'est pas borné à en reproduire la formule dans chacune de ses œuvres. A ses yeux, il n'y a pas de formule. Chacune de ses créations est une œuvre distincte, ne rappelant en rien ses précédentes, possédant son originalité propre, sortie d'une inspiration nouvelle, révélant une forme de beauté qu'il nous était impossible de prévoir en nous basant sur ses créations antérieures. Leur seul caractère commun est la marque qu'elles portent toutes de la profonde originalité de leur auteur. « La maison-type n'existe pas pour lui » (2) a-t-on dit

(1) *Art et Décoration*, janvier 1897.
(2) *Id.*

avec juste raison. En effet l'œuvre, dans sa pensée, est toujours adaptée à sa destination, et on comprend quelle richesse d'imagination suppose cette scrupuleuse adaptation de l'édifice à son but. Horta conçoit très différemment, par exemple, une maison destinée à un célibataire et une autre destinée à une famille ; bien plus, sa conception sera également différente, suivant la profession ou la nature des individus auxquels elle s'applique : à un médecin ou à un avocat ne s'adapteront pas le même édifice qu'à un homme de lettres ou un commerçant. L'architecte se double donc d'un psychologue. On avouera qu'entre un artiste doué, de tels soucis et l'architecte coutumier, qui se contente d'édifier le nombre de pièces indiquées pour le prix convenu, il y a tout l'espace qui sépare le débitant du créateur.

Il est impossible de décrire sans le concours de l'image, la fantaisie, la richesse, la souplesse des conceptions de cet artiste : de telles expressions d'art ne peuvent être rendues que par elles-mêmes. La façon dont Horta a compris l'art décoratif lui crée une place bien à part dans l'ensemble des novateurs qui lui ont de nos jours imprimé un nouvel élan. Contrairement aux décorateurs qui empruntent leurs motifs à la nature, surtout au règne végétal, il tire son inspiration uniquement de lui-même. Les motifs de ses vitraux, de ses étoffes, de ses objets d'art, de ses meubles, de tel lustre électrique, de tel départ de lampe, de telle décoration murale, sont entièrement conçus par lui, sortent exclusivement de sa pensée, en dehors de toute interprétation de la nature. C'est là ce qu'on peut appeler proprement une création, pour laquelle il ne suffit pas de posséder le goût et l'ingéniosité, mais surtout la puissance individuelle de concevoir.

Le jeune architecte bruxellois nous offre donc le spectacle d'une originalité, d'une vitalité incomparables. Son art puissamment organique marque une révolution en architecture, la rupture avec la tradition surannée, la création d'un style, le point de départ d'une conception nouvelle.

Si je ne craignais d'employer ici un langage purement philosophique et de m'autoriser d'une simple analogie, je dirais que son art est à la fois *moniste* et *panthéiste*, et qu'il se rattache par là au principe même de la pensée moderne. Il est moniste parce que dans l'une quelconque de ses œuvres *tout est lié*, tout concourt à l'unité : tous les éléments sont organiquement liés, les matières entre elles, l'ensemble de la matière à l'habitant. Il est panthéiste parce que dans la même œuvre, aucun détail n'est superflu, chaque fragment a une valeur équivalente, rayonne de la même beauté que l'ensemble, qu'aucune parcelle n'est sacrifiée. Laissant là cette abstraite terminologie, nous aimons mieux abandonner aux compétents le soin de juger son œuvre. Qu'il nous suffise d'avoir noté notre impression personnelle et franche.

8.

La nouvelle Maison du Peuple de Bruxelles, qu'achève en ce moment Horta, sera de nature à montrer ce que l'art moderne peut attendre de lui ; car si son œuvre n'est pas encore considérable par le nombre, combien grande est sa signification pour ceux qui savent voir ! Les jalousies et les pastiches que cette œuvre suscite, l'incompréhension et la routine auxquelles l'artiste se heurte le plus souvent, les difficultés énormes qu'il rencontre auprès des ouvriers toujours rebelles aux formes nouvelles, ne nous étonnent pas, puisqu'il est impossible que le novateur, l'artiste original et révolutionnaire, celui qui ne tire son inspiration que de lui-même, ne soit pas l'ennemi, pour tous ceux qu'inquiète et qu'humilie intérieurement sa supériorité. Mais je suis persuadé que ces obstacles ne pourront entraver le développement de sa personnalité.

Dans les futures histoires de l'art, je pressens la page qui lui sera consacrée, où on lira peut-être que l'architecture moderne date de lui. En tous cas, il a, dès à présent, fait preuve d'une assez belle vigueur pour que nous le supposions capable d'un tel enfantement.

II

LA VIE SOCIALE

LA SOLIDARITÉ DES ÉLITES

> « ... Mon rêve le plus cher est pour une internationalité de poèmes et de poètes, reliant les contrées de la terre plus étroitement que tous les traités et toute la diplomatie... »
>
> WALT WHITMAN.

Le 28 septembre 1864, dans Saint-Martin's Hall, un meeting réunissait à Londres des ouvriers de tous pays accourus pour défendre leur intérêt commun : l'émancipation du travail. Quelles paroles furent prononcées là, je n'ai pas à le dire, mais un fait d'une importance capitale en surgit, la création de l'*Internationale*, ou plus exactement de l'*Association internationale des travailleurs*.

Quel était le but de cette association ?

Elle déclare « que tous les efforts tentés jusqu'à ce jour pour atteindre son but (l'émancipation économique des classes laborieuses) ont échoué, à cause du *manque de solidarité* entre les diverses branches du monde des travailleurs, et à cause de l'*absence de tout lien fraternel* unissant entre elles les classes ouvrières des divers pays ».

J'ai rappelé ce fait vieux de plus de trente années, parce qu'il a consacré d'une manière éclatante la naissance de ce sentiment nouveau et incomparablement fécond de la solidarité ; solidarité par delà les territoires, ces frontières artificielles, et par delà les races, ces frontières naturelles.

Je ne prétends aucunement que les hommes d'élite doivent s'associer, comme les travailleurs, pour la défense de leurs intérêts. Je me hâte de le dire pour qu'il n'y ait pas de méprise. Mon désir, en évoquant cette page d'histoire, est d'attirer l'attention sur ce fait : la fécondité résultant d'un accord quelconque, que ce soit pour la conquête du pain ou pour la conquête d'une harmonie supérieure.

Solidarité par delà les frontières, ai-je dit. Oui, voilà bien la matière dont il faut s'entretenir de nos jours, matière qui s'impose à nos cerveaux comme si nous pressentions en elle la solution longtemps cherchée d'une énigme. Cette conscience de solidarité entre les ouvriers de toutes les cités est une parcelle de cette immense et totale solidarité vers laquelle nous nous acheminons en poursuivant un rêve qui s'incarne. L'éveil d'une autre conscience ou plutôt d'une conscience parallèle au cœur de ces groupes d'êtres que nous nommons les élites, en est une autre parcelle, je ne dirais pas plus précieuse, mais de position plus centrale, pour ainsi dire.

L'immense foule des travailleurs se donnant la main pour une commune libération, voilà ce que nous avons vu. Le petit groupe des pensants épars, spontanément associés par une vision commune de l'avenir, voilà ce que nous verrons, ce que nous voyons déjà en quelque manière.

L'importance de ces deux faisceaux de volonté et d'action, si différents de forme et si profondément unis dans l'âme, me frappe singulièrement. Solidarité des penseurs, solidarité des laborieux, n'est-ce pas là les deux pôles de la solidarité? L'homme de la mine ou de l'usine qui réclame de quoi satisfaire la faim de son ventre, c'est-à-dire sa libération économique, et l'homme de la pensée, qui réclame de quoi satisfaire la faim de son cœur, c'est-à-dire une expansion plus libre et plus chaleureuse de la vie, n'expriment-ils pas les désirs les plus profonds de notre espèce, je dirais même tout le désir de l'homme?

Le travailleur a voulu manger, l'homme d'élite enrichir le monde, tous deux veulent vivre, las de végéter.

Je laisse à d'autres le soin de parcourir le monde immense de la faim matérielle. Je ne parlerai ici que de la faim spirituelle, dont les revendications plus récentes créeront peut-être une solution plus large et plus universelle d'un débat qui s'éternise.

La Solidarité des Élites…, formule barbare, dira-t-on, tentative néfaste d'unifier ce qui est, par nature, individuel, dissemblable, invinciblement personnel. Je ne le crois pas, à moins que l'on ne donne à ces mots une signification étrangère à ma pensée. J'entends par la Solidarité des Élites, cette communauté de vision chez des êtres profondément différents d'âge, de race et de caractère, vivant sous les plus dissemblables latitudes, ne se connaissant pas entre eux pour la plupart, mais donnant de l'énigme du monde une solution identique, au fond, malgré les innombrables différences dans l'expression de leur désir. L'univers et l'homme leur apparaissent sous un jour nouveau plus éclatant, plus chaud, plus harmonieux. Ils nous parlent d'unité parmi les choses, d'amitié parmi les hommes. Ils nous parlent d'une « religion » encore à naître, d'une « nature » encore incomprise, d'une « vie » plus large. Leur voix n'a trouvé que peu d'échos dans le monde, parce que le monde n'a pas encore frissonné du même désir qu'eux. Ces quelques hommes sont cependant les premiers citoyens, aujourd'hui solitaires et cachés, d'une démocratie dont nulle politique n'a encore deviné l'orientation. Loin de jeter sur l'humanité qui les entoure de ses vagues mouvantes un regard de hauteur ou de mépris, ces hommes nouveaux n'ont pour elle que des paroles d'amour ou de forte espérance, en se déclarant liés à elle par toutes leurs fibres, par tous leurs désirs.

Mais qu'ont donc vu ces « hommes nouveaux » ?

I

Ces quelques hommes, liés aux sorts les plus étrangement dissemblables, ont accompli la plus singulière découverte que l'on puisse imaginer. Ils ont entrevu, entendons bien, un *monde nouveau* et un *homme nouveau*, ou plutôt, ils ont considéré le monde et l'homme anciens avec des yeux nouveaux.

Je veux dire qu'ils ont réellement découvert dans ce monde qui nous entoure, dans ce monde proche ou lointain, une nature totalement différente de celle que nous connaissions; et dans l'homme à qui nous parlons dans la rue, dans l'homme qui vit loin de nous sous d'autres cieux, l'homme que vous êtes, l'homme que je suis, un être radicalement nouveau par sa nature et par sa vie, un être qui paraît surgir comme une tige nouvelle du sein d'une terre vierge.

Découverte étrange et poignante que celle qui prétend mettre à jour dans l'antique nature et dans la vieille humanité un visage et un cœur jusqu'alors inconnus...

Pour éclairer ce qui semble un mystère, je laisse la parole à ces hommes qui ont embrassé d'une telle étreinte le monde vivant, qu'il est sorti de leurs bras débordant de jeunesse et d'ivresse. Laissons parler trois d'entre eux, déjà lointains et profondément éloignés l'un de l'autre. Leur simple voix fera la lumière dans ce chaos.

L'un d'eux est un Anglais, mort en 1822, à l'âge de trente ans, victime d'une tempête dans le golfe de Naples : Shelley.

L'autre, un Français, historien et philosophe, mort il y a près de vingt-cinq ans : Michelet.

Le troisième est un Américain, homme étrange et poète plus étrange encore, qui s'éteignait à Camden, aux États-Unis, il y a peu d'années, salué comme un apôtre par quelques-uns, flétri comme immoral et fou par la majorité de ses compatriotes : Walt Whitman.

Ils nous ont dit maintes choses, cet Anglais, ce Français, cet Américain, et nous ne retiendrons ici que les plus saisissantes. Ecoutons d'abord le premier, Shelley.

Tout ce qu'une forme humaine peut contenir de tendresse, de sagesse et de cordialité était dans cet homme, dans cette âme de feu qui pénétrait, enlaçait, enflammait les êtres et les choses autour d'elle. L'animal humain ainsi largement développé devient l'animal-dieu. Sa courte vie n'est qu'une perpétuelle conquête de l'amour et de la liberté. Action et rêve se combinent; il combat pour l'amour et rêve de liberté plus entière, il lutte pour la liberté et rêve d'amour plus chaleureux, avec les mêmes paroles ardentes et bouillonnantes où s'enfle et tourbillonne un plein souffle de nature. Il nous dit : La nature est un tout vivant, à la fois âme et corps, orbe immense de fusion et d'harmonie.

Toute loi humaine se résout dans l'amour; c'est au rythme de l'amour que bat le cœur de l'homme, le cœur immense de tous les hommes, que s'épand la vie totale de nous tous. Liaison étroite au sein des mondes de vie où nous sommes plongés, liaison intime des cœurs humains, joie et justice, telle est sa profession de foi panthéiste. Imaginez un être incarnant un rêve énorme et constant, vivant une perpétuelle ivresse débordante; non pas un rêve inconsistant et trop loin de la terre pour s'y mêler, mais un rêve modelé dans la chair et nourri du même sang, un rêve puissamment lié aux choses vitales, animé du souffle de la vie totale, « où grondent les sèves et s'élaborent les germinations splendides » (1) et vous entreverrez le poète.

C'est pour avoir éveillé cette légion d'espérances endormies que Shelley presque vieux d'un siècle, est encore, parmi nous, le plus réel, le plus proche et le meilleur des amis. C'est pour s'être mêlé à la vie tout entière, la plus humble, la plus diverse, pour l'avoir comme imprégnée d'une saveur nouvelle, tout en poursuivant, par delà les formes actuelles, le désir le plus forcené d'une plus riche réalité de nous-mêmes, que cet Anglais, honni et méconnu de son temps, doit être considéré comme l'un des rénovateurs les plus puissants du sens de la vie.

De Shelley à Michelet, de l'Anglais au Français,

(1) Octave Mirbeau.

il y a loin. D'énormes divergences défendent de les associer, pas si énormes cependant, que l'on ne puisse, en scrutant leur intime pensée, retrouver chez tous deux cette marque distinctive des génies héroïques : l'amour de la vie réelle et le désir de son épanouissement.

Que nous apprit l'historien-philosophe Michelet ? Sous toutes les formes, tout le long de sa vie, il affirme et réaffirme avec la plus intense énergie que toute grandeur humaine, toute joie, toute beauté, tout contentement, et tout équilibre ont pour base, pour condition nécessaire et pour aliment, *une saine vitalité*. Voilà, je pense, une affirmation capitale, venant d'un homme qui a fait le tour complet de l'histoire et de la vie, l'avis puissant d'un naturaliste et d'un poète : *une saine vitalité*, tel est son code et sa morale. Il veut des corps vigoureux et souples, des cerveaux nourris de science réelle, des natures puissantes et libres, transfigurées, comme il le dit lui-même, « dans cette lumière héroïque que le bonhomme Luther a nommée noblement la *Joie* ».

Pour lui l'homme, au cours des longs siècles chrétiens, a subi une entorse violente du cerveau, alors que « vivre » équivalait à « végéter ». « Détournons nos regards du funeste passé ! nous dit-il. Écoutons bien plutôt celle qui est un présent éternel, qui ne varie pas, la Nature. » Dix siècles d'anémie cérébrale, c'est-à-dire de spiritualisme chrétien, ont empêché la plante humaine de pousser des rameaux vigoureux dans l'espace, l'ont contrainte aux maigres efflorescences dénuées de couleurs vives. Écartant d'une main les ombres d'un passé néfaste, Michelet découvre à nos yeux la forme vivante et frémissante de l'humanité que nous sommes, faisant jaillir de sa libre fécondité sa vie physique et spirituelle, nourrie elle-même de ses divines énergies qui la font renaître, enfin consciente de ses éternelles richesses. L'homme pousse une clameur joyeuse de révolte et s'élance devant lui en riant aux dieux qui s'effacent. Écoutez cette voix prophétique :

« Élargissons Dieu ! » Diderot, qui dit ce mot sublime, en savait-il la profondeur, les sens divers, admirables et féconds ?

« Cela veut dire : Assez de temples. La voie lactée pour temple, l'infini de Newton. Cela veut dire : Assez de dogmes. Dieu étouffe dans ces petites prisons !

« Mais cela signifie surtout : Émancipons la vie divine. Elle est dans l'énergie humaine ; elle y fermente ; elle a hâte de s'épancher en œuvres vives. Elle est dans la nature, y bouillonne, voudrait se verser en torrents.

« Ne voyez-vous pas que la terre a envie de produire et de nous enrichir, de donner des sources et des fruits, de créer des races nouvelles, plus saines et plus durables, de créer sans mesure des peuples et des moissons ?

« Soyons intelligents. Fermons un peu les livres. Rouvrons le grand livre de la vie. Travaillons ! Habit bas ! Délivrons cet esprit fécond qui veut sortir, ouvrons-lui les barrières. Ecartons les obstacles, les entraves. Elargissons Dieu ! »

Ces quelques lignes nous suffiraient pour saisir la signification profonde de l'œuvre de Michelet et pour constater que l'objet de son ardente poursuite spirituelle n'est plus un ciel chimérique, mais une terre réelle que nous devons tous, du plus humble ou plus fort, labourer et ensemencer, si nous ne voulons pas que la faim nous dévore. L'œuvre de Michelet, malgré ses lacunes et parfois ses faiblesses, œuvre de soleil et de force, de chaleur et de santé, marque d'une lueur éclatante l'aurore d'une vitalité nouvelle, le germe d'une pensée prenant conscience d'elle-même.

Oserai-je parler de l'Américain Walt Whitman, le dernier de nos trois « hommes nouveaux » ? Je ne le ferai qu'avec crainte, pénétré du sentiment de ma propre impuissance à redire ce que fut cet homme. Comment dépeindre la figure et l'âme d'un être qui a vécu et chanté tous les aspects, toutes les vies de l'univers, qui a été successivement charpentier, clerc, imprimeur, jardinier, maître d'école, journaliste, laboureur, infirmier, directeur de journal, entrepreneur de bâtiments, commis du gouvernement, et qui a redit dans ses vers, avec une richesse incomparable de réalisme, les millions de spectacles et de sentiments auxquels il a participé ?

Figurez-vous un homme aux formes athlétiques, au visage splendide, rempli de séduction et de bonté, se promenant dans les rues, vêtu comme un ouvrier, causant familièrement avec tous, riant, interrogeant ou consolant, aimé de tous pour sa douce majesté, sa cordialité et son humeur joyeuse; qui se baigne et ensuite se promène nu dans l'herbe humide au soleil, déclarant que « peut-être celui ou celle à qui la libre et exaltante extase de la nudité en pleine nature n'a pas été révélée, n'a-t-il jamais connu le sentiment de la pureté, ni ce que la foi, l'art ou la santé sont dans leur essence »: parcourant la campagne ou soignant les blessés de la guerre civile; prêchant l'exaltation de toutes les forces vives de l'individu, et allant vers tous, homme ou femme, les mains tendues, un cordial sourire aux lèvres; en un mot, réalisant dans sa complète acception, encore insoupçonnée, l'homme de la Démocratie américaine, ou plutôt de la Démocratie universelle. Il faudrait un volume de forte dimension pour faire pressentir tout ce que cet homme inaccoutumé renfermait en lui. Aussi, en disant que Walt Whitman a le premier reconnu pleinement le caractère sacré de toute réalité, qu'il a contemplé d'un œil radicalement nouveau la plus infime partie d'univers, qu'il a enrichi d'un sens divin les plus coutumières actions de nos vies, qu'il a créé le sentiment de pleine confiance et de liberté envers nous-mêmes et envers les autres, qu'il a enfin (et c'est le point capital pour nous) positivement découvert *un nouveau sens de la vie*, je n'aurais fait que tracer la pâle esquisse d'une scène géante.

Je ne prétends pas avoir donné en ces quelques lignes une image fidèle et nette de ces trois hommes, qui ont joué des rôles divers, mais capitaux, dans l'évolution de la pensée moderne; mais si j'ai réussi à montrer l'objet commun de leurs réalisations et de leurs efforts, c'est-à-dire la poursuite de plus en plus réelle, de plus en plus parfaite, de plus en plus riche d'une claire possession de la vie, de ses millions de formes, de sa liberté et de sa mobilité infinies, j'aurais suffisamment rempli mon but qui est de concentrer l'attention sur ce point central.

En résumé, que nous ont donc appris les trois « hommes nouveaux »?

Shelley, en déployant la richesse et l'universalité de l'amour, nous a dévoilé en lui cette force d'identification de l'univers et de l'homme qui est, pour ainsi dire, l'unique loi vivante de ce monde.

Michelet, en réclamant pour tous, la vie saine, puissante, sincère et libre, a fait de cette profonde santé et réalité la condition essentielle et fondamentale de toute vitalité commune ou supérieure.

Walt Whitman, enfin, nous a donné l'exemple du plus total épanouissement dans la chair et l'universelle vie.

Mais tous les trois nous ont montré la voie de la régénérescence et du salut dans un même accord au sein de la réalité seule divine, dans une foncière amitié sous l'aile du tout. Tous les trois nous ont énergiquement montré la voie du *nouveau monde* et de la *nouvelle vie*.

Voilà comment ils ont « compris » la nature, comment ils ont pressenti la « divinité » de l'homme solidaire des êtres et des choses, comment ils ont donné l'éveil à une « religion » dont le panthéisme grandiose embrasse et pénètre le monde infini des vivants, qui est un réel sentiment vécu de nos liens avec le tout, une pénétration et une assimilation par nous, êtres infimes ou êtres d'élite, du tout vivant : religion dont nous pressentons l'épanouissement futur.

II

J'ai choisi parmi des œuvres récentes cinq textes où nous allons trouver des traces plus précises encore de cette nouvelle conception.

Mon premier texte n'appartient pas à ces dernières années comme les suivants, puisqu'il date du 31 août 1837, mais je le donne en complément de quelques vers d'un poète américain, — M. G.-D. Roberts, — vers récents ceux-là, que je découvre en tête de son volume : *Chants de tous les jours* :

A travers le brouillard la lune repose belle,
Pénétrée d'une couleur spectrale d'améthyste,
O blanche nuit, charme jusqu'à l'étonnement
Des bestiaux dans la brume !

Ton toucher, ô grave mystériarche,
Fait divines les lourdes choses familières,
O accorde que de ta faveur révélatrice
Une petite portion soit mienne !

Rends ma vision saine et claire
Que je puisse voir *quelle beauté s'attache*
Aux formes communes et trouver l'âme
Des choses non regardées !

Et voici maintenant le texte d'Emerson auquel ces vers me reportent naturellement :

« La littérature du pauvre, les sensations de
« l'enfant, la philosophie de la rue, la significa-
« tion de la vie journalière sont les sujets de ce
« temps. C'est un large pas. C'est un signe,
« n'est-il pas vrai? d'une vigueur nouvelle,
« quand les extrémités deviennent actives,
« quand les torrents de la vie chaude ruissellent
« dans les mains et dans les pieds. Je ne de-
« mande pas le grand, le lointain, le romanti-
« que; ce que l'on fait en Italie ou en Arabie; ce
« qu'est l'art grec ou le ménestrel provençal,
« j'embrasse le commun, j'explore et je m'as-
« sieds au pied du familier, du bas. Donnez-
« moi la connaissance d'aujourd'hui, et vous
« pourrez avoir les mondes antiques et futurs.
« Qu'est-ce donc que nous voudrions vraiment
« comprendre? La farine dans le quartaut; le
« lait dans la terrine ; la chanson dans la rue;
« les nouvelles du bateau; l'éclair de l'œil; la
« forme et la démarche du corps — montrez-
« moi l'ultime raison de ces choses, montrez-

« moi la présence sublime de la cause spiri-
« tuelle se cachant, comme elle se cache tou-
« jours, dans ces alentours et ces extrémités de
« la nature ; que je voie chaque bagatelle se hé-
« risser de la polarité qui la range instantané-
« ment sous une loi éternelle; l'échoppe, la
« charrue et le registre rapportés à cette même
« cause par laquelle la lumière ondule et les
« poètes chantent : — et le monde ne reste pas
« plus longtemps un mélange grossier et une
« chambre de débarras, mais possède la forme
« et l'ordre; il n'y a pas de bagatelle; il n'y a
« pas d'énigme, mais un seul dessin unit et
« anime le sommet le plus lointain et le fossé le
« plus profond (1) ».

Ne sent-on pas là, comme je la sens, l'expression d'un des sentiments les plus modernes et les plus profonds d'un monde qui s'élargit démesurément? La noblesse et la splendeur enfin accordées aux « formes communes » et aux « choses non regardées »! La justice scellant enfin son plus intime accord avec la réalité, ou plutôt, la réalité s'élargissant jusqu'à faire entrer dans le cercle d'universelle beauté, jadis étroit et arbitraire, les plus humbles, les plus journalières fleurs de notre existence et de celle du monde! La beauté non plus localisée dans les choses supérieures, confinée aux sommets, mais brillant au travers des plus rudes formes et des plus simples êtres! Feuilles et fleurs, tige et ra-

---

(1) EMERSON, *L'Homme pensant.*

cine, la plante entière, humaine ou végétale, participant à la même beauté, c'est-à-dire à la même vie; n'est-ce pas là, ce me semble, centupler la beauté de la fleur elle-même, que de la sentir liée à la beauté de la racine, à l'incalculable splendeur des moindres folioles?

La conception chrétienne du monde et de l'homme, avec son ciel et son âme purement fictifs et irréels, a longtemps empêché la naissance d'un tel sentiment. Elle nous disait : L'âme seule dans l'homme est pure, est divine; le corps est un « sac de fumier »; le monde est un exil dans le crime et la douleur; « dans la fleur se cache le démon »; le ciel est le seul réel séjour de lumière et de beauté. Mais la fausse et faible parole chrétienne s'efface à mesure que grandit la réelle et forte parole humaine. Nous disons maintenant : Non, il n'y a pas un séjour unique de pureté, une parcelle unique de splendeur, dans l'homme et dans l'univers. Tout l'homme et tout l'univers renferment cette pureté et participent à cette splendeur. Nous n'accordons pas la beauté aux glorieux pour la refuser aux humbles. Nous n'admettons que la beauté totale et vitale. L'admiration muette et prosternée devant une œuvre d'art, à côté du mépris devant le plus simple fait de la vie réelle, nous paraît l'odieux héritage de siècles sans esthétique véritable et profonde. Grandir en soi-même et s'élever, c'est reconnaître une beauté de plus en plus nombreuse, c'est adhérer à la beauté partout où elle se trouve, c'est-à-dire effectivement partout. Grandir, ce n'est pas *s'isoler* devant la splendeur d'une création du cerveau, c'est *se relier* à la splendeur du tout vivant par le sentiment de l'entière beauté de toutes ses formes. En définitive le tout est beauté; il ne manque que des yeux pour la voir.

Mais écoutons cette autre confirmation; notre second texte, dû à M. Camille Chaigneau, va nous l'apporter :

« ..... Pour moi, je sens que ma vitalité éclate du sein de toutes mes existences. J'y revois ces bruyances de l'instinct, non pas s'anéantir, tristes, mais se vivifier de joie et de gloire dans la fécondité des paroxysmes, — fécondité matérielle, car le monde y alimente son ascension, — fécondité morale, car de ses primes et matérielles manifestations mon âme s'y exalte peu à peu vers les transfigurations de plus en plus belles de l'Amour. Gloire à l'instinct, qui est l'engrais du sentiment! Gloire au sentiment, qui est la porte d'or de la plus idéale connaissance!

« Je ne viens pas du ciel qui abaisse un regard de compassion sur la terre. Je viens des entrailles de la terre qui, par tous ses jaillissements printaniers, ouvre des yeux avides vers le ciel, — vers ce ciel que j'augmenterai, que j'enrichirai de toute ma croissance, quand mon instinct sublimé y versera le triomphe de ses effluves..... (1) ».

(1) Extrait de l'*Humanité intégrale*, que dirige M. Chaigneau.

N'entendons-nous pas là, chaleureusement exprimée, la défense de ce sentiment nouveau, qu'il n'y a dans la nature et dans l'être, ni rupture, ni opposition, ni séparation radicale, que chaque parcelle du tout poursuit silencieusement sa lente genèse infaillible, prenant sa part du devenir commun; que l'intelligence, loin d'être une faculté d'origine spéciale, hors de l'animalité, prend sa source, plonge ses racines dans le monde de l'instinct, dans les entrailles du sol? Le préjugé de l'intellectuel ne s'écroule-t-il pas aussitôt? « Nous sommes les intellectuels-rois, dites-vous... Le monde de l'instinct, le monde de l'amour, le monde de la terre et de la rue n'oseraient attenter à l'orgueilleuse royauté de notre intelligence. L'ordure sexuelle et vitale est à nos pieds, comme la fange. Le monde se divise en intellectuels et en instinctifs. Ces derniers composent le troupeau mortel; à vrai dire, l'élite intellectuelle existe seule ». A cela je répondrai : Vous pensez que pour atteindre cette vérité sublime vers laquelle vous tendez, il faut vivre en maîtres et en isolés, qu'il faut vous dépouiller soigneusement de tout ce que vous pouvez avoir de commun avec la foule. Mais ces flots de vie que vous méprisez comme une souillure, déferlent sans relâche sur vous, ils vous inondent, vous ne respirez et vous ne pensez que par eux, votre intelligence y est liée comme la plante au sol! Je vous dirai encore : La vérité vous est fermée, vous n'avez pas su lire dans le monde, dont les livres ne parlent pas! La vérité vous est étrangère, vous dis-je. Vous n'avez pas un regard pour le sourire de tendresse d'une jeune femme allaitant son enfant, assise sur un banc de la rue, sourire mille fois plus mystérieux que le sourire de toutes les Jocondes. Vous êtes les médiocres et les corrupteurs. Le monde s'élève et s'avance sans vous ou plutôt en dépit de votre effort que submerge la moindre vague de vie, de votre effort qui s'écroule, comme le château de sable élevé par l'enfant, au moindre assaut de la mer montante. Vous êtes les stériles et les décevants. Toute force vous échappe. La simple sensation qui émane d'une prairie au soleil ne vous a jamais envahis de ces mille bourdonnements d'insectes, de sa sève et de sa chaleur. Ne voyez-vous donc pas que la vie tout entière brille au-dessus de vous, autour de vous, brille même à travers vous, malgré votre mépris et votre puéril orgueil ? Ne sentez-vous pas que cet « absolu » aux pieds duquel vous vous agenouillez n'est que la finalité de l'énergie qui fait mouvoir votre bras et pousse le blé hors de terre ? Pourquoi dès lors vous déclarer non solidaires des êtres qu'un affinement spirituel moindre vous fait juger comme étant de valeur nulle, et des choses dont la forme ne correspond pas en tous points à la formule de vos rêves ? Pourquoi mépriser l'ouvrier dans la rue, la mère de famille dans la chambre d'enfants, le laboureur à la ferme, la touffe d'herbe au bord de la route, le vieux cheval amaigri tirant sa charrette, l'apprenti accomplissant son humble dit : « Vous ne passerez pas par ce chemin. » Naturellement, mon premier acte est de m'opposer à cette volonté extérieure et de dire : « Je prendrai le chemin qu'il me plaira de prendre. » Aucun de nous, à moins d'être timide de tempérament ou trop faible de nature, ne pourrait agir autrement. Mais si l'homme qui vous arrête vous dit ; « Vous ne passerez pas par ce chemin *parce qu'il est mauvais, qu'il est rempli de pierres et de fondrières, en un mot très dangereux* », voilà qui est tout autre chose ! L'autorité devient avertissement. J'accepte ou je rejette l'avis, mais je ne me sens nullement diminué en l'acceptant. Je me sens au contraire lié à cet homme qui me dit de ne pas suivre ce chemin, et qui me le dit par sympathie pour moi poussé par un intérêt commun, par un intérêt d'humanité. Dans le premier cas je me sens diminué, dans le second cas je me sens augmenté.

Telle est pour moi la signification de l'autorité. La première conception, qui se présente sous la forme de l'impératif catégorique privé de son âme vivante qui est la sympathie, provoque à juste titre chez nous tous un élan chaleureux de révolte, révolte intérieure ou extérieure suivant les circonstances et les êtres. Bien plus, elle n'a plus aucune valeur pour nous, elle est morte, elle n'a plus de sens ; nous nions radicalement sa nécessité et son principe ; nous nous liguons énergiquement contre elle. Nous nous soulevons contre elle par instinct et par raisonnement.

Prenons un exemple déja produit :

Supposez une chambre avec un enfant qui joue, une nourrice qui le surveille, tandis que la mère est occupée à quelque ouvrage. La mère dit à la servante : « Fermez cette fenêtre. » La servante obéit sans rien dire ; son intérêt, ses habitudes d'obéissance, lui interdisent toute demande d'explication. Elle obéit certes (et dans ce cas l'ordre est aisé à accomplir, il est rempli presque machinalement) ; mais croyez-vous qu'elle adhère intimement et réellement à l'ordre donné d'une voix brève, sans commentaire, qu'elle ressente personnellement la nécessité et l'intérêt de l'acte accompli, qu'elle le vive pour ainsi dire comme s'il émanait de sa propre personne ? Je ne le crois pas; cela est d'ailleurs impossible, à moins d'un manque absolu de personnalité. Maintenant supposez qu'au lieu de de dire : « Fermez cette fenêtre », la mère dise : Fermez cette fenêtre, *parce que l'enfant pourrait avoir froid.* » Ne croyez-vous pas que cette fois-ci la servante ressentira comme la mère la nécessité de ce simple fait, qu'elle l'accomplira de tout cœur, qu'elle se sentira même « augmentée » par cette communion en la pensée d'autrui, qu'elle se sentira plus liée à la famille de l'enfant, plus joyeuse en un mot d'agir réellement avec cette famille pour un intérêt commun ?

Un autre exemple :

Je marche sur la route ; un homme qui vient vers moi m'arrête et me touchant le bras, me pourtant, dans un certain sens, elle est tout cela à la fois. C'est une anarchie parce que toute règle extérieure manque, mais qu'il n'existe qu'un esprit de vie intérieur et invisible; c'est une démocratie parce que c'est le règne de l'homme-masse, ou Démos, dans chacun; c'est une aristocratie parce que dans tous les hommes il y a des degrés et des rangs de pouvoir intérieur; et c'est une monarchie parce que tous ces degrés et ces rangs forment enfin une parfaite unité, un contrôle central. Il est donc clair que les formes extérieures de gouvernement qui appartiennent à la période de civilisation ne sont que l'expression, en symboles extérieurs et distincts, des faits de la véritable vie interne de la société » (1).

Voici, exprimée en quelques phrases, une théorie complète de l'homme social, de l'équilibre social, par un des esprits les plus perçants de la génération nouvelle. Nous touchons au problème de l' « autorité » qui est le point vital de la sociologie.

Il y a plusieurs façons d'aborder le problème de l'autorité. Il y en a une qui est d'affirmer qu'elle est essentiellement nécessaire à la vie en masse, à la vie des sociétés ; il y en a une autre qui consiste à la nier radicalement dans son principe; il y en a une troisième enfin qui consiste à l'*expliquer*. Nous essayerons cette dernière méthode.

(1) *La Civilisation, ses causes et ses remèdes.*

et fruste labeur? Ne pensez-vous pas que ces parcelles de nature et d'humanité recèlent un monde de douleur et de joie, de vérité profonde et d'insondable idéal? Mépriser dans l'humanité la foule des êtres et dans la nature la foule des choses, c'est nier toute intime vérité, toute conscience mondiale, c'est nier le divin, au nom duquel vous insultez la vie. Je crois que vous ne serez grands, que vous ne serez puissants qu'en donnant l'amour de votre cœur à cette double foule vivante qui retentit en vous et que vous-même vous enrichissez.

Ainsi pourrions-nous répondre aux intellectuels dont le cerveau s'est cristallisé dans une adoration puérile. Cette conception ruinée par la conception toute moderne de l'évolution des choses, des hommes et des mondes associés sous l'empire intérieur d'un principe commun de vie, est en complète et radicale décrépitude, après avoir engendré une montagne d'erreurs qui s'affaisse peu à peu sous l'effort du temps.

C'est un point plus spécial qu'étudie notre troisième texte; mais il évoque à vrai dire l'unique problème de la vie politique. Je l'emprunte au poète et sociologue anglais Edward Carpenter :

« ... Quant au gouvernement et à la loi établis par les hommes, ils disparaîtront; car ce ne sont que les parodies, les substituts provisoires du gouvernement et de l'ordre intérieur. Dans son état final, la société n'est ni la monarchie, ni l'aristocratie, ni la démocratie, ni l'anarchie, et

Nous sentons que non seulement elle n'aura jamais notre sympathie, mais que nous ne pourrons la tolérer paisiblement autour de nous au cas même où nous n'aurions pas nous-mêmes à la subir, et que nulle franchise, nulle sincérité, nul accord positif n'existera jusqu'à sa ruine.

Elle nous apparaît comme le néfaste héritage d'un passé qui cherche encore de sa main de squelette à nous attirer vers la fosse où il descend. Dans la vie journalière comme dans la vie politique, partout où nous la trouvons en face de nous, nous la combattons en lui disant ce qu'elle représente désormais pour nous : un hideux cauchemar, une odieuse tromperie de l'existence. Nous sentons qu'elle a trop longtemps déjà fait obstacle à la libre et réelle sympathie humaine, pour que nous admettions encore volontiers la légitimité de son orgueil mauvais.

Nous venons d'entendre Carpenter nous parler de l'« autorité intérieure » et déclarer que les formes extérieures du gouvernement actuel n'étaient que « les parodies, les substituts provisoires du gouvernement et de l'ordre intérieur ».

Voici comme je m'explique son intention profonde.

Il nie la valeur positive de cette autorité dont nous avons découvert le vice intime et les mortelles conséquences; mais il ne nie pas toute « autorité » extérieure, si l'on peut exprimer par ce mot perverti le sens que nous voulons y mettre. Il admet l'« autorité » extérieure ayant pour base, pour principe, pour seule raison d'existence, pour âme vivante, l'enrichissement, l'accroissement, le bénéfice, l'amélioration de tous ceux à qui elle s'adresse. Il considère cette « autorité » extérieure comme l'une des conséquences, l'un des produits et l'une des phases, comme le degré supérieur de la solidarité sociale, comme l'union cordiale et intime de l'élite et de la foule dans une libre confiance commune, dans une mutuelle expansion. Autant la première autorité doit provoquer notre haine passionnée, autant la seconde, la seule vivante, la seule juste, la seule humaine, doit rencontrer notre chaleureuse adhésion. Il est juste, bienfaisant et indispensable que l'homme « qui sait » dirige celui « qui ne sait pas ». Quand nous voyons un enfant approcher naïvement la main d'un charbon rouge, nous saisissons le bras de l'enfant pour arrêter son geste, sans l'ombre d'une hésitation, d'un élan de libre sympathie, en obéissant à la plus nette, à la plus positive impulsion. Celui qui a l'expérience doit prévenir celui qui n'en a pas ; ceci est le cœur même de l'homme.

Toute autorité, tout gouvernement doit donc consister en cela uniquement ; accroître, enrichir, prévenir ceux auxquels ils s'adressent. Si l'autorité s'écarte de cette fonction elle se ruine par cela même, elle se condamne à disparaître dans un temps plus ou moins proche. La haine de tous, de tous ceux qu'elle a trahis, dont elle a trompé la cordiale confiance ne fait que sanctionner et rendre manifeste sa déchéance intérieure. Exercer une « autorité » c'est au fond donner la plus haute preuve de sympathie humaine, c'est l'acte supérieur de toute solidarité et la marque du lien le plus fort qui nous unit tous, faibles et forts, jeunes et vieux, sages et fous.

De l'autorité politique à l'autorité divine, nous trouverons le même changement radical, la même révolution dans la pensée — dans la pensée, hélas ! bien plus encore que dans les faits. J'emprunte à Camille Lemonnier quelques-unes des magnifiques paroles qu'il prononça lors de l'inauguration de l'Université Nouvelle ; je n'en connais pas de plus énergiques, de plus nouvelles, de plus généreuses :

« ... Partant de là, on peut prévoir ce que sera l'art de demain à travers la foi nouvelle qui, refermant le ciel sur un absolu décevant, le rouvre dans la conscience humaine. Nous avons vu les dieux changer selon les âges et, en disparaissant graduellement, laisser la place à l'homme. C'est l'humanité qui entre en scène, avec le sentiment de naître à peine à ses destinées, avec la conjecture que les centaines de mille ans qui la séparent de ses origines ne sont encore que de l'enfance dans l'évolution générale du monde. Idéal et symbolique par son essence même, cherchant et formulant les rapports, la loi d'harmonie et d'unité qui régissent les êtres et les choses, *l'Art sera la haute vie morale en son effort pour manifester les dieux que nous sommes nous-mêmes...* »

Retrouver le « divin » en nous comme dans les choses, le sentir au fond de nos êtres comme au fond de chaque vie terrestre, voilà bien la nouvelle conception religieuse. Il n'y a aucun orgueil dans ce sentiment; il y a la joie profondément vitale de se sentir infiniment lié à l'universel courant, de sentir vivre en soi un million de vies, de rayonner dans la lumière de tous. Il n'y a rien au fond de plus « humain » que ce sentiment « divin », puisqu'il s'épanouit en nous dans les moments de plénitude et d'expansion, à cette heure, où la bonté, la passion sexuelle, la défense de la vérité nous transfigurent, où nous nous précipitons en dehors de toute limite, où nous sentons naître une légion de forces et de désirs qui dormaient en nous. Le « divin » pris dans ce sens, réel et véridique, n'est-il pas l'ensemble de toutes les solidarités, le faisceau de tous les biens, la synthèse de tous les accords? En un mot, ce nouveau *panthéisme* et ce nouveau *paganisme* ne sont-ils pas la conséquence directe, positive, inéluctable d'une nouvelle conception de la vie et d'une nouvelle conception de la nature?

Nous sentons clairement, irrésistiblement, sans nulle hésitation, sans nulle obscurité, que le Dieu qui trônait dans l'azur céleste, monstrueuse image de l'absolue monarchie, s'est effacé comme un mauvais rêve, comme un hallucinant cauchemar, d'où les premiers rayons du jour viennent nous arracher. Nous sentons clairement que le Dieu des chrétiens n'était comme tous les autres qu'un fantôme d'erreur; et cependant la totalité de notre vie journalière, les moindres actions du monde, tous les faits qui nous environnent, la famille, les affaires, les institutions, le langage, ne sont-ils pas encore pétris de cette conception ruinée, que nous savons mensongère et néfaste, mais que la vie commune retient encore dans son inextricable complexité ? Nous avons reconnu que la Nature et l'Homme étaient assez riches pour satisfaire notre idéal le plus lointain, que le divin était contenu dans la moindre parcelle, qu'il n'y avait rien, positivement rien en dehors de l'univers vivant, et nous continuons à vivre comme si le dieu passé était encore debout, nous dominant de son regard ! Ne voit-on pas clairement le vice intérieur de tous nos actes, de tous nos rapports avec nos semblables ou avec les choses? N'a-t-on pas conscience de cette tare dont toute notre existence est souillée ? Ne sent-on pas combien peu librement nous agissons envers les choses extérieures, combien nous agissons peu en « hommes » véritables, en êtres faisant partie du monde, en hommes conscients de notre positive nature? C'est que le fantôme d'une conception morte nous étreint encore de ses bras desséchés.

Révolution religieuse, révolution de l'autorité, enrichissement du sens social, pénétration franche et directe de la réalité, sens de l'universel et des coexistences, tout ce que nous venons de voir successivement exposé, se résume en une nouvelle expression du sentiment du lien entre toutes les parties de l'univers, entre toutes les vies, humbles ou immenses, riches ou frustes, immédiates ou lointaines,

Ces hommes sincères dont je viens de traduire la pensée, appartiennent tous, quoique d'âge et de renom différents, à la génération nouvelle. M. G.-D. Roberts est aux Etats-Unis parmi les quatre ou cinq poètes les plus modernes d'inspiration. La vie d'Emerson est déjà lointaine, mais puisque sa parole est encore peu connue en de nombreux pays, et que notamment en France et en Belgique, il ne fut que récemment traduit et commenté, nous pouvons par une illusion d'optique, le considérer comme un contemporain. M. Edward Carpenter, profondément pénétré de ce naturisme et de ce réalisme dont débordent Walt Whitman et Thoreau, a formulé ses théories nouvelles dans une série d'essais et de brochures qui ont eu le plus sérieux retentissement. M. J.-C. Chaigneau, quoique d'âge mur, dirige une revue d'avant-garde, *L'Humanité intégrale*, où il prêche la plus universelle extension de la solidarité, même par delà la mort. On sait enfin ce que M. Camille Lemonnier représente pour l'art et la pensée belges.

Deux Américains, un Anglais, un Belge, un Français se sont donc rencontrés au-dessus de toutes les frontières, dans le même souci de l'avenir, dans la même communion de sentiments et de pensées. Voilà ce que j'appelle la

Solidarité des Elites, l'alliance intime des pensants d'avant-garde, à quelque race, à quelque territoire qu'ils appartiennent.

Si nous résumions leurs affirmations nous verrions qu'elles aboutissent à cette triple découverte : d'une liaison dans la Nature, d'une liaison dans l'Humanité, d'une liaison de la Nature et de l'Humanité, c'est-à-dire à un ensemble de solidarités se résolvant dans la solidarité du Tout.

III

C'est en vertu de cette communauté de vision que les pensants de toutes races doivent se considérer comme positivement associés à une œuvre supérieure qui se rit des barrières et des frontières, des classes et des drapeaux : œuvre d'humanité qui consiste en une refonte complète, patiente et méthodique de la vie tout entière. En même temps que sous nos yeux, autour de nous, naissent, s'entr'ouvrent et s'élaborent dans la vie réelle, dans le fait, dans la vie entière, les premiers germes d'une vie qui n'a été encore que chantée dans ses grandes lignes, presque jamais vécue, les hommes d'élite doivent s'unir étroitement, donnant au monde par cette intime liaison l'exemple vivant d'un plus complet, plus universel et plus positif accord. Qu'ils donnent cet exemple clairement, simplement, franchement à tous. Je crois que la voie de la vérité est là.

Le salut du monde dépend de leur communion plus ou moins consciente dans la recherche de la vérité, de leurs efforts parallèles, vers un élargissement de la vie, en un mot, de la *Solidarité internationale des Élites*.

Nationalisme... Voilà l'un de ces mots que leur emploi conventionnel et irréfléchi a revêtu d'une telle couche d'erreurs et de mensonges qu'il nous faut un effort gigantesque pour en découvrir le véritable sens, logique et simple. Quelqu'un me dit : Je dois concourir à la grandeur, à la richesse, à l'éclat de mon pays. Dans ce but je dois chercher par tous les moyens à ce que mon pays domine tous les autres, en leur enlevant des fragments de territoire pour l'augmenter, en se hérissant lui-même de forteresses et de canons : plus je suis hostile à tout ce qui vient de l'extérieur, hommes et choses, plus je me cantonne solidement sur mon coin de terre, plus je suis rebelle à la pénétration du dehors, plus je m'isole, plus mon pays est fort et prospère. En un mot, l'idéal du nationalisme est d'accabler le voisin pour se grandir soi-même. Je réponds à cela : Profonde est votre erreur... Croyez-vous donc qu'en appauvrissant le voisin, vous vous enrichissez vous-mêmes ? Croyez-vous qu'il faille opprimer pour être fort ? Vous pensez vivre d'une vie supérieure parce que vous dominez sur un piédestal, comme le soldat au sommet d'une forteresse croit dominer la région d'alentour parce qu'il braque sur elle ses canons. Vous ne vivez, au contraire, que par une large et constante pénétration en vous de l'extérieur. La grandeur voisine vous fera grand ; la médiocrité voisine vous fera médiocre. *La force n'est pas, en effet, dans l'arme qui tranche : elle est dans la main qui se tend.* Votre conception nationaliste est pourrie. Le chauvinisme, cette plaie, que j'oserais appeler française, si elle n'existait aussi néfaste chez presque tous les peuples, ne s'obstine à vivre que dans les cerveaux laissés en chemin par l'évolution. Celui qui considère à priori tous les hommes nés en dehors des frontières de son pays, comme des ennemis ou des « étrangers », qui ne les voit pas d'un œil simplement humain, se renie lui-même et redescend aux degrés de l'animalité. Ne voir dans une nation que les baïonnettes dont elle se hérisse à certaines époques, c'est avoir une âme d'anthropoïde que dissimule mal l'hypocrisie sentimentale et patriotique. De ce que j'aime mon foyer, parce que toutes les racines de mon être primitif y sont attachées, parce que j'en ai tiré l'origine de ma vie, il ne s'ensuit pas nécessairement que je n'aime pas les autres foyers. J'aime d'abord les foyers environnants, puis ceux qui s'en éloignent, et puis tous enfin !

Voilà ce qu'il faut dire aux hostiles et aux guerroyeurs. Le militarisme, que l'on voudrait nous représenter comme l'un des facteurs indispensables de la civilisation et comme le refuge presque exclusif de l'« honneur » humain, n'est, en somme, qu'une conséquence logique de la barbarie relative où nous nous agitons. Son rôle est destiné à décroître, à mesure que la solidarité s'élargit et se développe.

Donc, je le répète, la conception courante du nationalisme est entièrement erronée. Sur ses ruines, une autre naîtra, dont les adeptes diront : Nous reconnaissons nous aussi une patrie d'origine ; nous ne méconnaissons pas le lien sacré qui unit l'homme au sol, non plus que celui qu'a lentement constitué la communauté des douleurs et des joies. Mais à côté de cet attachement, nous admettons mille patries, partout où nous nous augmentons, partout où nous sommes heureux, partout où règnent la justice et la beauté, mille patries parce que nous avons mille vies, incessamment diverses, sans cesse renouvelées, parce que nous nous adaptons à tous les milieux ; partout où nous trouvons de la bonté, de l'intelligence, de la simplicité, nous sommes chez nous ; partout où des cœurs fraternels s'approchent du nôtre, partout où nous sommes entourés de compagnons et d'amis, nous disons : « Je suis au milieu des miens. » Si ma patrie m'est inclémente et qu'une autre patrie m'attire, que m'importent les longs siècles d'histoire ?... Je sens partout des êtres qui sentent comme moi, qui sont véritablement de la même race, une race dont on ne parle pas, dont on ne tient pas compte, la race humaine. En un mot, la vie supérieure pour nous consiste dans la reconnaissance de plus en plus large de toutes les patries comme nôtres, au lieu de l'isolement à l'écart sur un coin de terre impénétrable. Vos barrières, nous les méprisons. Bien plus, elles n'existent pas pour nous. Quelle hostilité d'ancêtres, la plus sanglante et la plus tenace, m'empêcherait de vivre parmi mes prétendus ennemis ?

La communion des pensants dans une recherche commune de vérité et de beauté nous indique cette voie. Voilà leur œuvre, leur œuvre inavouée, celle qui ne s'imprime pas. Que mille et mille lieues les séparent et leurs esprits demeurent unis, sans qu'ils se connaissent, sans même qu'ils se comprennent. C'est à eux qu'il appartient de créer une *opinion internationale* devant laquelle toute autorité se dissipera comme un fêtu de paille emporté par le vent. Qu'ils prennent de plus en plus conscience de leur action formidable ! Ils représentent véritablement la seule force dirigeante. Cette poignée d'hommes doit nous conduire. Le monde les suivra et toutes ses barrières seront percées à jour.

Et cette Solidarité des Elites n'est que l'image, la lointaine projection d'une solidarité à laquelle l'homme le plus humble de la rue, l'homme le plus fruste des champs prendra sa part aussi bien que l'homme de science ou le politique. Voilà pourquoi sa valeur nous paraît si grande et pourquoi nous renfermons en elle tant d'espoir. Nous voyons à travers le poète, l'artiste ou le savant, l'homme, l'homme de partout et de toujours, cet éternel vaincu dans la course du monde. C'est à lui qu'aboutit notre vision finale, à travers ce groupe de précurseurs qui marchent la main dans la main vers des contrées inconnues. Le petit groupe solidaire n'est que l'aube, le germe humble mais vivace du tout solidaire. Voilà pourquoi il nous apparaît aussi sacré.

J'ai une foi profonde dans cette parole de Michelet : « *La Sociabilité est un sens éternel qui se réveillera.* » Oui, l'homme n'est pas un fauve pour l'homme, mais un dieu dont le cœur s'éveille ; pas plus que le monde n'est un théâtre où évoluent des formes solitaires, mais un enlacement d'organes vivants.

C'est pourquoi, portant en nous l'assurance inébranlable d'un avenir moins étroit, au milieu de cette brume qui nous enveloppe, nous en appellons aux esprits d'élite, pour qu'ils redoublent d'efforts. Qu'ils s'unissent et qu'ils aient foi ! Que toute sincérité soit en eux ! Et peu à peu les hommes *vivront*, peu à peu l'humanité sentira battre en elle un cœur plus large.

L'INTER-NATIONALISME

Dans le langage de la tribune, du journal et du barreau, dans le langage quotidien, le mot que j'inscris en tête de cet article, est presque toujours employé comme synonyme de crime et de trahison, pour le moins, dans un sens de mépris. J'estime qu'en cela l'opinion publique commet une erreur basée sur un malentendu.

Que signifie-t-il donc, ce mot, aux yeux d'un parlementaire, d'un publiciste ou d'un individu quelconque de la foule, pour provoquer ces accents presque unanimes de réprobation et de flétrissure, qui s'appliquent communément aux vices honteux? Sans chercher plus loin, je crois qu'il sert à désigner, pour la masse des esprits, cette doctrine dont les partisans s'intitulent eux-mêmes « sans-patrie », et qu'il ne signifie rien autre chose.

Or, si on examine, en dehors de toute doctrine, le mot d'inter-nationalisme, on ne peut y trouver qu'une signification, seule véritable, celle-ci : *l'ensemble des liens entre nations*.

Les cités qui se partagent le globe vivent-elles indépendantes l'une de l'autre, ou bien dépendent-elles d'une solidarité plus large que celle du corps social? Telle est la question, dont la réponse ne me semble pas douteuse. C'est un fait hors de toute discussion, semble-t-il, que toute nation civilisée, dans son ensemble et dans ses parties, entretient des rapports d'importance vitale, avec les autres nations, et qu'au plus complexe développement social correspond l'ensemble le plus riche de rapports inter-nationaux. Pourquoi dès lors ne pas accepter dans le langage courant, un terme qui exprime un fait essentiellement naturel, normal et universel? Comment proscrirait-on le sentiment profondément honorable et sain qui lui correspond?

Si les cités actuelles veulent résolument s'engager dans une voie large, il leur faut, en tout premier lieu, abandonner aux siècles morts cette conception barbare, puérile et néfaste, de la patrie considérée comme un monde indépendant du monde lui-même. Tant que cette conception sera en honneur parmi nous, nul élargissement d'humanité ne sera possible. Notre impérieux devoir social est d'abandonner à l'imbécile chauvinisme son esprit d'étroitesse et de vanité bouffonne, et d'affirmer que l'accroissement des rapports inter-nationaux est l'une des bases les plus essentielles de l'avenir des peuples modernes.

La conception de patrie doit se modifier, à mesure que la conscience de l'humanité s'éclaire en s'élevant à l'unité. L'égotisme national est, au même titre que l'égotisme individuel, la négation même de l'existence.

Un simple fait est d'ailleurs à considérer : l'évolution d'un mot. La signification du mot *étranger* a profondément évolué de l'antiquité classique jusqu'à nos jours.

L'antiquité grecque et l'antiquité romaine, dans leur tout-puissant individualisme national, peut-être justifié par le prodigieux avancement de leur civilisation sur celle des autres peuples connus d'eux, se servaient du même mot pour désigner les deux qualités distinctes d'*étranger* et d'*ennemi*. *Barbaros*, chez les Grecs, *Hostis* chez les Romains possédaient cette double signification.

Pour le petit monde hellénique, comme plus tard pour le monde romain, *étranger* était synonyme d'*ennemi*. La pensée moderne a dissocié les deux termes autrefois confondus. Pour nous désormais, entre l'*étranger* et l'*ennemi*, existe une différence profonde. Les modifications énormes qu'à subies le monde, depuis l'origine de la lente constitution des nationalités modernes, l'élargissement de vision qui en est résulté, ont eu leur contre-coup sur le sens des mots. Celui du mot *étranger*, entre mille autres, a évolué jusqu'à signifier uniquement, pour nous : ce qui n'appartient pas à notre nation, tout ce qui est de l'extérieur, du *dehors* (ce que les Latins nommaient *extraneus*), toute question d'amitié ou d'inimitié étant écartée. « Les peuples de l'antiquité vivent *isolés*, se défient les uns des autres et n'ont entre eux d'autres rapports que ceux de la guerre », tandis que « aujourd'hui les peuples civilisés forment une véritable *société* » (1). L'élargissement des contacts de toute nature au sein de l'humanité est peut-être ce qui différencie le plus profondément la « cité moderne » de la « cité antique ».

Et cependant, malgré cette distinction fermement établie et nettement admise de nos jours, entre les deux termes d'*étranger* et d'*ennemi*, chaque peuple semble se comporter comme s'il les confondait encore. Si la différenciation des mots est reçue sans conteste, celle des jugements auxquels ils correspondent, n'est pas également pratiquée.

Le sentiment public, je ne veux pas dire uniquement celui de la classe illettrée, mais également celui de la classe moyenne et même cultivée de chaque nation, semble plus ou moins partager le sentiment du monde antique à l'égard de tout ce qui vit en dehors de ses frontières, et volontiers confondre encore deux termes de plus en plus divergents. De cet état de choses, nul homme de pensée ne peut se dissimuler le péril.

Le jour où, dans un cerveau d'homme, ce doute est né, que *l'étranger n'était peut-être pas forcément un ennemi*, la conscience humaine s'est élargie soudainement. Le développement de l'humanité est, en effet, lié à l'élargissement

---

(1) Surville et Arthuys. *Droit international privé*. Introduction.

des rapports inter-sociaux. L'homme moderne ne borne plus ses relations aux seuls membres de sa famille, de sa tribu ou de son groupe, il les étend aux limites de son cœur et de sa pensée, par delà les espaces naguère ennemis ; et la profonde parole du personnage de Térence devient celle de nous tous, pour qui rien d'humain n'est étranger. Aujourd'hui l'homme d'un coin de terre civilisé peut concevoir que son semblable existe sous d'autres cieux. L'anthropoïde sauvage et borné peu à peu s'humanise, et le sens de la solidarité, en ébauche dans la horde primitive, est en voie de s'épanouir jusqu'aux limites du monde. L'isolement des premiers jours n'apparaît plus qu'aux contrées demeurées en enfance intellectuelle, tandis qu'au sein de l'humanité en travail se tisse le trame immense de l'échange et de l'accord.

De cet élargissement progressif de sa vision, l'homme moderne est certes conscient. Toutefois, dominé par l'exclusivisme atavique de son jugement non moins que par l'opinion vulgaire entachée d'erreur, il agit presque toujours comme si les siècles écoulés n'avaient pas modifié du tout au tout la conception nationale de l'homme antique. C'est en raison de ce fait anormal qu'il importe, à notre avis, de montrer sur quelles bases repose la *solidarité inter-nationale* : car il n'y a rien tant à craindre pour l'avenir que la confusion en ces matières.

I

De l'immense labeur sociologique accompli en ce siècle par des myriades de savants et de philosophes, de l'accumulation des enquêtes et des hypothèses, se dégagent lentement quelques-unes des lois capitales dominant la vie des sociétés. L'« animal politique » d'Aristote devient de plus en plus conscient de son rôle social.

Les plus significatifs parmi les derniers travaux de la sociologie, en dépit d'énormes divergences, paraissent tendre vers une conception *organique* de la cité, envisagée désormais comme un « être » véritable, comme un « individu » plus complexe et plus différencié. De Comte et Spencer jusqu'aux plus récents sociologues, MM. Paul de Lilienfeld, De Greef, Izoulet, Novicow et Garofalo par exemple, nous voyons peu à peu l'*organicisme* s'affirmer en se précisant.

A la condition de ne pas voir dans cette assimilation de l'organisme ou plutôt de l'hyper-organisme social, à l'organisme naturel, une identité formelle, mais une simple analogie, il semble assuré désormais que la conception sociale organique, malgré les énergiques objections qu'elle a suscitées, demeurera dans ses grandes lignes, la conception de l'avenir, et que les hypothèses bio-sociologiques d'aujourd'hui contiennent en germe la vérité de demain. « Cette assertion..., pouvons-nous répéter avec les auteurs d'un livre récent (1), ne contredit qu'en apparence ceux qui protestent justement contre des assimilations exagérées et hâtives entre les organismes sociaux et les organismes végétaux ou animaux. Si pareilles exagérations se sont produites, amenant une réaction qui faisait proclamer récemment, par un éminent économiste américain, la banqueroute de la sociologie biologique, c'est peut-être parce que, — à d'éminentes mais rares exceptions près, — les recherches bio-sociologiques ont été poursuivies soit par des naturalistes peu au courant des questions sociales, soit par des sociologues dont les connaissances biologiques étaient incomplètes et superficielles. » Selon M. Paul de Lilienfeld, dont la formule nous paraît des plus satisfaisantes, « la société humaine est, comme les organismes naturels, un être réel... elle est un prolongement de la nature... elle est simplement une expression plus haute des forces qui servent de base aux phénomènes naturels (2). »

Or, si, d'une part, la vie intra-organique de la cité, sa psyco-physiologie, sa vie intérieure ont été largement scrutées, il n'en est pas de

---

(1) Demoor, Massart et Vandervelde. *L'évolution régressive en biologie et en sociologie.* 1897.
(2) Paul de Lilienfeld. *La Société humaine comme organisme réel.* 1873.

même de sa *vie extérieure*. Tout en établissant l'existence du « corps social » et les lois internes de cette existence, la sociologie semble considérer cet « être » comme vivant d'une vie solitaire et indépendante. Cependant si l'analogie est possible, bien plus, si elle ne peut pas ne pas exister entre l'organisme naturel et l'organisme social, il est évident que la vie intérieure des deux organismes se double d'une vie extérieure, et que la nation participe à cette faculté de l'individu qui est de ne pouvoir vivre isolé.

C'est cette *vie extérieure de la cité* qu'il importe de considérer, étant donnée son importance au point de vue de la vie générale de l'organisme social. Le droit international, les rapports diplomatiques, les « Affaires étrangères » et, en général, les relations inter-gouvernementales n'en sont pas, comme on semble le croire, les seules manifestations. Il en est d'autres, généralement inaperçues ou dont la signification échappe, qui sont mille fois plus complexes et plus vitales, composant dans leur ensemble ce que nous pouvons appeler la *sociabilité de l'hyper-organisme nation*. Méconnaître cette vie extérieure, cette face externe d'un organisme, c'est le mutiler.

L'étude des rapports de l'individu et du corps social qui constitue la sociologie d'aujourd'hui, nous conduit fatalement, l'analogie des deux organismes étant admise, à celle des rapports du corps social et de la société humaine dans son ensemble. A mesure que le nationalisme se constitue sur des bases scientifiques, l'internationalisme doit peu à peu sortir de l'ombre; car le défaut d'équilibre entre la vie intérieure et la vie extérieure est aussi funeste à « l'être social » qu'à l'individu. Pour moi, la vie intérieure et la vie extérieure de la nation moderne, loin de se combattre réciproquement, s'harmonisent dans une profonde unité. Je crois fermement que l'équilibre et la grandeur de la cité dérivent de ce rythme d'expansion et de concentration qui est la loi centrale de l'individu. Je ne conçois pas qu'il y ait dans le monde des organismes indépendants, organisme supposant inter-dépendance au dehors aussi bien qu'au dedans. Etant lui-même un produit d'inter-dépendance, l'organisme devient à son tour solidaire d'un plus vaste organisme enveloppant le premier. Le principe qui domine les individus à l'intérieur du « corps social », est bien le même que celui qui domine les « corps sociaux » entre eux, à l'intérieur de ce « corps » plus vaste qui est l'agrégat des cités.

Si nous voulions exprimer par une brève formule que les rapports du *nationalisme* et de l'*inter-nationalisme* sont dominés par le même principe que ceux de l'être humain et du « grand être » social, nous pourrions dire que :

individu et corps social,

nationalisme et inter-nationalisme,

ne sont que des formes de ce problème général :

vie intérieure et vie extérieure,

ou plus clairement :
individualisme et solidarité.

Nous sommes donc naturellement conduits à éclaircir le rapport de ces deux derniers termes.

⁎

De même que le sens réel de l'individualisme, scruté depuis les temps historiques, apparaît presque toujours faussé, la notion de solidarité, nouvellement découverte et formulée, a été trahie par ceux-là même qui en firent la fortune. On s'est obstiné à créer un antagonisme entre deux états de l'être, dont la signification profonde et féconde n'apparaît qu'alors qu'ils coexistent. Entre deux facultés vivantes, dont l'union intime engendre seule le juste équilibre, on a créé une fausse opposition.

La bio-sociologie de ces derniers temps, il est vrai, a tenté de rétablir l'équilibre entre les deux termes injustement dissociés, et des travaux considérables ont modifié les idées à cet égard. Au-dessus de l'individualisme étroit et de la solidarité mesquine, tous deux également stériles, s'esquisse déjà une théorie nouvelle qui reconnaît dans l'individu la combinaison rythmique de ces deux facultés. Aussi ne faisons-nous ici qu'ajouter nos observations aux nombreux travaux que cette nouvelle conception a suscités.

Prenons un exemple typique.

Je considère un homme de génie. Son formidable individualisme absorbe et concentre tout ce qui l'entoure, toutes les puissances nutritives de son temps et de sa race, dévore comme un gouffre monstrueux toute la vie cérébrale d'une contrée. Il rend en général impossible tout autre épanouissement du génie autour de sa personne. Mais voyez en revanche ce qu'il apporte au monde, l'énorme présent dont il l'enrichit, la force vitale dont il ruisselle, les œuvres et les espoirs qu'il éveille, les désirs qu'il contente, les joies qu'il assouvit, les germes qu'il répand! Monstre par l'absorption, il devient, par son expansion, le suprême bienfaiteur. Après s'être nourri de tout, il devient la nourriture de tous, dans ce mystérieux travail de renouvellement qui s'accomplit au fond de l'être humain supérieur.

Il me semble que chacun de nous présente en réduction le même phénomène. Tout individu, si humble soit-il, absorbe et produit, se nourrit et rayonne, suivant un rythme de solitude et d'expansion, de concentration et de profusion, d'*individualisme* et de *solidarité*. Mais sous ce mode dualiste d'existence apparaît l'unité profonde de la vie, — surtout chez l'être supérieurement équilibré que l'on nomme génie. L'étude attentive du mécanisme d'une vie humaine normale ne peut pas ne pas dissiper la croyance à une opposition de fond entre la vie intérieure et la vie extérieure de l'individu. L'une et l'autre s'engendrent réciproquement pour ce résultat commun : vivre, c'est-à-dire s'augmenter. La vie intérieure, isolée de l'en dehors, se flétrit, comme la plante privée de lumière et d'air; de même que la vie extérieure, sans son nécessaire aliment interne, n'a pas plus de fécondité que la tige dont la sève n'alimenterait plus les vaisseaux.

L'individualisme et la solidarité se résolvent donc en un monisme comme tous les antagonismes artificiels, et l'avenir en formulera l'équilibre dans une synthèse nouvelle. Comment ne pas comprendre, en effet, que la vie intérieure de l'homme, ce que nous appelons son individualisme, est à la fois base et produit de sa vie extérieure, c'est-à-dire solidaire, et inversement? Comment ne pas reconnaître que *l'expansion naturelle de l'individualisme*, c'est-à-dire l'ensemble des facultés distinctives et personnelles d'un individu, *crée la solidarité*, c'est-à-dire l'ensemble des facultés qui relient cet individu au reste de l'univers; que la solidarité n'est que le produit naturel de l'individualisme; que l'aboutissement de l'individualisme, c'est la solidarité, qui est elle-même un ferment d'individualisme; ou mieux encore, que l'individualisme n'est autre chose que de la solidarité virtuelle et la solidarité, autre chose que de l'individualisme virtuel? Ce n'est qu'à la suite d'étranges aberrations qu'on a pu concevoir des systèmes de philosophie sociale où la grandeur de l'individu dépendait de son isolement et d'autres, où, au contraire, l'altruisme aboutissait à la négation de l'individu. Je crois que ces conceptions artificielles trouveront de plus en plus difficilement crédit et qu'une plus réelle interprétation des lois de la vie permettra de formuler une solution plus juste de ce débat sans fin. La pensée de demain, qui semble aussi éloignée d'ériger en Stylite l'individu que de l'anéantir pour l'illusoire bonheur de tous, concevra comme possible son épanouissement au sein de l'universel.

**

Si l'on a pénétré, en le réduisant à son unité réelle, l'apparent dualisme de la vie individuelle, l'application de la solution moniste aux deux faces correspondantes de la vie nationale, étant donnée l'hypothèse organiciste, s'ensuit inévitablement. Alors que l'existence normale de l'animal humain ne peut se concevoir sans une vie du dehors et une vie du dedans, équilibrées suivant le rythme personnel de l'individu, l'animal-cité, ce « grand être » en ébauche, ne peut atteindre non plus son intégralité, s'il ne fait concourir la vie inter-sociale, c'est-à-dire la vie de l'humanité dans toute son ampleur, à son développement interne.

Le sentiment de la foule et même l'opinion raisonnée s'entendent, comme nous l'avons dit, pour envisager chaque nation comme un tout, absolument indépendant de son milieu, et « sans fenêtre » sur l'extérieur comme la monade leibnitzienne. Les frontières politiques marqueraient les bornes de ces petits univers indépendants et juxtaposés, se suffisant pleinement à eux-mêmes. Et les nations, ces faisceaux d'humanité qu'a lentement constitués l'histoire, vivraient côte à côte, sans liens nécessaires, tantôt se ruant l'une sur l'autre, tantôt paraissant s'ignorer mutuellement, comme les hôtes du chenil ou de l'étable. C'est à cette croyance naïve que s'oppose la bio-sociologie, qui nous montre que les corps sociaux, pas plus que les individus, ne peuvent être conçus comme in-solidaires, que tout agrégat humain est en rapport nécessaire avec un plus vaste agrégat qui est l'humanité, et que dans la vie sociale comme dans la vie naturelle, la partie est liée au tout, en un mot que *tout est lié*. Tout en affirmant l'individualité profonde de la cité, l'unité et la liberté nationales, elle nous fait entrevoir une solidarité inter-nationale exerçant sa fonction normale et jouant son rôle nécessaire dans la vie de tous les corps sociaux, qu'elle embrasse.

Il est une série de relations au-delà des frontières dont la conception vulgaire du nationalisme a conscience, il est vrai : les relations commerciales ou diplomatiques, par exemple. Bien que ces rapports entrent en ligne de compte dans l'ensemble de la solidarité inter-nationale, ils n'en constituent, à vrai dire, qu'une très minime partie. Les liens que nous envisageons sont d'une toute autre nature et d'une toute autre importance. Il s'agit dans notre conception, d'une solidarité qui intéresse non seulement, tel intérêt particulier, ou telle fonction de l'organisme national, mais cet organisme lui-même dans sa totalité et *dans son individualité propre*. Ce n'est pas à la constatation banale d'un échange industriel entre deux infimes parcelles de groupes sociaux différents que nous voulons conclure, mais à la positive inter-dépendance, pour ainsi dire, cosmique, de ces agrégats de matière vivante et pensante que l'on nomme nations modernes.

La même objection que les partisans de l'égotisme étroit et stérile opposent à la solidarité sociale, sert aux défenseurs du nationalisme exclusif et impénétrable, et c'est l'argument vulgaire, vulgairement compris : pour être fort, il faut rester soi. Mais alors, qu'est-ce que *soi*? peut-on demander. Est-ce un bloc inerte et permanent, qui peut se conserver dans son état d'origine à travers les vicissitudes du devenir, que diminue tout contact et qu'altère toute influence? Ou serait-ce au contraire un organisme en mouvement, incessamment soumis au renouvellement cellulaire avec toutes ses conséquences, modifié par les milieux qu'il traverse, lié aux vicissitudes qui l'entourent? La première opinion ne peut plus être sérieusement soutenue aujourd'hui, tandis que la seconde s'est affirmée. Ce n'est pas une dégradation qu'engendre cette plasticité de l'organisme animal ou national, mais au contraire une amélioration. Ce qui est individuel, ce qui est profondément et inaliénablement *soi*, loin de sombrer dans ces incessantes modifications, se fortifie et s'élargit, l'originel demeure, en s'imprégnant de la vitalité que lui déverse le monde, en transformant tout ce qui réagit sur lui, suivant le propre rythme de sa personnalité. Les organismes puissants se fortifient dans la lutte et dans l'union ; et si les faibles y sont engloutis, cela n'est pas pour infirmer l'avis que nous défendons. La cité qui se contraindrait à vivre de nos jours à l'abri de toute influence et de tout contact ne pourrait que végéter. Ou bien elle serait absorbée par les cités voisines, ou bien tellement distancée que son infériorité éclaterait aussitôt. Il en serait d'elle comme de l'ascète dont les sens et l'intelligence demeurent fermés aux actions qui l'entourent.

S'il s'agit d'une nation en décadence, il est évident que la vie du dehors s'imposera chez elle aux dépens de sa personnalité. C'est la loi commune et bienfaisante que les caducs disparaissent devant les forts. Un corps social en faiblesse définitive peut tenter de s'isoler pour reprendre conscience de lui-même ou se laisser peu à peu envahir par les forces du dehors : dans les deux cas, son existence est condamnée. Il doit disparaître pour faire place aux races plus saines. S'il s'agit au contraire d'un peuple possédant encore en lui-même des forces vitales suffisantes pour jouer un rôle dans le monde, les vents du large peuvent souffler sur lui, sans venir à bout de le détruire. Seuls les caducs sont annihilés ; les forts au contraire tirent de tout ce qui les entoure des germes de force nouvelle et font servir le monde extérieur au renouvellement de leur propre personnalité.

A d'autres, l'admission loyale des éléments extérieurs paraît pratiquement impossible. « Vous ne ferez jamais que des éléments hétérogènes se combinent, nous disent-ils ; il ne faut attendre aucune fécondité du contact de races ou d'individus tout à fait divergents. » Mais les races les plus distantes l'une de l'autre par leur histoire, leur passé, leur situation, leurs mœurs n'ont-elles pas un caractère commun, qui les relie malgré tout, celui d'humanité ? Et du contact de groupes profondément distincts ne peut-il donc jaillir d'imprévues floraisons ? L'expérience journalière répond affirmativement. Le libre accord ne détruit jamais la personnalité, elle l'enrichit au contraire de sentiments nouveaux, qui sommeillent dans l'individu et dans la collectivité, prêts à s'éveiller au souffle du dehors. « Il ne faudrait pas confondre l'internationalisme avec l'antinationalisme, a-t-on répondu très justement aux sectaires du nationalisme (1)..... Un avenir où la vie de l'individu, la vie des groupes, la vie des peuples serait d'autant plus intense qu'elle serait plus libre ; mais où, en même temps, chaque manifestation individuelle se sentirait solidaire de la vie de son groupe, et de la vie de l'humanité, mais où voyez-vous là quelque chose d'incompatible avec les

(1) M. R. Maurin. *Internationalisme ou Antinationalisme*. (*La Paix par le droit* Avril 1897).

principes de 1789, ou que l'histoire contredise ? »

L'inter-nationalisme n'est autre chose pour la cité que le complément de sa vie intra-organique, sa nécessaire vie extérieure, c'est-à-dire la condition de sa pleine existence. A ceux qui nous affirment : La cité est un tout, donc elle se suffit à elle-même, nous répondons : Evidemment, la cité est un tout. Mais l'individu aussi est un tout; et l'individu se suffit-il à lui-même, s'il veut vivre et non végéter ? Le globe terrestre aussi est un tout, si l'on veut ; mais n'est-il pas lié à un système planétaire, et pourrait-il vivre sa vie, si le secours des autres astres venait à lui manquer ? Le « tout », dans l'acception courante, est donc à la fois *tout et partie*.

Il nous faut du reste préciser le sens que nous entendons donner à cette expression de solidarité inter-nationale. Si l'on y voit une fusion complète des corps sociaux en une seule nation, la nation humaine, si l'on envisage les affinités d'individus et de groupes sous la forme d'un collectivisme universel, il est naturel que cette expression paraisse absurde ; mais il s'agit de toute autre chose. Solidarité inter-nationale ne signifie pas alliance, fusion, ni même — pour l'instant — fédération, mais uniquement, *lien entre les parties correspondantes de chacun des corps sociaux*, liens d'individus ou de groupes, politiquement étrangers, mais humainement solidaires, par le fait même de leur existence, de leurs désirs, de leurs actions, de leur idéal,

de leurs besoins ou de leur nature, conservant
non seulement leur personnalité, mais celle du
groupe social auquel ils appartiennent, et *en
plus* vivant de cette part de la vie générale de
l'humanité qui les affecte plus spécialement.
Ce n'est pas une alliance universelle par voie
diplomatique que je préconise, — car y songer
même un instant serait absurde à force d'irréalité
— mais une entente par voie cordiale entre
les éléments homogènes épars dans le monde,
en dehors de toute participation gouvernementale. Un comité d'hommes politiques se formait
récemment en Angleterre pour tenter d'établir
une « entente cordiale » avec la France. Cette
pensée n'a rencontré qu'un médiocre enthousiasme de l'un et de l'autre côté de la Manche.
Même s'il en avait été autrement, la réalisation
d'une « entente cordiale » conçue sur de telles
bases, ne pouvait être qu'une duperie, car les
agissements de la politique courante nous ont
mis en garde contre l'efficacité de semblables
accords. Entre deux nations alliées politiquement, il n'y a ni entente profonde ni solidarité
cordiale ; il n'y a que le superficiel parallélisme
d'intérêts spéciaux et momentanés, celui de
deux voyageurs qui suivent la même route
durant quelques heures pour se protéger plus
efficacement contre le péril, mais qui n'ont pas
forcément de liens réels entre leurs deux existences, étant peut-être intérieurement ennemis
l'un de l'autre sans le savoir, ou même le
sachant. Les rapprochements gouvernementaux

ne réalisent qu'en une proportion minime ce que j'appelle la solidarité inter-nationale; seuls, l'accord libre, l'alliance intime, peuvent déterminer dans l'humanité de vastes courants de sympathie.

II

L'inter-dépendance des corps sociaux est cependant un phénomène d'une réalité frappante. Il faut être dépourvu de toute faculté de vision synthétique et se cloîtrer dans sa demeure, pour ne pas reconnaître que des millions de liens de toute nature rapprochent les groupes d'humanité en un tout, qui, pour un regard extra-terrestre, dominant une étendue plus vaste que celle de notre minuscule planète, apparaîtrait étroitement uni. L'important est de se placer pour un moment au point de vue de l'ensemble humain et de se départir de ces jugements particularistes, indispensables lorsque l'objet d'analyse n'est qu'un fragment isolé de son milieu, mais qui deviennent dangereux lorsque l'horizon d'étude s'élargit. Il ne s'agit pas seulement d'isoler et de fractionner, il faut encore relier et unifier. C'est alors que les caractères communs de l'espèce apparaissent clairement au-dessus de ses différences de races, de groupes, de peuples et d'individus.

Considérons dans leur expression ces liens d'humanité. Ils sont de sortes très différentes ; aussi sommes-nous forcés, pour les étudier, de les diviser en trois groupes évidemment artificiels, mais indispensables pour la netteté de l'exposition. Notons tout d'abord que l'existence, chez tout peuple civilisé d'un *Foreign Office*, ou Ministère des Affaires étrangères, est une confirmation du fait de l'inter-dépendance des corps sociaux modernes. Mais empressons-nous d'ajouter que les relations inter-nationales de cabinets à chancelleries ne constituent qu'une très faible part de cette solidarité dont nous allons envisager quelques-uns des éléments. Ce sont des rapports d'une très différente sorte qui nous intéressent surtout ici.

Il existe, à première vue, entre les nations ce que nous nommerons des *liens matériels*, se subdivisant en une multitude d'éléments. Les rapports commerciaux et industriels notamment, sont, de nos jours, aussi indispensables à la vie quotidienne que l'air respirable ; « bloquer » l'une des nations du monde moderne, ce serait amener sa perte à brève échéance. La division du travail et la différenciation de plus en plus complexe des fonctions ont créé entre les groupes humains des relations matérielles de plus en plus indispensables. La cité antique — à son origine du moins — se suffisait à elle-même et ses relations commerciales avec l'étranger se bornaient à un minimum d'objets de nécessité secondaire ; la cité moderne, dont les besoins se sont immensément accrus, dépend du monde entier. Le commerce et l'industrie ne connaissent pas de frontières, pas plus que le télégraphe, le chemin de fer ou la banque, et ce perpétuel entrecroisement d'affaires, sillonnant la surface entière du globe est une affirmation quotidienne d'inter-dépendance. On sait combien sont solidaires les marchés financiers et industriels, de quelle importance est le transit maritime, quel chiffre énorme de voyageurs transportent les express internationaux, le nombre des communications postales qui s'échangent entre tous pays ; il est évident que ces financiers, ces industriels, ces voyageurs de terre et de mer, ces correspondants, s'ils sont d'esprit clairvoyant et libres de préjugés, doivent posséder du nationalisme, une conception toute autre que celle de l'homme solitaire, borné au cercle minuscule de son activité locale: Ce qu'on nomme « Exposition universelle » n'est que la consécration de ce fait, que les « industrieux » envisagent le monde comme un vaste champ d'activité, dont les divisions politiques ne peuvent rompre l'unité.

Quelque soit l'importance de ces rapports matériels, celle des *liens intellectuels* de cité à cité, la dépasse à nos yeux. Voyez quelle signification profonde est enclose dans ce simple fait de la constitution d'une *Association internationale des travailleurs* en 1864. Des hommes de tous pays ont pensé : « Nous, travailleurs, de nationalités différentes, dans le but de défendre nos droits, qui sont semblables, malgré la diversité de nos origines, nous nous *unissons* par dessus les frontières, pour témoigner de l'unité de nos intérêts et créer une solidarité qui nous est nécessaire. » C'est un lien d'humanité partielle qu'ils ont établi, non pour dénouer le faisceau que constitue chacune de leurs nationalités, mais pour renforcer leur individualité, à l'expansion de laquelle la solidarité du seul corps social n'a pas suffi. « L'Internationale ! écrit Elisée Reclus. Depuis la découverte de l'Amérique et la circumnavigation de la Terre, nul fait n'eut plus d'importance dans l'histoire des hommes. Colomb, Magellan, El Cano avaient constaté, les premiers, l'unité matérielle de la terre, mais la future unité normale que désiraient les philosophes n'eut un commencement de réalisation qu'au jour où des travailleurs anglais, français, allemands, oubliant la différence d'origine et se comprenant les uns les autres malgré la diversité du langage, se réunirent pour ne former qu'une seule et même nation, au mépris de tous les gouvernements respectifs. » (1)

C'est dans le même but que furent instituées tant d'autres associations permanentes ou temporaires dont le principe se résume toujours en ceci : constituer un groupe autour d'une idée par dela les groupements nationaux. Je ne suis pas avec ceux qui considèrent ces libres rapports

---

(1) Elisée Reclus. *L'Evolution, la Révolution et l'Idéal anarchique.*

comme un attentat aux nationalités. J'y vois au contraire un élargissement de conscience chez les individus qui les créent.

Quoi de plus sacré que le lien qui unit étroitement les hommes d'élite à travers l'espace ? Le génie est l'allié naturel du génie. Comment le savant ne pourrait-il se sentir solidaire du savant, attaché aux mêmes problèmes, conduit par le même espoir spirituel ? Le philosophe ne se sent-il pas frère du philosophe, qui scrute le même monde et les mêmes abîmes de vie ? Les meilleurs et les plus pénétrants parmi les hommes font une large place dans leurs cœurs à tout ce que l'humanité contient de vrai et de beau ; et le sentiment de leur petite patrie d'origine ne peut leur voiler l'unité du monde. Nous devons saluer d'un regard de profonde sympathie et d'espoir ce que l'on nomme les congrès internationaux. Malgré leurs défauts d'organisation en général et la futilité de leurs travaux parfois, j'ai toujours pensé qu'ils pouvaient engendrer d'immenses bienfaits pour le monde. Le fait de la réunion cordiale d'hommes supérieurs de tous pays autour d'une question ou d'une idée, contient en lui-même une vertu inappréciable, dont l'influence ne peut pas ne pas se faire sentir. Les nations qui se solidarisent visiblement dans leurs élites ne peuvent prétendre à l'isolement.

Il existe une autre espèce de liens entre les peuples que nous pourrions qualifier de *liens animiques*. Au dessus des antipathies, des rivalités, des haines, au tréfonds des cœurs, il y a évidemment une sympathie naturelle d'homme à homme, ordinairement inconsciente et inaperçue, mais qui parfois s'épanouit de la sorte la plus inattendue. C'est lorsque se concluent ces accords imprévus que l'on éprouve toute la virtualité d'expansion que peut contenir un être humain. N'est-elle pas significative cette expression d' « humanité », appliquée communément à cette sympathie sans borne que nous manifestons parfois devant la faiblesse ou le malheur ? Les désirs de l'âme humaine sont naturellement universels. Qui empêchera les nœuds de l'amitié ou de l'amour de se former par delà les territoires, entre ennemis politiques et même entre belligérants ? Aucune loi ni aucune volonté, répond l'histoire. Et en effet, si l'on regarde au fond des choses, tous les hommes de bien sont inconsciemment ou consciemment solidaires, et les coquins, les brutes et les hypocrites toujours isolés, c'est-à-dire en perpétuelle menace de conflits. « Ceux qui recherchent le bien, aurait dit Antisthène, sont amis les uns des autres. » Rien de plus juste, en effet. Le but vital de l'homme, pris dans l'ensemble, étant au fond semblable à celui de son voisin, il est naturel que les chemins qu'ils parcourent pour y atteindre soient parallèles et parfois confondus. Malgré l'individualité bien nette des idéaux nationaux et la diversité des rôles que les peuples sont destinés à jouer dans l'histoire, il y a au fond de leurs efforts et de leurs luttes une identique aspiration vers un état meilleur, une commune recherche de plus de force et de plus d'équilibre. Au dessus des évolutions nationales plane un destin collectif d'humanité. N'est-ce pas une prescience de cette vérité qui nous fait employer ces expressions servant à désigner les groupements plus larges que les groupements nationaux : « monde oriental », « monde latin », « monde européen » ? De même qu'il existe une sorte d'idéal commun aux races, il existe dans le monde un idéal d'humanité, commun à l'espèce et englobant sans les confondre, ceux des nationalités.

L'opinion vulgaire est inconsciente de ces accords. L'« étranger », pour elle, demeure l'ennemi ; et si deux individus de nationalité différente se conduisent humainement l'un vers l'autre, c'est-à-dire sympathisent, elle ne laisse pas d'en être profondément étonnée..... Pour la majorité compacte, la cité moderne est encore la cité antique, exclusive et farouche. Si quelqu'un pris au hasard, considère une nation, il ne voit que les caractères à peu près communs à tous les individus qui la composent, les ressemblances entre les membres du groupe ; mais il ne tiendra pas compte des divergences, qui existent nombreuses et profondes. Si, d'autre part, il envisage l'ensemble des nationalités, seules les divergences d'individus de nations différentes lui apparaîtront, tandis que les ressemblances entre les mêmes individus lui échapperont. Comment voulez-vous que son jugement soit équitable s'il méconnaît une moitié des éléments en jeu ? Assurément il y a ressemblance entre les membres d'un même corps social, et divergence entre les membres de corps sociaux différents ; mais il y a également divergence entre les premiers et ressemblance entre les seconds. Si l'on ne veut pas fausser le résultat d'une pareille observation, il faut respecter la réalité. La véritable vie sociale pour l'individu consiste en un juste équilibre entre ses affinités nationales et ses affinités humaines. Si cet équilibre n'existe pas, l'individu ne peut prétendre à une juste place dans l'ensemble de la vie sociale. On peut encore dire dans la même pensée, que le nationalisme qui a pour âme la patrie, et l'inter-nationalisme, qui a pour âme l'humanité, doivent s'identifier, non seulement dans l'esprit de l'individu, mais encore dans la réalité de leur propre vie.

On le voit, les partisans de l'égotisme national ne prouvent que leur ignorance de la psychologie humaine et sociale. Contre la réalité de ces multiples liens qui tendent à rapprocher les groupes épars de l'humanité, que peuvent leurs étroites conceptions ? Peu de chose, si ce n'est répandre l'erreur et semer le péril. Mais comme les propagateurs de l'égotisme sont nombreux, l'opinion publique en est imprégnée. Il faut une propagande aussi active au service d'idées plus larges et plus vraies, si l'on veut un jour que la solidarité prenne la place de l'ignorance et de la haine réciproques. L'organisation de la cité est certes une besogne sacrée, dont il serait puéril de contester l'importance; mais cependant un jour viendra où il faudra bien s'apercevoir qu'une autre besogne, dont dépend la première, est celle de l'*organisation de l'humanité*.

III

Ce qui fait la grandeur de cette conception moderne de l'inter-nationalisme, c'est qu'elle se rattache à la conception naissante d'un univers *où tout est lié*.

Quelques-uns ont voulu voir dans cette conception une menace de mort des individualités. Ils n'ont pas compris que cette transformation devait au contraire centupler leur puissance.

La solidarité cellulaire est-elle une cause d'infériorité pour l'individu physique? La solidarité nationale, justement comprise, entrave-t-elle l'élan de l'individu moral? A cette double question la science répond : mille fois non ! Pourquoi dès lors, l'avènement de la solidarité humaine engendrerait-il le déclin des nationalités? Je le demande, car il ne faut pas se contenter de l'opinion courante, toujours fausse, puisqu'elle prend racine dans le passé : il faut se mettre, pour juger, au point de vue de l'ensemble, si peu étendu que soit le champ de notre vision mentale. Alors que partout dans la nature, nous constatons de jour en jour plus de cohésion, plus de liens et d'inter-dépendance, plus d'harmonies et de correspondances, comment pourrait-on nous faire croire que dans cette partie de la nature qu'est l'humanité, il existe de place en place des « cloisons étanches », à l'abri de toute infiltration, et que chacun des groupes qui composent cette humanité se développe au moyen de ses seules forces, sans le concours plus ou moins conscient, plus ou moins actif, des éléments du dehors ? De même qu'à la vie organique se superpose la vie sociale ou hyper-organique, à la vie sociale se superpose une autre vie que nous pourrions appeler hyper-sociale, et qui n'est peut-être que la *vie humaine*, au sens plein du mot.

L'évolution profonde qui est en train d'élargir jusqu'à des limites encore incalculables le champ devenu trop étroit de nos conceptions traditionnelles, bouleversera inévitablement l'idée coutumière du nationalisme. Cet espoir d'une compréhension nouvelle de la vie sociale et intersociale est inscrite dès maintenant parmi les questions que la prochaine synthèse s'efforcera d'embrasser, sinon de résoudre. Aussi n'ai-je tenté, dans les pages qui précèdent, qu'un vague relevé de ce terrain fécond et presque vierge, où d'autres que moi pousseront des reconnaissances de plus en plus hardies, afin d'y ouvrir un jour de larges avenues pour la traversée commune.

N'est-ce pas un sentiment apparenté au nôtre, qu'exprimait récemment un jeune sociologue d'esprit rigoureux et d'intuition profonde, lorsqu'il écrivait ces mots : « L'humanité entre dans la phase organique. Des sentiments, des croyances, des concepts nouveaux vont germer et converger. Une conscience collective autre va s'affirmer intensément. Pendant cette période, l'homme se sentira en communion avec l'homme pour reconstituer, avec une solidarité plus grande des éléments et une complexité plus riche de l'ensemble, tout ce qui était épars, dissous ; pour, aussi, harmoniser ce qui était antagonique » ? (1)

Ce que j'ai voulu mettre en lumière, c'est le fait de la montée à travers les consciences, d'un sentiment nouveau, celui de la solidarité humaine, toujours écrasé par l'idée mal comprise de patrie. En revendiquant le droit à l'existence de ce sentiment, je n'ai fait qu'appliquer à la philosophie sociale, la doctrine nouvelle et universelle de la solidarité.

La science a découvert la loi de la lutte pour la vie. Il existe parallèlement une entente pour la vie, dont il reste à déchiffrer les lois. Et cette entente, c'est la solidarité humaine, intime et puissante, s'exerçant invinciblement en face des hypocrisies et des crimes de la politique internationale, au delà des « diplomates perfides et des conquérants grossiers (2) » ; c'est la poignée de main loyale au-dessus des basses et louches intrigues de la vie politique vulgaire.

(1) George Deherme : *Socialisme et Sociologie*. (Revue naturiste, nov. 1897.)
(2) Gustave Geffroy.

SE CONNAITRE

L'ÉGOTISME NATIONAL
ET LA CONNAISSANCE DE L'ÉTRANGER

La France est, par nature, une personne contente d'elle-même. Loin de moi, l'idée de lui faire un reproche de cette heureuse faculté, dont elle tire une grande part de son charme aux yeux des hommes. Cependant il est impossible de ne pas constater que cette imperturbable confiance en soi n'est pas sans quelque danger, lorsqu'elle confine à l'aveuglement absolu.

Une aussi énergique assurance ne peut provenir que de deux causes ; soit de la connaissance approfondie de sa valeur et de sa force, soit de l'ignorance complète de son état réel. Il faut bien l'avouer, l'inébranlable optimisme national dont la France offre le spectacle, provient surtout de son ignorance hardie de sa propre situation. Elle ne se connait pas, d'où l'inconscience sereine dont elle se pare. Son avenir lui parait trop assuré, son passé trop imposant, sa renommée trop retentissante pour qu'elle conçoive une inquiétude sérieuse. Son admiration d'elle-même est trop vive pour qu'elle s'abandonne au souci vulgaire de s'examiner : elle est la France, et cela lui suffit, le mot pouvant bien suppléer à la chose.

D'où peut venir ce singulier état d'âme de la nation française, cette inépuisable insouciance, cette ignorance de soi? Il provient, je crois, de ce fait que la France *ne voit qu'elle-même dans le monde,* et qu'il lui est, dès lors, impossible de se juger, suivant la réalité; manquant de points de comparaison, elle s'illusionne jusqu'à se croire d'une manière permanente et, pour ainsi dire, cosmique, à la tête de la civilisation et de l'humanité.

**
* **

La France ne se compare pas : telle est la raison de son insousiance. Pour se juger exactement, il faut se voir dans l'ensemble du monde, et la France ne voit qu'elle-même. Il lui semble qu'elle est à la fois la France et le monde, ou plutôt que le monde se borne à la suivre et à l'imiter.

Il suffit de constater son attitude d'orgueilleuse indifférence vis-à-vis de l'étranger, pour comprendre son instinctif dédain de tout ce qui n'est pas elle. Gabriele d'Annunzio faisait un jour cet aveu naïf et typique à un rédacteur du *New-York Herald :* « Je suis un pur Latin et chez tout individu de race différente j'aperçois un côté barbare. » Le Français dirait volontiers, lui aussi : « Je suis un pur Français, et tout ce qui n'est pas semblable à moi m'apparaît inférieur. » C'est l'inverse, on le voit, de la parole du personnage de Térence : *Homo sum*..... L'individualisme national exclusif paraît être la plus forte vertu du Français qui, de bonne foi, se croit généralement d'une essence plus pure que les vulgaires humains. Il y aurait là, suivant son intime sentiment, une sorte de prédestination divine ou fatale, que nulle force humaine ne pourra contrarier. Dès lors pourquoi s'inquiéter de la pensée, de l'industrie, de la science, de la littérature, de l'art qui se manifestent à l'étranger, puisque la pensée française, l'industrie française, la science française, la littérature française, l'art français sont nécessairement et à priori supérieur ? Pourquoi se soucier des autres nations du globe, puisque la France est la nation par excellence ? Pourquoi se comparer, lorsqu'on se sait d'avance supérieur ? J'ai recueilli dans cet ordre d'idées une opinion, que je considère comme infiniment précieuse et qu'il eut été cruel d'abandonner à l'oubli : c'est celle d'un directeur d'institution qui, dans un discours de distribution de prix, parlant de l'enseignement des langues vivantes, prétendait avec un bel accent de conviction patriotique, que leur étude était d'un mince intérêt pour la France, attendu *qu'elle avait tout à perdre et rien à gagner en étudiant les œuvres étrangères ! !* Ne les trouvez-vous pas savoureuses, ces naïves paroles, dans la bouche d'un homme chargé de diriger l'instruction de plusieurs centaines d'enfants ? Si l'orateur les eut prononcées un drapeau à la main, l'effet eut été plus complet encore sur son auditoire ; telles qu'elles furent dites néanmoins, elles m'ont extraordinairement frappé. « Réjouissons-nous ! Nous sommes la France ! L'évolution du monde pourrait s'accomplir en dehors de nous, sans troubler un instant la sérénité de notre optimisme. Qu'importent les vains efforts de nos voisins ! Pourront-ils faire que nous ne soyons pas la France, que nous ne soyons pas la conscience du monde ? » C'est avec des paroles aussi françaises qu'on se console d'ignorer ce qui s'accomplit au dehors.

Cette horreur instinctive de la France pour tout ce qui vient de l'étranger se synthétise dans une conception du nationalisme couramment pratiquée sous nos yeux. Si cette conception possède un mérite, c'est bien celui d'être dénuée de toute complication. Elle peut se résumer en cette brève formule : « Vive la France ! A bas l'étranger ! » On ne peut pas imaginer quelque chose de plus simple : c'est le criterium des criterium, grâce auquel vous pouvez juger tout ce qui existe sur le globe. Et cette conception n'est pas seulement possédée par les brutes du trottoir ou du journal, pour lesquelles les hurlements tiennent lieu d'arguments ; elle est partagée par un grand nombre de ceux qui prétendent penser. Nous avons vu de ces intellectuels fameux nous rappeler au devoir patriotique, lorsque nous paraissions pris d'une velléité de regarder par dessus les murailles nationales pour voir ce que pouvait bien faire le voisin. Ces austères apôtres du « moi » social nous ont fait rougir de la tiédeur de notre égotisme. A les entendre nous ne serions presque que de vulgaires humains, non plus des Français dignes de ce nom, c'est-à-dire des fils de la race élue. Il nous a fallu un certain courage pour reconnaître, après un court examen, que ces farouches nationaux n'étaient au fond que des charlatans, de ceux qui amènent fatalement la ruine d'un peuple, quand il se laisse prendre à leurs pitreries.

Il est donc bien naturel que la France s'ignore, de gaieté de cœur, puisqu'elle croit de sa dignité de se refuser à toute comparaison. Perdue dans son rêve de suprématie, au milieu des nuages d'encens dont elle s'entoure, « l'âme idéaliste de la France », pour répéter une expression typique récemment employée à la tribune de la Chambre, ne laisse apercevoir qu'une pitié dédaigneuse à l'égard des « barbares » qui avoisinent son territoire sacré. Il y a bien là-bas dans la brume, rangés autour de son trône, une île qui s'appelle l'Angleterre, une vaste contrée qui s'appelle l'Allemagne, de petits lopins de terre comme la Suisse, la Belgique, la Hollande, le Danemark, des territoires entassés au centre de l'Europe, par delà les mers une informe agglomération humaine, les

Etats-Unis d'Amérique, plus loin une terre sauvage nommée Australie, d'autres contrées encore : mais quelque soit leur vie, leur originalité, leur valeur, leur population, leur avenir, leur richesse, ce ne sont là, après tout, que des pays vulgaires, sans gloire, sans tradition, sans lumière, sans culture. Que peuvent-ils signifier auprès du peuple-élu, du peuple-chef dont le nom seul est un symbole de victoire et d'éclat ? Et la France s'énorgueillit du silence qu'elle se donne comme réponse à sa propre interrogation.

*
* *

A ce point de vue, il y a en France, — naturellement en dehors des exceptions (sans lesquelles un pays ne saurait subsister) — deux espèces d'opinions.

La première est pratiquée par une foule de paisibles citoyens, à célébration lente et restreinte, ancrés dans un optimisme national atavique qui ne leur permet pas de douter un seul instant de la supériorité de la mère-patrie sur toute nation passée, présente ou future, supériorité pour eux indubitable, inébranlable, indiscutable, historique et légendaire, écrasante, immuable, inscrutable autant qu'un dogme ou qu'une loi de nature existant de toute éternité. Cette sorte d'esprits inamovibles constitue le gros de l'opinion. Si vous insinuez timidement devant l'un d'eux, que l'étranger « a du bon » à certains égard, que diverses pratiques sont supérieures aux nôtres au delà de nos frontières, que la France n'exerce peut-être plus toute sa suprématie d'antan dans toutes les branches de l'activité humaine, vous avez des chances pour paraître ou scélérat ou imbécile. Il est inutile que vous invoquiez des faits, que vous établissiez des comparaisons : les faits n'ont rien à voir avec les idées conçues a priori et aucune comparaison ne peut valoir une vérité supérieure transmise par les siècles, un dogme aussi essentiel que celui de la suprématie de la France. Il faut croire que cette première opinion est basée sur une foi intense, puisque les événements les plus terribles, ceux d'il y a vingt-sept ans, par exemple, n'ont pu réussir à l'ébranler. La France a pu être vaincue, il n'en est pas moins vrai qu'elle était la plus forte. La flatterie nationale qui est un art pratiqué chez nous avec une dextérité au-dessus de tout éloge, emploie d'ailleurs toutes ses ressources à entretenir cette croyance.

La seconde opinion est celle des penseurs de plus large envergure, de ceux qui passent pour appartenir à l'élite. Ceux-là ont voyagé, lu, médité, ils se sont fait une opinion personnelle. Ils ont pu constater qu'il y avait quelque chose de pourri dans le beau pays de France, et ils l'avouent parfois. Mais en même temps que la vérité se fait jour en eux, la fierté gauloise qui fait partie de leur existence intime, justement émue de cette aube de conscience dangereuse pour elle et ne pouvant consentir à perdre un pouce de terrain qu'elle occupe dans le cœur de tout Français, se redresse avec énergie, pour faire entendre sa voix toute puissante au-dessus des appels de la réalité. Et il arrive finalement ceci, que la parcelle de vérité qui avait germé dans l'esprit de l'homme d'élite disparaît bientôt sous l'instinctive poussée de nationalisme et d'optimisme légendaire, inséparables du nom de Français. Je trouve un merveilleux exemple de cette sorte d'opinion dans le spirituel article d'un publiciste en vogue intitulé : *Notre Pays* (1). L'auteur, prenant texte des déclarations pessimistes de ceux qui se déclarent « inquiets des signes d'épuisement trop visibles » que présente notre pays, se propose de démontrer que ce pessimisme est tout à fait hors de saison. « Sommes-nous si malades ? » se demande-t-il ; est-il vrai que la France ait perdu sa situation dans le monde ? Rien n'est plus faux. « Lisez pendant une semaine le *Standard*, la *Tribuna* et le *Berliner Tagblatt*, vous trouverez plus d'une fois la preuve de ce que je dis là... Sur le point des relations avec l'étranger, ne croyez donc point les décourageurs. » C'est donc à l'intérieur uniquement que réside le mal. « Le péril est chez nous. Le malaise est en nous. Ici ont raison les avertisseurs. » Je me permetterai tout d'abord d'exprimer l'étonnement que fait naître en moi cette constatation,

---

(1) M. Marcel Prevost (*Journal*, 14 juin 1897).

faisant suite à la précédente. Je ne m'explique pas comment un organisme malade intérieurement peut être sain à l'extérieur ; s'il apparaît tel, cette santé ne peut être qu'une illusion de la part des spectateurs du dehors. Donc l'âme est en péril « Alors que faire ? » se demande l'auteur. Oh ! une chose bien simple. Il faut changer quelques institutions..... « Tout bon esprit ne sait-il pas que notre système d'héritage est néfaste ? que notre organisation administrative est ruineuse ? Voilà deux points sur lesquels, en dehors de la politique des partis, des législateurs pourraient peut-être s'entendre... *Quand on pense qu'il suffirait de quelques séances d'une Chambre patriote pour faire cette œuvre-là...* » Ainsi nous voilà rassurés et renseignés. Le mal dont nous souffrons est léger puisque, quelques jours suffiraient pour en parachever la guérison. Changeons quelques institutions et ne parlons plus de décadence, d'aveulissement ; laissons là toutes ces vilaines choses et réjouissons-nous, puisque la France est toujours la France. Qui avait pu en douter d'ailleurs, si ce n'est de mauvais esprits, indignes d'appartenir à la nation généreuse ?

Un exemple récent tendrait à prouver cependant que des lueurs de conscience peuvent à certains moments jaillir de cervelles bien françaises. Voici trois textes qui ont été écrits presque simultanément, sous l'empire de la même impression pourrait-on dire, et qui semblent révéler de la part de leurs auteurs, une certaine tendance momentanée à l'esprit de comparaison et au sentiment de la réalité. On remarquera que les trois hommes dont je vais citer l'opinion représentent des nuances différentes du plus pur sentiment français.

Le premier est M. Jules Lemaître, l'ironiste bien connu, qui n'a pas craint de prononcer les paroles suivantes : « ......Ce qui ressort de cet exposé (1) aussi convaincant que lamentable, c'est l'immense supériorité sociale, politique, commerciale, industrielle, financière et morale de la race anglo-saxonne ; et *c'est notre faiblesse, notre misère, notre néant*. Car la supériorité de nos vaudevillistes et de nos cuisiniers ne nous sauvera pas (2)... » Et après avoir énuméré les changements radicaux que nous devons opérer chez nous, pour parvenir au niveau des peuples anglo-saxons, M. Jules Lemaître ajoute : « *Il faudrait changer notre âme.* »

A son tour, M. François Coppée qui s'est toujours fait le champion du sentimentalisme chauvin en notre pays, a exprimé vers la même époque, de non moins étranges sentiments : « En lisant, dans les journaux, le compte-rendu des imposantes cérémonies du Jubilé, à Londres, et surtout la description des formidables forces navales passées en revue par le prince de Galles, à Spithead, *mon vieux cœur de Français et de Latin a été comblé de tristesse*. Devant tant de

---

(1) Il s'agit du livre de M. Edmond Demolins : *A quoi tient la supériorité des Anglo-Saxons*.
(2) *Le Figaro*, juin 1897.

grandeur et de prospérité, *je me suis surpris à faire, malgré moi, de douloureuses* COMPARAISONS... (1) » L'aveu est net, bien que plus loin, pour pallier sans doute le mauvais effet produit sur le lecteur par son aveu naïf de mélancolie, M. François Coppée s'empresse de constater que « la France, pourtant, ne se porte pas trop mal, *grâce au ciel !* » Sa conclusion est également typique : « Pourtant, après ces fêtes où vient de se manifester, avec tant d'éclat, la force nationale de nos voisins, je ne puis m'empêcher de songer bien tristement aux luttes stériles qui nous épuisent, aux périls extérieurs qui nous menacent; *et j'ai frissonné, en me demandant avec angoisse si, dans mes veines de Latin, je ne sentais pas couler le poison de la décadence.* »

Voici enfin mon troisième texte dû à M. Gaston Deschamps, l'un des représentants les plus en vue de la critique académique et traditionnelle. Il est extrait d'une étude consacrée à ce même livre de M. Demolins qui inspira les phrases citées plus haut à M. Jules Lemaître. « Il s'agit de savoir, en définitive, écrit M. Gaston Deschamps, *si, dans quelques années, il y aura encore une France digne du passé, et non pas une république sud-américaine...* » La conclusion de cette étude me paraît surtout saisissante : « Cette verte mercuriale ne peut que profiter au bien public. Il faut écouter cette voix bourrue, interrompant tout à coup le vacarme de nos caboti-

(1) *Le Journal*, 1ᵉʳ juillet 1897.

nages et détournant notre attention de tous les amusements burlesques, de tous les divertissements « bien parisiens » auxquels nous avons voué un culte absurde. *Il faut nous résigner aux trouble-fête, si nous ne voulons pas avoir besoin, à brève échéance, d'un syndic de faillite* (1). »

Voilà donc trois publicistes français, d'une influence incontestée, considérés par l'opinion publique comme de bonne foi, et tous trois d'esprit essentiellement français, qui n'ont pas hésité à écrire, dans des journaux tels que le *Figaro*, le *Journal* et le *Temps*, les mots de « misère », de « décadence » et de « faillite » s'appliquant à la société française actuelle. Il y a là évidemment un symptôme. Si des paroles aussi graves avaient été prononcées par tels autres écrivains de réputation moins assise, il est évident qu'elles auraient passé pour de puériles exagérations. Il faut que la réalité soit bien écrasante pour qu'elle ait pu un instant dominer l'intense sentiment nationaliste épanoui au cœur de ces trois hommes. Des faits semblables tendraient à prouver que l'inconscience n'est pas nécessairement en France permanente et universelle, et, qu'un jour, il se trouvera peut-être quelqu'un pour faire entendre le cri d'alarme rédempteur.

Ce qui est douloureux à constater, c'est le peu d'effet produit par les avertissements sur la conscience française. Je sais bien qu'il y a

---

(1) *Le Temps*, 11 juillet 1897.

quelque dilettantisme et quelque littérature dans les phrases pessimistes que nous venons de citer, et que leurs auteurs ne sont peut-être aussi persuadés qu'ils en ont l'air. Néanmoins je trouve quelque peu stupéfiante l'attitude du Français, qui écoute les « trouble-fête », hoche la tête en signe d'approbation, semble se ranger de leur avis, et en même temps conserve au fond de lui-même le plus inaltérable sentiment de sécurité nationale. Il faut lui supposer une conformation particulière de son être intime, pour qu'il puisse concilier le sentiment de sa faiblesse et celle de sa supériorité, la conscience de sa médiocrité et celle de sa prospérité. Vous pouvez lui dire que la nation à laquelle il appartient est en butte aux plus graves périls, qu'elle doit reprendre conscience, sans tarder, de sa situation exacte, qu'il faut lui appliquer un remède puissant : vous rencontrerez son assentiment, au moins partiel, mais n'espérez pas troubler de cette façon son être intime. Il a pu vous approuver, lorsque vous citiez des faits irrécusables, mais vous ne parviendrez pas à lui arracher ce sentiment que la France est, par sa nature même, la nation supérieure, immortelle, et qu'en dépit des prophètes de malheur, sa victoire finale est inscrite là-haut, dans le livre des décrets célestes. C'est là une hallucination d'ordre spécial, qui engendre les plus sublimes héroïsmes comme les plus montrueuses stupidités ; c'est le mépris de la réalité au profit de l'idéal, poussé jusqu'à ses limites extrêmes.

Quel résultat voulez-vous obtenir en présence d'un pareil idéalisme ? L'opinion du Français est immuable, lorsqu'il s'agit de sa patrie. Il marcherait aux abîmes, le sourire sur les lèvres, les yeux levés au ciel, persuadé qu'il suit la voix triomphale de la victoire et que la terre entière s'incline sur son passage. Alors même qu'un léger nuage d'inquiétude voilerait son front, le premier cri de « Vive la France ! » poussé par un gamin dans la rue, le dissiperait comme par enchantement. Les conditions d'existence de la société française peuvent subir les transformations les plus radicales, sans que ce sentiment inné de la supériorité essentielle et indépendante de toute réalité, de la France sur le monde, puisse en être altéré.

Quelques « bons esprits » penseront sans doute que l'optimisme, lorsqu'il atteint ce degré, prend un autre nom, et que le brusque éveil de la conscience française, somnolente et souriante, pourrait se produire un jour, lorsque toute possibilité de conjurer le péril aura disparu. La réalité stupidement méconnue se ménage tôt ou tard des revanches formidables qui rendent impossible, pour longtemps et quelquefois pour toujours, la pratique exclusive de l'idéalisme en matière nationale.

*
* *

Pour parer aux tragiques surprises que pourrait amener cet opiniâtre optimisme, il n'y a qu'un moyen : *se connaître*. Apprendre quel est sa situation exacte vis-à-vis de l'ensemble du monde, rejeter brutalement l'idéalisme et la flatterie pour s'inonder de réalité.

J'emprunte à la *Gazette Nationale* de Berlin un fragment d'un article publié il y a près de vingt ans, en réponse au discours de réception de Renan à l'Académie Française. Ce texte, je voudrais le voir gravé en lettres énormes au fronton de tous les édifices français, appris par cœur dans toutes les écoles, inscrit en épigraphe en tête de tous nos discours politiques.

Le voici, dans sa suggestive simplicité :

« Les nations de l'Europe sont engagées dans une lutte de rivalité sans trêve; quiconque ne marche pas en avant sera aussitôt devancé. Toute nation qui pense à s'endormir sur les lauriers acquis est, dès cet instant, condamnée à la décadence et à la mort. Voilà la vérité, qu'une nation telle que la nation française peut ou doit apprendre à se laisser dire. Mais il lui faut pour cela des hommes sérieux et non des flatteurs... Nous considérons avant tout comme notre véritable ami celui qui nous apprend à nous garder de *ce que nous craignons le plus au monde :* LE VAGUE VIDE ET L'APPRÉCIATION INSUFFISANTE DE NOS CONCURRENTS DANS LE DOMAINE MATÉRIEL ET INTELLECTUEL. *Nous en connaissons par expérience les conséquences inévitables* ». (1). Que signifient ces paroles mémorables? Elles signifient que l'unique voie de salut pour la

---

(1) Fragment cité par E. Zola : *Le Roman expérimental.*

France est dans l'étude méthodique, approfondie, impartiale de l'étranger, en vue de se comparer aux autres contrées du globe. Quand nous saurons exactement ce que nous sommes, quel est notre état positif, ce que nous possédons et ce qui nous manque, il est impossible que nous ne consacrions pas toutes nos forces à nous guérir et à reconquérir le terrain perdu. Connaître son mal sans tromperie et sans faiblessse, c'est presque y remédier déjà ; être conscient, c'est vouloir persévérer dans son être. Les malades qui se croient sains n'ont aucune chance de survivre à un mal qu'ils ignorent ; ceux qui connaissent le mal dont ils sont atteints, font appel au médecin et guérissent, si la maladie n'est pas incurable.

Il s'agit donc pour la France *d'acquérir une exacte connaissance de l'étranger*. C'est à ce labeur qu'elle doit consacrer la part d'énergie qu'elle déploie dans la défense de principes « nationalistes » absurdes et trompeurs. Ce champ ouvert à toutes les investigations, il lui importe absolument de le défricher.

La tâche la plus importante, à cet égard, consiste peut-être dans l'étude des penseurs et des écrivains étrangers. Il faut remonter aux sources mêmes, c'est-à-dire aux écrits des philosophes, des penseurs religieux ou politiques, des historiens et des poètes, si l'on veut pénétrer la vie des peuples. Lire les textes étrangers, les traduire et les commenter, voilà ce qui importe au premier chef. Hugo, de sa vision pénétrante, a parfaitement caractérisé dans une page de son *William Shakespeare*, l'importance des traductions en même temps que l'hostilité du patriotisme vulgaire envers les productions intellectuelles du dehors : « Une traduction est presque toujours regardée tout d'abord par le peuple à qui on la donne comme une violation qu'on lui fait. *Le goût bourgeois résiste à l'esprit universel.* Traduire un poète étranger, c'est accroître la poésie nationale ; cet accroissement déplaît à ceux auxquels il profite. C'est du moins le commencement ; le premier mouvement est la révolte. Une langue dans laquelle on transvase de la sorte un autre idiome fait ce qu'elle peut pour refuser. Elle en sera fortifiée plus tard, en attendant elle s'indigne. Cette saveur nouvelle lui répugne. Ces locutions insolites, ces tours inattendus, cette irruption sauvage de figures inconnues, tout cela, c'est de l'invasion. Que va devenir sa littérature à elle ? Quelle idée a-t-on de venir lui mêler dans le sang cette substance des autres peuples ? C'est de la poésie en excès. Il y a là abus d'images, profusion de métaphores, violation des frontières, introduction forcée du goût cosmopolite dans le goût local. Est-ce grec ? c'est grossier. Est-ce anglais ? c'est barbare. Apreté ici, âcreté là. Et, si intelligente que soit la nation qu'on veut enrichir, elle s'indigne... »

La connaissance des langues étrangères est d'une nécessité vitale, puisqu'elle seule nous permet de pénétrer les écrivains et les peuples. Après la lecture des textes, l'étude directe de la vie étrangère est indispensable. Lire, c'est beaucoup, mais rien ne remplace la vision oculaire. Il faut être en présence des faits, de la réalité elle-même, pour comprendre intégralement. Les voyages à travers les livres ne produisent que des résultats restreints sans les voyages à travers les peuples. Le voyage est une illumination; c'est en revenant des pays étrangers que nous prenons conscience de notre propre pays. Il est indispensable de consacrer à ce soin plusieurs années de notre vie, si nous la voulons consciente et digne d'être vécue.

Il nous faudrait un office permanent d'enquêtes sur toutes les branches de l'activité humaine, pour connaître à fond la vie politique et sociale des autres peuples, leurs expériences, leurs pratiques, leurs fautes, leurs succès, leurs innovations; leurs découvertes et leurs applications scientifiques; leur administration, leur industrie, leur production, leur commerce; leur art et leurs traditions; en un mot leur existence exacte. On l'a dit déjà, et je me bornerai ici à reproduire ce passage d'un toast porté par un directeur d'Ecole Normale, M. Steeg, à un banquet de la Société pour la propagation des langues étrangères : « Aujourd'hui, à moins de s'enfermer dans sa coquille de vieux Français et de s'entourer d'une véritable muraille de Chine, construite par les maçons du dehors et par ceux du dedans, si l'on veut réussir, il est bon d'apprendre les langues étrangères. On *apprend les langues étrangères* pour *apprendre les peuples étrangers.*

Le temps des grandes naïvetés est passé, et il est grand temps d'étudier *les causes de la grandeur et de la faiblesse des autres peuples*; il faut apprendre aussi à connaître les dessous des choses ».

Tant que nous n'aurons pas acquis cette connaissance des peuples étrangers, nous ne nous connaîtrons pas nous-mêmes. Tant que nous pourrons nous croire les enfants d'une race privilégiée, notre inconscience s'épanouira. Seuls, des faits précis et des comparaisons nettes peuvent nous détourner de cette voie dont les fleurs enivrantes nous masquent les fondrières. « Aujourd'hui, a-t-on dit il y a près de vingt ans et pouvons-nous répéter aujourd'hui, nous avons besoin de *la virilité du vrai* pour être glorieux dans l'avenir comme nous l'avons été dans le passé ». (1) Lorsque nous saurons, sans contestation possible, ce qui se pratique à l'étranger, il est impossible que notre vie nationale ne se transforme pas. L'idéalisme devra bien céder devant la réalité. Si on nous prouve par des chiffres et par des faits officiels que nous sommes inférieurs sur tels points, il nous sera désormais impossible, à moins de folie complète, de prétendre à la supériorité universelle et providentielle. C'est pour cela qu'il faut se résigner à cette besogne, servile peut-être mais indispensable, qui consiste à étudier le fait et à publier le résultat de cette enquête.

---

(1) E. Zola. *Le Roman expérimental*.

※
※ ※

« L'insouciance des Français (dans le service de guerre) témoigne de leur légèreté si connue. *Ils se laissent facilement surprendre.* » Cette amère parole de de Moltke, (en élargissant son application), vaut d'être méditée. Qui ne se connaît pas se laisse, en effet, facilement surprendre.

« Une sorte d'inconscience funeste a égaré, a déprimé notre âme nationale », (1) a-t-on dit chez nous. « Et nous ne nous apercevons pas, ajoute M. Demolins, que pendant ce temps, le monde marche et qu'il marche sans nous » (2). L'inconscience, si elle se perpétue, est l'inévitable prélude des désastres, la vanité nationale n'étant pas toujours une suffisante sauvegarde. Le « nationalisme », tel qu'il est généralement compris en France, ne peut aboutir qu'à la défaite et à la ruine, parce qu'il est basé sur une tromperie, et qu'il ne peut que propager cette inconscience formidable dont nous sommes paralysés. Il faut avant tout savoir si on est fort ou faible, et dans ce dernier cas, savoir pourquoi, afin d'y remédier.

Quand une nation est parvenue au point où est la France à la veille du vingtième siècle, deux alternatives se présentent : continuer à se croire vigoureuse, lorsque la maladie la dévore, et par conséquent se résigner à la ruine finale,

---

(1) *Journal des Débats*, 22 novembre 1897.
(2) *A quoi tient la supériorité des Anglo-Saxons.*

brève ou lente, à un rôle de plus en plus médiocre dans le monde ; ou bien se réveiller brusquement de sa léthargie, mesurer d'un coup d'œil toute l'étendue du mal, et appeler à soi toute son énergie pour se guérir. La France semble encore posséder en elle des ressources suffisantes pour prendre ce dernier parti ; il est temps toutefois qu'elle se décide, car le manque de décision équivaut lui-même à la ruine. Le tressaut d'énergie nécessaire pour déterminer une nouvelle orientation ne surgira, en tous cas, que de la reconnaissance brutale de son état, comparé à celui des autres puissances.

On a pu écrire, non sans justesse, ces mots ironiques : « Raisonner est le dernier acte auquel se résout un Français » (1). Malgré les jugements pessimistes que peuvent nous inspirer les spectacles de l'heure présente, il n'est peut-être pas absolument vain d'espérer, si nous surprenons sous la plume d'un patriote aussi avancé que M. P. Foncin, l'auteur des Géographies scolaires, d'aussi véridiques paroles : « Si nous voulons, nous, Français, conserver une place dans le monde et résister aux flots anglo-saxon, allemand, américain, russe, qui menacent de nous submerger, nous, notre commerce, notre industrie, notre agriculture, notre richesse, notre race, notre influence politique et intellectuelle, il faut, par un vigoureux effort, *sortir de nous-mêmes*..... »

---

(1) M. Henry Loyret.

L'ARBITRAGE ET L'ÉLITE

L'épanouissement du sens d'humanité et de solidarité au sein des nations modernes a produit ce résultat indiscutablement grand : la fondation d'un droit international. L'avènement du « droit des gens », du « droit naturel des nations », en tant que science positive, marque l'un des plus gigantesques pas en avant qu'ait accompli le monde.

D'où est sorti ce nouveau droit ? Depuis la plus lointaine antiquité, la cité possédait un droit destiné à régler par la justice, substituée à la violence, les différends entre concitoyens. A l'aube des temps modernes, lorsque l'esprit humain vint à prendre conscience de l'inter-dépendance des peuples, l'idée qu'il pouvait peut-être y avoir une justice, présidant aux rapports inter-nationaux, et par conséquent un droit dont ressortiraient les conflits entre « grands êtres » sociaux, germa dans les cerveaux d'élite. Puisque l'idée de la justice dominait la vie sociale, ne serait-elle pas destinée à régir également la vie inter-sociale ? *Le jus civile* ne supposait-il pas un *jus inter gentes*? « Quelle a été à l'origine l'évolution normale des rapports entre les individus? écrit un juriste auxquel nous allons avoir amplement recours. Ils ont commencé par régler tous leurs différends par la force, puis, quand ils se sont aperçus qu'un fort trouvait toujours un plus fort que lui, et que la bataille était un jeu de dupes qu'ont-ils fait? Se sont-ils réunis en Parlement pour voter des lois? Nullement, l'histoire nous enseigne qu'un juge a été institué pour décider entre eux, suivant l'équité d'abord, puis la coutume, et enfin la loi écrite, qui a été le produit d'une civilisation déjà formée. Pourquoi cette évolution serait-elle anormale pour les nations qui auraient l'heureuse idée de vouloir civiliser leur rapports? » C'est de cette déduction — ou plutôt de cette intuition, puisque la bio-sociologie était encore loin d'être fondée — que les premiers théoriciens du *jus inter gentes* ont tiré l'idée d'un droit international, qui n'est au fond qu'une extension du rôle de la justice dans le monde civilisé.

*
* *

J'emprunte à un remarquable discours de M. Mérillon, avocat général à la Cour d'appel de Paris, les éléments de l'aperçu qui va suivre sur la lente genèse de l'idée de justice appliquée aux relations inter-sociales (1); ce discours a le

(1) M. Mérillon. *Du réglement juridique des Conflits internationaux (Gazette des Tribunaux,* 20-21 octobre 1897).

mérite d'être un excellent résumé de la question et je n'y ajouterai que quelques détails complémentaires.

On peut trouver un embryon de l'idée d'arbitrage inter-national dans les Amphictyonies grecques, bien que ces tribunaux n'aient étendu leur juridiction que sur le monde hellénique. Mais le monde antique « fermé », sans lien réel avec l'en-dehors, ne pouvait adopter une conception qui suppose admise la solidarité entre nations et « la plus large des communautés. » Il semble qu'Henri IV, à l'aurore du monde moderne, conçut le premier l'idée d'une juridiction dont les Etats de l'Europe auraient à invoquer l'autorité, pour régler leurs conflits. On sait combien ce projet était à cœur au roi et à son ministre Sully. L'Europe devait avoir pour les affaires internationales « un Sénat européen, chargé de prévenir toute rupture et de régler les différends entre les peuples. » Cette cour suprême, « conseil général des Etats de l'Europe, composé de soixantes députés siégeant dans une des grandes villes du Rhin, eut été chargé de connaître toutes les querelles entre Etats (1). » Le rêve du roi politique se précisa chez le juriconsulte hollandais Grotius, l'un des fondateurs de la philosophie du droit. Son grand traité *Sur le droit de la paix et de la guerre* (1625), traduit dans toutes langues, apparait comme le premier « code du droit interna-

---

(1) Henri Vast. *Histoire de l'Europe.*

tional ». Grotius établit « qu'il y a *un droit naturel des nations fondé sur l'instinct de sociabilité* ». « C'est à lui qu'il faut attribuer l'honneur d'avoir le premier émis la grande pensée humanitaire d'une commission de tous les peuples s'entendant pour proscrire la guerre. » La science du droit international existait désormais encore humble et restreinte, mais contenant en germe toutes les larges idées de l'avenir.

L'idée fit fortune au xviii° siècle : l'abbé de Saint-Pierre, Leibnitz, Volney, Condorcet, J.-J. Rousseau, Turgot, Smith, Jérémie Bentham, Kant, Fichte la reprirent pour leur compte, la popularisèrent et l'approfondirent. La Révolution la consacra, et Anacharsis Cloots, le gentilhomme prussien qui se prit d'une si forte passion pour la France révolutionnaire, la rendit éclatante.

Le xix° siècle a commencé la réalisation de la grande idée dont les siècles précédents, n'avaient, en somme, tracé que l'ébauche. « La pratique de l'arbitrage, qui est la reconnaissance formelle et l'entrée triomphante du droit dans la politique internationale » date de ce siècle. Les progrès y furent rapides, et de nos jours, il existe un mouvement d'opinion et d'étude considérable en faveur du règlement juridique des conflits inter-nationaux. On compte dans le monde près de cent cinquante sociétés, environ quarante revues dont les études convergent vers cet objectif. Des livres nombreux, des congrès annuels étudient la question sous toutes ses faces, des hommes éminents de tous pays, de l'ancien et du nouveau monde, s'y sont consacrés, et il est fort probable que des résultats importants ne tarderont pas à éclore.

La fondation de l'*Institut de Droit international*, « dont l'œuvre est immense », marque une étape décisive dans le travail d'élaboration d'une juridiction internationale. M. Arthur Desjardins, vice-président de cet Institut, a récemment donné communication à l'Académie des sciences morales et politiques d'une notice sur sa genèse, son organisation et ses travaux, d'où il ressort que la pensée de se fondation est due à M. Rolin-Jaequemyns. Ayant comme but la « réunion intime d'un groupe restreint d'hommes déjà connus dans la science du droit international, par leurs écrits ou par leurs actes, et appartenant, autant que possible, aux pays les plus divers », M. Rolin-Jaequemyns réunit des partisans et leur communiqua, en 1873, son projet de fonder un « Institut, *indépendant de tout lien officiel*, qui servirait d'organe à l'opinion juridique du monde civilisé en matière de droit international. Il projetait également d'inscrire en tête du programme de l'Institut « la *codification* de ce droit ». « Il est une autre tâche, ajoutait le promoteur de l'entreprise, concrète et accidentelle, à laquelle l'Institut pourra s'appliquer lorsque les circonstances le permettront et le conseilleront. Ce sera celle d'étudier et d'élucider les questions de droit international dont les évènements actuels rendront la solution nécessaire. Sans doute il y a un grand nombre de ces questions auxquelles se mêle un intérêt politique, national ou autre, qui tend à les obscurcir. Cependant les plus complexes ont leur côté juridique, que l'on peut aspirer à mettre en lumière. » Onze jurisconsultes de Hollande, de Russie, d'Allemagne, de la République Argentine, des Etats-Unis, de Belgique, d'Ecosse, d'Italie et de Suisse répondirent à son appel et se réunirent à Gand la même année ; ce fut la première session. Suivant les statuts, « l'Institut choisit ses membres parmi les hommes de diverses nations qui ont rendu des services au droit international, dans le domaine de la théorie ou de la pratique » ; on prend soin qu'aucune nationalité n'occupe une position prépondérante dans l'assemblée.

Il est impossible de méconnaître l'importance de l'œuvre entreprise par l'Institut de droit international, et parmi les nombreuses sociétés qui ont inscrit l'arbitrage en tête de leur programme, il occupe, sans conteste, le premier rang, par l'importance et l'autorité de ses travaux.

*
* *

Le rêve des juristes et des philosophes, depuis Grotius jusqu'à la Révolution, s'est réalisé puisque l'arbitrage est entré dans la pratique du xixe siècle, qui en compte une centaine. Je cite encore M. Mérillon qui donne d'intéressants détails à ce sujet : « Pendant que l'idée s'affirmait ainsi, son application devenait de jour en jour plus fréquente et plus accentuée. Il faut reconnaître que c'est en Amérique surtout que l'on constate les plus sérieux progrès, sur un terrain assurément plus favorable. De nombreuses conventions étaient établies depuis 1857 entre les divers Etats des deux Amériques pour stipuler d'avance le règlement pacifique des conflits ; en octobre 1889, dix-huit Etats envoyèrent leurs représentants à Washington étudier un plan d'arbitrage définitif. De cette conférence terminée en 1890, est sorti le traité d'arbitrage permanent international qui est aujourd'hui la règle du droit public américain. En Europe, aucune convention générale de cette nature n'a encore abouti ; mais, dans les traités entre nations, à l'exemple de l'Italie, la clause compromissoire, de plus en plus fréquente, est devenue presque d'usage. On la trouve pour la première fois chez nous, en 1888, avec un caractère général est permanent, dans un traité avec l'Equateur..... Le 9 juillet 1884, une Union était constituée entre onze Etats pour la protection de la propriété industrielle ; deux ans après à Berne, dix grands Etats d'Europe organisaient l'Union internationale pour la propriété littéraire et artistique, *avec un bureau commun*, chaque Etat assurant, par ses lois et ses tribunaux intérieurs, la répression des infractions. La convention de Berne du 14 octobre 1890 a réglé tout ce qui touche aux transports internationaux *avec un office central, Tribunal arbitral* chargé de prononcer des sentences sur les litiges entre les chemins de fer. La convention postale de Berne de 1874, complétée et améliorée dans des conférences postérieures, crée une Union postale universelle constituant *un véritable code*; en cas de litige entre deux pays, un arbitrage international décide..... Si l'on ajoute à ces grands traités l'immense quantité de conventions relatives à l'hygiène publique, à l'extradition des criminels, aux relations commerciales, à la faillite, aux successions, aux abordages, à la situation juridique des étrangers, aux monnaies, aux poids et mesures, et qu'on considère les mille difficultés que provoque leur exécution, on est obligé de reconnaître que le monde entier enserré dans les liens innombrables qu'ont tressés sur lui les relations chaque jour plus étendues des peuples, forme lui-même un vaste Etat, où le droit existe, où la loi s'impose, et qui réclame impérieusement une juridiction commune pour ses intérêts communs. »

Ajoutons à cette brève nomenclature, un exemple tout récent et fort typique. A la suite d'un différend qui s'était élevé entre l'Angleterre et la Belgique au sujet de l'expulsion d'un citoyen anglais du territoire belge, M. Arthur Desjardins, vice-président de l'Institut de droit international, vient d'être sollicité par les deux gouvernements de résoudre ce différend par un arbitrage. Ce fait et ceux qui précèdent prouvent indubitablement que l'idée d'arbitrage, entrevue depuis des siècles par des penseurs d'avant-garde, s'est réellement incarnée dans la pratique, et qu'il est impossible de ne pas prévoir le progressif épanouissement de ses applications.

La conception de l'arbitrage accidentel et particularisé devait fatalement se transformer pour aboutir à une autre conception moins précaire et d'une application plus générale. M. Kamarowsky, professeur à l'Université de Moscou, a résumé cette dernière dans un livre remarquable où il préconise l'adoption d'une *juridiction internationale permanente et facultative*. « La tâche du Tribunal arbitral et permanent, dans la sphère internationale, écrit l'auteur, consiste précisément à implanter graduellement et à développer chez les peuples, le sentiment de la nécessité de recourir au droit, lorsqu'il s'agit de régler leurs dissentiments. » C'est l'entrée de l'arbitrage dans sa phase de plénitude.

L'« Union interparlementaire » se constitua en 1888 en vue de parvenir à la constitution de cette cour permanente d'arbitrage. « Que ne pourront pas, a dit M. Frédéric Passy, pour éclairer des points obscurs, pour dissiper des malentendus, pour calmer des alarmes exagérées et sans fondement, pour apaiser des irritations passagères, pour faire pénétrer enfin dans les sphères parlementaires et gouvernementales elles-mêmes un esprit de modération, de sagesse et d'équité, *ces hommes choisis parmi les meilleurs, les mieux informés, les plus écoutés de leurs contrées respectives* et obligés par le mandat qu'ils ont reçus, comme ils l'étaient déjà par leurs sentiments communs, de rester en relations les uns avec les autres et de se tenir au courant des faits et de l'opinion ? » Le but exact de l'« Union » c'est, suivant la formule de M. Descamps, la constitution d'« une juridiction volontaire internationale, un Tribunal libre au sein des Etats indépendants ». La cour suprême qui s'occuperait en temps ordinaire des affaires courantes de droit international, jugerait également « les difficultés de frontières, les graves questions de droit public, et même les affaires d'honneur que les nations seraient bientôt amenés à lui soumettre par une irrésistible progression. »

Comme conséquence de ce vœu, la Chambre des Représentants de Belgique vient d'adopter à l'unanimité un ordre du jour « affirmant le désir de voir confier à l'arbitrage la solution des conflits internationaux et organiser à cet effet une juridiction permanente » ; et le Sénat belge vient également de voter une motion affirmant son espoir dans la contribution du gouvernement à la formation d'une cour internationale.

※
※ ※

Ce qui constitue, à notre avis, l'importance de cet élargissement du droit au delà des frontières, c'est qu'il marque la substitution des hommes de science et de pensée aux politiques et aux gouvernements, pour la résolution des hauts problèmes qui divisent l'humanité. C'est là le fait significatif, le fait grandiose, dirais-je même. Quelque humble et restreinte que soit actuellement la pratique de l'arbitrage, elle n'en existe pas moins, affirmant cette vérité, qui va s'imposant chaque jour davantage, qu'il appartient aux cerveaux conscients de juger en dernier ressort, en dehors des nationalités. Que cela soit une grande chose, il n'est pas permis d'en douter, car véritablement les grands hommes doivent conduire le monde.

Il me semble toutefois que le vœu de constitution d'une cour d'arbitrage, telle qu'il est généralement présenté, n'apparaît point avec toute la force qu'il devrait présenter. C'est que les promoteurs, pour atteindre leur but grandiose, ont proposé des moyens trop restreints et que leur œuvre en demeure comme paralysée. Remettre le sort du monde entre les mains de quelques jurisconsultes, c'est assurément provoquer un résultat de justice et d'humanité supérieur à celui qui est obtenu coutumièrement du fait des politiques et des gouvernements, mais ce n'est pas là un idéal qui ne puisse être dépassé. Quelle que soit sa science et son indépendance, le pur homme de droit pourra manquer de cette largeur d'esprit, qui est indispensable pour remplir cette fonction suprême.

Pour moi — et c'est à cette observation que je veux en venir, — il est une sorte d'hommes qui me semblent tout désignés pour assumer d'aussi hautes fonctions : *l'élite*, la vraie et forte élite, dans chaque nation. Non plus les jurisconsultes professionnels, mais les quelques hommes supérieurement conscients et géniaux que possède chaque nation, philosophes, poètes et savants. C'est avec leur concours que l'arbitrage acquèrerait un sens éclatant et universel. Où trouver une plus authentique juridiction ? N'est-ce point précisément le rôle des élites de trancher les questions générales ? Les hommes d'élite ne sont-ils point les *représentants* réels des peuples ? Ce sont eux qui enfantent la pensée du monde, et ce sont eux qui devraient donner leur avis sur les questions générales qui divisent les nations. C'est je crois, à l'avènement d'une juridiction de ce genre, seule véritablement suprême, que devraient travailler les partisans de l'arbitrage.

Quelles garanties de justice et d'humanité en présenteraient pas un Tolstoï, un Zola, un Hœckel, un Elisée Reclus, un Bœrnson, pris comme arbitres ? Et parmi les morts, de quelle autorité auraient été empreintes les décisions prises en commun par un Lamartine, un Carlyle, un Michelet, un Emerson, un Hugo ! Aucun de ceux-là n'aurait refusé et ne refuserait, je pense, de remplir une fonction, qui serait l'aboutissement naturel et pratique de son existence. Ils considèreraient sans orgueil, comme leur devoir, l'acte de donner leur avis en ces matières. Car s'ils ont la pensée, ce serait l'*acte*, au sens plein du terme. On objectera peut-être que la compétence juridique leur ferait généralement défaut.

Mais pour débattre les hautes questions qui leur seraient soumises, ne suffit-il pas d'un cerveau puissant, d'un sens profond de justice et d'humanité ? La science proprement juridique est ici secondaire ; et s'il en était besoin, on pourrait leur adjoindre des jurisconsultes.

De même que le Sacré-Collège Romain dont les membres appartiennent à toutes les nations, parle au nom de la Catholicité, au-dessus des patries, cette assemblée des *representative men* de chaque peuple parlerait au nom de l'humanité au-dessus des territoires.

Il est impossible de ne pas entrevoir les bienfaits qu'engendrerait pour le monde l'avènement d'une telle juridiction. Je n'envisage pas seulement le fait de la résolution selon la justice et en dehors du pouvoir politique, des conflits internationaux, fait en lui-même considérable, mais de plus larges résultats encore. Aucun événement ne pourrait démontrer plus pleinement combien profonde est la *solidarité des élites*, c'est-à-dire l'alliance intime et vivace des éléments supérieurs de chaque groupe humain. Le spectacle de la réunion d'hommes illustres, venant apporter chacun à l'œuvre commune leur part de pensée et d'humanité, serait en lui-même d'une incomparable fécondité. Chacun d'eux représentant une race, un groupe, une nation, les races, les groupes, les nations ne se sentiraient-ils pas solidaires dans la fraternisation de leurs élites ? Le monde prendrait alors conscience de son unité. Et ce serait l'acheminement fatal vers une refonte complète de nos conceptions coutumières et néfastes de peuples et de patries. Ce serait un pas immense et décisif dans la voie de l'affranchissement individuel, vers un avenir d'humanité.

III

LA VIE RELIGIEUSE

UN SYMBOLE

Pour la seconde fois depuis le vote néfaste du vingt-quatre juillet 1873, la Chambre est appelée à donner son avis sur la désaffectation, réclamée par quelques-uns de ses membres, de la Basilique du Sacré-Cœur. La question peut paraître, à première vue, étroite et purement sectaire, mais en présence de la réaction romaine qui s'accentue de jour en jour, elle n'en est pas moins au fond d'une importance capitale, d'une poignante actualité.

Il ne s'agit pas d'enlever un édifice au culte catholique, mais de soustraire la France à l'emprise sacerdotale et papiste, a l'autorité soucieuse de conserver sa proie de consciences et de vies. Comme on va le voir, la question s'élargit.

Il s'agit cette fois de savoir définitivement si la France de 1898 se considère toujours comme la fille aînée de l'Eglise, ou au contraire si elle se suffit à elle-même pour se créer sa foi et son idéal; il s'agit de savoir si le vote qui prosterne aux pieds du Saint-Père la France repentante et gémissante de ses péchés, doit faire plus longtemps obstacle à l'effort spontané des meilleurs vers l'indépendance et la conscience. Papisme ou libre pensée, telle est l'alternative encore une fois posée : il serait temps de se décider pour l'un ou pour l'autre, si l'on veut éviter dans l'avenir des malentendus dont la gravité s'affirme de jour en jour.

Rappelons brièvement les origines du « Vœu national » dont la Basilique constitue la réalisation.

Au cours des vicissitudes de l'invasion et de la Commune, quelques âmes chrétiennes appartenant au clergé ou y touchant de près, en présence d'une si épouvantable succession de troubles et de déroutes, sentant le sol de la patrie chavirer sous leurs pas, eurent l'inspiration dont sont saisis, en pareille circonstance, les fidèles de toutes les religions. Loin de puiser au fond d'eux-mêmes les forces nécessaires pour résister à l'anéantissement, et de ne chercher que dans la virilité purement humaine le remède nécessaire aux désastres, ils s'en remirent à la pitié infinie de leur Dieu et firent un vœu. Ce vœu émané tout d'abord de quelques-uns, plus tard collectif, contenait la promesse de l'érection d'un temple au Sacré-Cœur de Jésus, s'il daignait suspendre le flot de sa colère déchaîné sur les Francs, depuis trop longtemps impies et rebelles à sa voix.

Telle est l'origine du « Vœu »; il émane de consciences sombrées dans le péril atroce du moment, épouvantées de l'avenir gros de nuages et de sang, n'osant se faire une idée du futur, se demandant même parfois si les races n'allaient pas être englouties dans quelque universelle conflagration. Il n'y avait plus d'espoir qu'en Dieu, en présence des maux de la terre. De là cet appel de l'homme épouvanté des injustices terrestres à la justice céleste.

Le vingt-neuf janvier 1871 la *Semaine liturgique* de Poitiers publiait le « Vœu au Sacré-Cœur de Jésus pour obtenir la délivrance du Souverain Pontife et celle de la France ». Le projet, pris en main par les Jésuites, groupa de suite un certain nombre d'adhérents. Lorsqu'il parut présenter assez de surface, il fut soumis à l'archevêque de Paris qui, un an plus tard, l'approuva officiellement et en prit même la direction. Le vœu subit entre les mains de l'archevêque Guibert une modification dans son principe même : de conditionnel il devint absolu, c'est-à-dire qu'il gardait toujours son caractère d'absolue remise en Dieu de tous les espoirs chrétiens, mais il perdait en même temps cette apparence de marchandage qu'il contenait au début.

C'est alors que la formule du « Vœu » fut rédigée en son entier par l'archevêque, revue ensuite par le pape lui-même, telle qu'elle subsiste aujourd'hui.

La voici dans toute son éloquence: qu'on en retienne les termes pour les comparer tout à l'heure à ceux du document, officiel celui-là, que je citerai :

« En présence des malheurs qui désolent la

« France, et des malheurs plus grands peut-être
« qui la menacent encore ;

« *En présence des attentats sacrilèges commis à*
« *Rome contre les droits de l'Eglise et du Saint-*
« *Siège, et contre la personne sacrée du Vicaire*
« *de Jésus-Christ ;*

« Nous nous humilions devant Dieu et, réu-
« nissant dans notre amour l'Eglise et notre
« Patrie, nous reconnaissons que nous avons
« été coupables et justement châtiés.

« Et pour faire amende honorable de nos pé-
« chés et obtenir de l'infinie miséricorde du Sacré-
« Cœur de Jésus-Christ le pardon de nos fautes,
« ainsi que les secours extraordinaires *qui peu-*
« *vent seuls délivrer le Souverain Pontife de sa*
« *captivité* et faire cesser les malheurs de la
« France, nous promettons de contribuer à
« l'érection à Paris d'un sanctuaire dédié au
« Sacré-Cœur de Jésus. »

Il n'y a là nulle équivoque possible : le document est nettement catholique et incontestablement papiste. Si l'on y adhère on fait implicitement acte de foi au Christ et au Saint-Siège. Quant à cette alliance dans la formule — alliance verbale que nous retrouverons d'ailleurs souvent — de la France et de l'Eglise, nous dirons plus loin ce que nous en pensons.

Après l'approbation chaleureuse du pape, l'archevêque voulut obtenir l'adhésion officielle de l'Etat.

Voici dans quels termes, au cours d'une lettre en date du cinq mars 1873, l'archevêque de Paris présenta la demande au ministre des cultes, M. Jules Simon :

« La loi que je sollicite aurait donc ce double objet :

« 1° D'approuver la proposition faite par l'ar-
« chevêque de Paris d'ériger sur la colline de
« Montmartre en un point déterminé après une
« enquête, un temple destiné à appeler sur la
« France la protection et la bonté divines ;

« 2· D'autoriser l'archevêque à acquérir, tant
« en son nom qu'au nom de ses successeurs, les
« terrains nécessaires, à l'amiable et, s'il y a lieu,
« par voie d'expropriation, après déclaration
« d'*utilité publique*, à la charge par lui de payer
« le prix d'acquisition des terrains et les frais
« de construction de l'édifice, avec les ressources
« mises ou à mettre à sa disposition par la piété
« des fidèles. »

Il est inutile, je pense, de faire remarquer la profonde habileté et la prudence d'expression de cette requête, qui cache, sous son apparente modestie, le piège où allait se prendre l'Assemblée nationale. Je ferais seulement remarquer que non seulement, dans la loi que sollicite l'archevêque, il n'est plus question du Sacré-Cœur ni du Saint-Siège, mais que le « Vœu national » lui-même, origine et fond de la demande, en est totalement absent.

Le rapporteur du projet à la Chambre fut M. Keller, qui ne dissimula pas la sympathie qu'il lui inspirait et engagea vivement la Chambre à l'adopter. La discussion vint, le vingt-deux juillet 1873, devant l'Assemblée. La droite et le centre étaient décidés à sanctionner l'audacieuse demande, la trouvant parfaitement conforme à leurs principes, et de plus du patriotisme le plus généreux et le plus élevé, ce qui devait rallier tous les suffrages.

Il y eut peu d'orateurs pour défendre la cause, en ce jour chancelante, de la libre pensée, de la dignité humaine, avant tout, de l'indépendance absolue de l'Etat vis-à-vis de l'Eglise. Ceux qui, en petit nombre, prirent la parole en ce sens manquaient de perspicacité, et pas un n'attaqua la question de fond, clairement et vigoureusement.

M. de Pressensé opposa des arguments généraux qui, certes, auraient été suffisants devant une représentation nationale plus indépendante que celle qui siégeait alors, mais qui n'eurent pas d'effet.

— « Une Assemblée nationale, disait-il, est
« une assemblée laïque qui traite de choses po-
« litiques, lesquelles seules sont soumises à la
« loi de la majorité... Quel que soit le trouble
« que nos malheurs aient amené dans l'esprit
« français, on ne verra pas, non, on ne verra
« pas, quatre-vingts ans après la Révolution de
« 1789, une assemblée politique représentant
« tous les citoyens, consacrer, pour sa part, le
« pays à une dévotion aussi particulière et aussi
« discutée. »

Ce ne furent, malgré leur solidité, ni les arguments juridiques de M. Bertault prouvant que l'on allait faire subir une entorse formelle au droit, et que le domaine public ecclésiastique n'existait plus depuis 1817, ni l'énergie de M. Tolain qui, après avoir longtemps discuté la valeur du culte du Sacré-Cœur, et devant les explosions de colère que cette sacrilège dissection du viscère divin provoqua sur les bancs de la droite, ne put qu'ajouter : « S'il était permis, « s'il était possible de caractériser d'un mot la « ligne politique que vous suivez, — je dirais « que c'est la ligne politique des Jésuites et de « Loyola ! » — ce ne furent, dis-je, ni ces accents de sincérité, ni ces objections de logique et de droit qui purent enlever une quantité suffisante de voix à la majorité papiste. De même, MM. Bardoux et Lockroy firent des efforts inutiles pour empêcher que la politique française ne commît cette faute grave dont elle devait ressentir bientôt les effets.

Ce fut M. Corbon qui approcha le plus près du point vital de tout ce débat, sous une forme vigoureuse et passionnée : « Je prendrai la « question, dit-il, à un tout autre point de vue « que celui auquel on l'a discutée. Je viens « examiner l'utilité morale, l'utilité religieuse « qu'il peut y avoir à établir une église à « Montmartre..... Lorsqu'il s'agit d'établir à « Paris, dans ce grand foyer de la Révolution « et de la libre pensée, sur le point culminant « de la capitale, sur ce point qui se voit de tous « côtés et de si loin, un monument qui le « couronne et dans le quartier qui est, à vos

« yeux, l'un des centres les plus ardents de
« l'insurrection, l'effet que vous attendez est
« celui-ci : *Mettre là un symbole du triomphe*
« *de l'Église sur la Révolution. N'est-il pas vrai*
« *que c'est là votre pensée ?* Ce que vous cherchez
« à éteindre dans la population en masse de
« Paris, c'est ce que vous appelez, ce que le
« parti militant du catholicisme appelle : « la
« pestilence révolutionnaire ». Ce que vous
« cherchez à revivifier dans sa conscience, c'est
« la foi catholique. (*Oui ! Oui !*) Vous ne bâtissez
« pas des églises pour le plaisir de faire des
« églises, vous ne faites pas de pélerinage pour
« le plaisir de faire des pélerinages ; vous cher-
« chez à faire la guerre à l'esprit moderne. (*Ex-*
« *clamations à droite.*)

« M. L'AMIRAL LA RONCIÈRE LE NOURY. — Non,
« à l'esprit révolutionnaire !

« M. DE BELCASTEL. — Le catholicisme est de
« tous les temps !

« M. CORBON. — M. de Belcastel me dit que le
« catholicisme est de tous les temps. Je lui de-
« mande bien pardon, il n'existait pas avant
« d'exister et il n'existera plus quand il aura
« cessé d'être... Vous pouvez me contredire,
« vous pouvez me lancer des interruptions pour
« me troubler, mais ce que vous ne troublez
« pas, c'est le fait qui est gros comme le monde,
« qui est éclatant comme le soleil, à savoir : que
« depuis deux ans, la libre pensée a fait d'im-
« menses progrès, et que les masses populaires
« en France se rangent du côté de la Révolution. »

C'étaient là d'énergiques paroles assurément, une vigoureuse tentative pour démasquer l'insidieuse et cauteleuse proposition de l'archevêque. Mais la question n'était pas serrée d'assez près ; il ne suffisait pas de démontrer l'opposition radicale et inéluctable du monde moderne et de l'Eglise : il aurait fallu en analysant à fond le projet de loi et la formule du « Vœu national », démontrer avec la même éloquence et la même justesse ce que nous allons tâcher d'exposer.

Aussi, malgré les objections du parti radical au cours des débats qui remplirent deux séances, la majorité catholique l'emporta de *deux cent quarante quatre voix*. Par ce vote l'Assemblée engageait la nation dans la voix la plus néfaste qu'elle pût suivre. (1)

Voici le texte de cette loi (24 juillet 1873) :

« Art. 1ᵉʳ. — Est déclarée d'utilité publique la
« construction d'une église sur la colline de

---

1. Le fait d'une si forte majorité est tellement inconcevable, que je découvre l'expression d'une surprise dans ce passage d'une petite brochure de propagande consacrée au Sacré-Cœur de Montmartre : « Tous les députés qui votèrent cette loi compri-
« rent-ils l'importance de leur acte ? Nous ne le savons. *Mais il*
« *y a dans ce vote quelque chose de si extraordinaire* qu'on
« est obligé de s'écrier : « Le doigt de Dieu est là ! » Une assem-
« blée française qui, presque à l'unanimité, déclare dans une loi
« qu'il est d'utilité publique que la France élève au Sacré-Cœur
« un temple, monument de son repentir et garant de ses pro-
« messes ! » Mon étonnement passe de beaucoup celui de l'auteur anonyme de cette exclamation. Mais au lieu de m'écrier comme lui : « Le doigt de Dieu est là ! », je dirais plutôt : « L'inconcevable légèreté de l'homme est là. »

« Montmartre, conformément à la demande qui
« en a été faite par l'archevêque de Paris dans
« sa lettre du 5 mars 1873, adressée au ministre
« des cultes.

« Cette église, qui sera construite exclusive-
« ment avec des fonds provenant de souscrip-
« tions, sera à perpétuité affectée à l'exercice
« public du culte catholique.

« Art. 2. — L'emplacement de cet édifice sera
« déterminé par l'archevêque de Paris, de con-
« cert avec le préfet de la Seine, avant l'en-
« quête prescrite par le titre II de la loi du
« 3 mai 1841.

« Art. 3. — L'archevêque de Paris, tant en
« son nom qu'au nom de ses successeurs, est
« substitué aux droits et obligations de l'admi-
« nistration, conformément à l'article 83 de la
« loi du 3 mai 1841, et autorisé à acquérir le
« terrain nécessaire à la construction de l'église
« et à ses dépendances, soit à l'amiable, soit,
« s'il y a lieu, par la voix de l'expropriation.

« Art. 4. — Il sera procédé aux mesures pres-
« crites par les titres II et suivants de la loi du
« 3 mai 1841 aussitôt après la promulgation de
« la présente loi. »

Après cette consécration définitive de « l'ex-voto de la France », le terrain fut acheté, le plan choisi au concours, et les travaux commencèrent. Dès lors ce fut un perpétuel afflux de souscriptions ; en 1891, elles atteignaient vingt-quatre millions.

Et pour bien affirmer aux yeux de tous le

caractère national de la basilique, pour bien montrer à quarante millions d'hommes dont les représentants avaient exprimé la volonté à la Chambre que c'était « l'avènement du règne social du Sacré-Cœur », on résolut de graver au fronton du temple cette dédicace : « *Sacratissimo Cordi Christi Jesu Gallia pœnitens et devota.* »

II

Après avoir rapidement parcouru les diverses étapes de l'œuvre du « Vœu National », je reprends les trois textes mis successivement sous les yeux du lecteur, persuadé que leur examen comparé nous fournira de précieuses conclusions.

Que contient la première formule, celle du « Vœu National » proprement dit ? La promesse d'élever un sanctuaire au Sacré-Cœur de Jésus, pour qu'il délivre le Saint-Père de sa captivité et qu'il fasse cesser les malheurs de la France justement châtiée. Les désastres que la France a subis sont le châtiment de son impiété et de son éloignement progressif de Dieu, dont on invoque la pitié, afin que le Saint-Siège puisse reconquérir son autorité et la France son calme, c'est-à-dire sa vieille foi chrétienne.

Il y a donc trois choses dans cette première formule : 1° une humiliation devant Dieu considéré comme le juste auteur des vengeances provoquées par l'oubli du culte qu'il exige ; 2° la demande de libération du Saint-Siège ; 3° la demande de bonheur pour la France par son retour à la foi mediévale.

Dans la demande de déclaration d'utilité publique présentée par l'archevêque au ministre des cultes, qu'allons-nous donc trouver ? Sans doute une proposition résumant le même vœu : du moins, la bonne foi l'exigeait ainsi. Puisque les fidèles du Sacré-Cœur voulaient obtenir l'adhésion nationale à leur projet, il fallait au moins que ce projet fût présenté dans son intégrité et dans sa vérité.

Mais c'est dans cette circonstance que l'étonnante habileté des zélateurs catholiques éclate et confond. Ce que le prélat demande à l'Assemblée par l'intermédiaire du ministre, nous l'avons vu tout à l'heure : c'est la simple autorisation d'élever une église « destinée à appeler, sur la France, la protection et la bonté divines » ! Tout a disparu du « Vœu » primitif, ou plutôt, tout est prudemment dissimulé aux yeux de la « noble Chambre, si fidèle aux inspirations et aux traditions chrétiennes. » L'idée même du « Vœu » subsiste entière dans l'esprit de ceux qui l'ont formulé, mais ils se gardent bien d'en faire mention pour ne pas effrayer l'Assemblée. Il ne s'agit plus, dans le nouveau texte, ni de la délivrance du Souverain Pontife, ni d'expiation collective, ni du Sacré-Cœur. Je pense qu'il est inutile d'insister ; la duperie est flagrante.

En poursuivant notre analyse, nous trouvons le texte de la loi que cette Chambre, auquel on ne demandait que de déclarer « d'utilité publique » l'érection d'une église à Paris, eut la faiblesse coupable de voter. L'utilité publique est purement et simplement déclarée pour la construction d'une église « à perpétuité affectée à l'exercice public du culte catholique ». Le pauvre vestige du « Vœu national » que l'on pouvait encore deviner sous la phrase de l'archevêque — « un temple destiné à appeler sur la France la protection et la bonté divines » — a maintenant tout à fait disparu. De l'idée véritable, il ne subsiste rien, par suite des artifices successifs de la forme ; et cependant, après le vote, ne portant que sur ce point spécial de l'érection d'une église, on va proclamer le triomphe collectif de cette idée, on prononcera le mot de « réparation nationale », et l'on s'empressera de décréter cette formule : *Gallia pœnitens et devota* !

« Ainsi l'on voit la progression, dit M. J.-C. Chaigneau (1), et comment d'un simple acte de foi le cléricalisme arrive à fabriquer le plus autoritaire des instruments de domination... Il est un point d'une évidence incontestable, c'est combien le texte de la loi diffère profondément du texte qui exprime le symbole réel de l'œuvre... Il y a là une restriction mentale qui est un vé-

(1) *L'Humanité intégrale*. Février 1897. Je reporte le lecteur à cet article extrêmement ferme et judicieux.

ritable escamotage, et qui, pour toute conscience droite, entache le vote de nullité. »

Qu'y a-t-il au fond de tout cela ?

Une duperie de la part de l'archevêque Guibert et une faute énorme de la part de la Chambre.

Il est incontestable que si l'on avait proposé à l'Assemblée, avec la droiture qui manque généralement à l'Eglise dans ses rapports avec l'Etat, de déclarer d'utilité publique la formule du « Vœu national » dans son intégrité, d'autres objections que celles qui y furent produites se seraient élevées, du moins, je l'espère, si réactionnaire que fût la Chambre de 1873. A part le groupe papiste, toujours prêt à défendre n'importe quelle niaiserie pourvu qu'elle soit d'étiquette catholique, je me demande quel député aurait eu la folie de contresigner cette formule de bassesse et d'aplatissement collectif. La majorité de la Chambre se serait inévitablement soulevée contre une pareille offense à la nation et aurait abandonné le vœu à la seule approbation des sectaires catholiques de France.

Dire que la nation française, par le vote de ses représentants, a sanctionné le « Vœu national », c'est un mensonge formel, puisque ceux-ci n'ont pas été sollicités sur ce « Vœu ». Je m'étonne qu'aucun représentant n'ait su dévoiler ce subterfuge de l'archevêque, et, par la production à la tribune du texte même du « Vœu national » n'ait clairement démontré à la Chambre qu'elle était dupée. Pour qu'aucune voix n'ait osé porter ce fait à la connaissance de tous, il a fallu une ignorance et un manque de jugement extraordinaires, dont profita le parti catholique.

Eclairés par toute l'expérience des vingt-quatre années qui nous séparent du vote réactionnaire, il nous est impossible de dissimuler aujourd'hui ce qu'aucun député n'a su voir ou n'a osé dire en 1873.

Le « Vœu national » vient d'être renouvelé au cours de la cérémonie de son vingt-cinquième anniversaire. Je demande si le vote lui aussi sera renouvelé et si la Chambre actuelle sanctionnera la profession de foi papiste du 24 juillet 1873. S'il ne fallait considérer que l'honneur et la vitalité de la race, je ne pourrais le croire.

Je n'en fais ici ni une question de secte, ni de haine étroite, ni même d'anticléricalisme.

Je dis seulement ceci :

Est-il possible qu'un Etat, dont la constitution est purement laïque, déclare d'utilité publique et par conséquent patronne une œuvre catholique et papiste? M'emparant d'une phrase prononcée par M. Jean Brunet — avec un sens opposé à celui que je lui donne — au cours de la discussion du projet de loi, je dis : « C'est un culte spécial et le fonctionnnaire principal de ce culte qui prennent l'initiative de la mesure et qui viennent vous dire, à vous, Assemblée nationale : *Sanctionnez ce que nous vous proposons et appliquez-y à notre profit l'autorité légale et supérieure de la France* », — je demande si l'Etat peut, sans commettre la plus coupable des folies, sanctionner ce culte spécial, lui qui n'en propose aucun par son principe même. N'est-il pas profondément humiliant de voir la pensée de la nation s'associer à un symbole de caractère aussi anti-social ? Est-il d'utilité publique que la nation française, dont la constitution est de base purement laïque, je le répète, se voue au cœur de Jésus et à la protection du Saint-Siège?

« On peut se demander, dit encore M. Chaigneau, si ce vœu funeste, abrité par une loi aveugle, par un acte national de législateurs dupés, ne plane pas, depuis un quart de siècle, comme un nuage sinistre, sur notre politique étrangère... La France de 1897 ne peut plus ratifier par son indifférence le verbe odieux qui s'incarne dans ce bloc de pierres... La France a le droit de rayer le vote désastreux du 24 juillet 1873. Elle en a le droit d'autant plus incontestablement que, en raison de ce qui vient d'être exposé, *ce vote est moralement nul*, puisqu'il concerne un monument fictif, tout différent de celui qu'érigent les sectaires du prétendu « Vœu national ».

Si, en examinant la question du Sacré-Cœur à ce point de vue légal, nous nous heurtons au vote néfaste du Parlement, en scrutant l'essence du symbole lui-même, nous rencontrons d'aussi incontestables objections. Le culte du Sacré-Cœur, tel qu'il se manifeste à Montmartre, est celui d'une religion en décadence. Jamais un culte aussi bas et qui emprunte quelque peu de son caractère à certains rites efféminés de l'Asie, n'aurait pu triompher au temps de la plénitude chrétienne. Il faut vraiment toute la force, tout l'art de dissolvant du catholicisme pour parvenir à transformer ce centre rayonnant de la vie qu'est le cœur en un symbole aussi mesquin. De cet organe gonflé de sang, de cet abîme bouillonnant de vibrations et de passions, d'une liberté, d'une impulsivité, d'une richesse tout instinctive, de cette source d'action, de virilité, de cette région où la nature fait entendre ses voix chargées d'orages ou d'espoirs, de ce tumultueux abîme des plus violentes énergies et des plus authentiques clameurs humaines, l'Eglise catholique est parvenue à faire un triste néant mystique, un lamentable mélange de bassesse et d'absurdité, un odieux et puéril symbole autour duquel viennent s'agenouiller tous les stériles, tous les faibles, tous les déserteurs de la vie.

Edifier un pareil culte, c'est ce que l'archevêque Guibert appelle « la rénovation spirituelle de notre patrie », et M. Paul Féval « racheter l'âme de notre patrie » ! Que pourrait-on donc faire de plus pour la trahir, cette âme ?

C'est par suite d'une conception semblable de « la rénovation spirituelle de notre patrie » que nous voyons si fréquemment dans tous les textes se rapportant à la fondation ou à l'expansion de l'œuvre du Sacré-Cœur, l'Eglise et la France si souvent associées. Cette préoccupation constante prouve une fois de plus l'habileté suprême et l'adresse de haut vol des rédacteurs de mandements et de lettres apostoliques. Ils unissent le salut de l'Eglise et celui de la France comme si elles étaient indissolublement solidaires. La restriction est à peu près celle-ci dans l'esprit de ces subtils prélats : « Nous sommes d'une race qui est la race française, mais nous sommes avant tout les fils respectueux de l'Eglise. Dans cette alliance de deux termes que nous semblons considérer comme égaux, ce que nous voulons c'est le triomphe de l'Eglise sur la France. Ce n'est pas leur alliance, puisque l'Eglise comportant la toute vérité doit toujours maintenir sa prépondérance ; encore moins, par conséquent, la domination de l'Eglise par la France. Et comme depuis le commencement du siècle, l'Eglise est soumise en une certaine mesure à l'Etat, nous tenterons par tous les moyens de reconquérir l'ancienne et totale toute-puissance. » Tel est le calcul dans son édifiante simplicité. Le péril n'est pas grand, direz-vous ? Faut-il encore pour déjouer ce calcul en avoir pénétré le mécanisme et savoir lire dans l'âme de nos « républicains catholiques » et de nos « démocrates chrétiens ». L'adhésion d'une partie du clergé à la République n'a d'autre but que de ressaisir, par une feinte concession au monde moderne, la direction des consciences qui se dérobent lentement à son étreinte glaciale.

Voici comment je me représente le spectacle Un vieillard, autrefois tout-puissant, gît au fond de son palais, gémissant de l'éloignement des hommes qui l'ont déshérité d'une partie de sa puissance et demeurent insensibles à sa voix. L'amère mélancolie de sa royauté en détresse le remplit, il sent sur lui le froid de la mort lentement s'amasser. Tout à coup il a une pensée : pourquoi ne tenterait-il pas un dernier effort, en se montrant aux hommes qui ne veulent plus l'entendre, et en leur empruntant quelques-uns des mots nouveaux qu'il entend parfois sans les comprendre ? « Essayons, se dit-il, peut-être croira-t-on de nouveau en moi, si l'on voit encore ma face..... Peut-être croira-t-on encore à ma vigueur éternelle... » Et il parle aux hommes qui le pensaient enseveli dans un éternel silence. Il leur pardonnera leur ingratitude s'ils veulent encore le suivre, car il est la seule vérité et il veut leur bien. Au fond de lui-même, il cherche de sa main décharnée à ressaisir avidement cette foule indifférente pour en refaire sa chose. Il montre un visage calme et bienveillant, mais son cœur est torturé de la soif du pouvoir, mordu du désir d'étreindre tous ces passants et de les pétrir à sa guise. Il descend de son seuil mais c'est pour y ramener l'immense troupeau des esclaves enfuis. Il semble apparaître enfin au jour, mais c'est pour tenter de reconquérir la vie qui lui échappe, qu'il sent s'éloigner de lui, et pour la possession de laquelle il luttera, plein d'une rage sourde, jusqu'à ses derniers instants.

L'Eglise ressemble de nos jours à ce vieillard, qui se raccroche à l'existence d'une main désespérée. Tel est, sous le voile de l'allégorie, le jeu de la politique de Léon XIII et de ses disciples.

En face de l'indifférence et de l'inclairvoyance générales, la nouvelle tactique cléricale constitue un péril dont il est impossible de nier la gravité. Ces nouveaux lutteurs du clergé entendent la rénovation sociale, comme les promoteurs du « Vœu national » entendaient le salut de la France dans leur formule. Dans l'esprit des fondateurs de l'œuvre, le vœu au Sacré-Cœur est avant tout un témoignage d'expiation des révoltes de la nation contre le joug catholique, et des crimes de libre pensée dont la France s'était rendue coupable ; c'est l'amende honorable du peuple qui s'était ouvertement éloigné de Dieu depuis la fin du siècle dernier, et qui implorait le pardon de ses offenses. C'est bien plus la délivrance des cerveaux envahis par la pensée libre que la délivrance du territoire envahi par l'étranger, puisque la cause spirituelle, la libre pensée, a produit l'effet matériel, l'invasion, si j'en crois cette phrase de l'archevêque Guibert : « En punition d'une apostasie presque générale, la société a été livrée à toutes les horreurs de la guerre avec l'étranger victorieux. » C'est une pénitence nationale de l'irréligion, et il n'y a qu'à lire tous les documents pour se persuader que c'est bien là le sens qu'on a voulu donner au « Vœu ». Ce que le catholique entend par « le salut de la patrie », c'est sa libération spirituelle par le retour à la foi chrétienne. On voit dès lors de quelle importance peut être le renouvellement d'adhésion d'une Assemblée nationale à un tel vœu qui, s'il était sincère et collectif, serait purement et simplement l'indice d'une volonté de suicide.

Si l'on y songe un seul moment, il est impossible de ne pas rayer spontanément ce qui « nous a été imposé, en de mauvais jours de réaction, par une coterie toute puissante (1). » Déjà, en 1880, le conseil municipal adressa une pétition à la Chambre, en vue de faire disparaître le vote du vingt-quatre juillet 1873. Un projet de loi fut même rédigé en ce sens par M. Delattre et présenté à l'Assemblée, qui le laissa tomber.

Cette fois, il est impossible que la Chambre montre la même inconcevable indifférence. Adhérer encore une fois à ce symbole de réaction et d'antique servitude spirituelle, ce serait raturer l'immense effort de la pensée moderne pour son indépendance, souffleter l'humanité qui se lève, consciente de sa force, rejetant une à une toutes les pesantes et funèbres défroques d'erreur.

Encore une fois, c'est définitivement qu'il faut choisir entre le papisme et la pensée libre.

III

Du sommet de la colline de Montmartre, par un clair matin, on jouit de l'un des plus magni-

---

(1) M. Francisque Sarcey.

fiques spectacles qu'il soit possible de contempler. M. Chaigneau, dont j'ai tout à l'heure cité l'opinion sur l'œuvre de la Basilique, a, dans un petit roman d'une poignante intensité, rendu d'une façon très pénétrante l'impression que l'on ressent, quand, du sommet de la butte, le regard domine l'immense et chaotique étendue :

« Une vapeur de clarté où se fondaient les fumées blanches essaimées de toitures, enveloppait Paris d'un vague et radieux frémissement qui noyait les détails rectilignes, pour n'accuser, en ébauche, que les ressauts capricieux des faîtages. L'impression devenait alors comme d'une mer tourmentée, et, tandis qu'une rumeur profonde incessamment fluctuait, en un rythme d'océan, le regard se berçait sur les houles bleuâtres de cette marée de toitures où quelques façades débordantes moutonnaient comme des écumes. Les plans lointains du panorama dessinaient leur succession par une série de bandes horizontales, de plus en plus claires, bordées de lignes sinueuses, et — dans la transfiguration marine que subissait alors, en l'esprit de Victor Charme, le majestueux spectacle, — ces lignes de plans scandaient par larges lames la houle tumultueuse des combles ardoisés, changés en croupes de flots mouvants...

« Voyez, dit-il, ne se croirait-on pas au bord d'une falaise ? Ici nous n'apercevons plus le pied de la montagne ; la vie particulière a disparu de nos regards ; nous ne voyons plus que l'ensemble de Paris, sa personne collective, pareille à un Océan de lumière. Nous sommes détachés du monde des individus ; nous voici en plein monde d'harmonie... » (1)

Et si l'on se détourne du sublime spectacle, voici que la masse lourde et froide de la basilique vient offusquer le regard. Car, il n'y a pas à se le dissimuler, toute l'architecture de l'édifice, dans son ensemble comme dans ses détails, est du plus navrant effet, du plus détestable style jésuite, de ce style sans caractère, sans grandeur, sans intimité, qui répond si étroitement aux aspirations catholiques d'aujourd'hui. Malgré ses prétentions au byzantin, et tout en tenant compte, bien entendu de l'inachevé, je trouve le monument sans éloquence et sans beauté. L'impression de grandeur dont on pense, sur la foi des descriptions enthousiastes, être saisi, n'existe nullement. La banalité et le mauvais goût triomphent ici comme dans l'art religieux du quartier Saint-Sulpice, nous prouvant que pour abriter un symbole de décadence, il ne pouvait être choisi qu'un style pareillement dégénéré.

L'Eglise en accaparant le sommet de la colline, en y élevant un emblême de sa domination sur les cerveaux et sur les consciences, y a imprimé le cachet de laideur dont sont marquées toutes ses manifestations modernes. En face de ce panorama grandiose, sur la hauteur inondée de lumière et d'air, elle n'a su faire jaillir que ce bloc de pierres sans élan, sans caractère ni majesté.

(1) J.-Camille Chaigneau, *Montmartre*. Comptoir d'édition, 1892.

Ce n'était pas la première fois que l'on songeait à Montmartre pour y accomplir des desseins variés. Napoléon voulait couronner la colline d'un temple de la Paix. Quelques-uns, de nos jours, pensaient y élever « soit un musée, soit un groupe scolaire, soit même un observatoire, d'où l'on découvrirait, sinon Dieu lui-même, au moins les étoiles dont il a semé l'espace (1). »

Je ne rêve aucune de ces destinations, si honorables fussent-elles, pour la fière colline : j'y rêve quelque chose de plus grand, de plus digne d'elle.

J'aspire pour elle à quelque édifice grandiose, à quelque temple national dont la vue quotidienne pût inspirer aux Parisiens d'autres sentiments que celui de l'indifférence et du mépris pour un symbole mensonger. Je voudrais voir se dresser sur la hauteur, le temple qui serait pour l'âme française ce que l'Abbaye de Westminster est pour l'âme anglaise, je veux dire son sanctuaire.

La noble tentative qui a échoué au Panthéon par l'adjonction d'éléments dont l'inhéroïsme vraiment trop puéril vient détruire d'un seul coup la grandeur du symbole, cette tentative grandiose triompherait à Montmartre et y acquérerait une incontestable grandeur. Planant sur la cité, la dominant, et cependant comme porté par elle, le sanctuaire des héros brillerait comme un phare pour soutenir aux heures troubles et grises les volontés faiblissantes.

(1) M. Francisque Sarcey.

Celui qui a compris ce que signifie Westminster s'incline, saisi de la profonde majesté de ce lieu. Quels yeux et quels cœurs britanniques pourraient considérer sans un sentiment de légitime orgueil et d'espoir insondable cette nécropole des génies de sa race ? Ses grands politiques, les Palmerston, les Richard Cobden, les Pitt, ses grands savants, les Newton, les Darwin, les Herschel, ses grands poètes, les Robert Burns, les Shakespeare, les Chaucer et les Milton, ses grands inventeurs, ses premiers rois, ses réformateurs et ses philosophes, en un mot tous ceux qui ont lentement pétri l'âme anglo-saxonne dorment ici côte à côte ou revivent dans une image. C'est la voix des ancêtres qui vient chaque jour rappeler aux vivants de quelle chair ils sont pétris, quel sang coule en eux, de quelles pensées ils sont les fils. Un tel sanctuaire est le plus grandiose enseignement national qui se puisse trouver, le laboratoire le plus actif de l'énergie d'une race. Comprend-on quel *lien* peut constituer dans les âmes ce culte grandiose, et que c'est précisément ce lien qui manque à nos êtres épars et dissociés ?

La race française ondoyante, incertaine — je n'ose dire indifférente — semble trop souvent hésiter devant le but à poursuivre. Une communion auguste avec l'âme du passé la remplirait de force. Car il faut être pénétré du passé pour s'avancer largement dans les voies de l'avenir. Elevons à nos grands hommes le plus splendide des monuments et la force dont ils ont débordé sur leur temps nous inondera encore de son flot lustral. Car ce sont là de saines nécropoles; l'air empesté des tombes s'y change en virils et généreux parfums. « Pourquoi donc n'aurions-nous pas, à notre tour, notre Westminster et notre Campo Santo ? s'écrie Edgard Quinet. La France n'a pas, comme les Pisans, rapporté sur ses vaisseaux, de la terre du Saint-Sépulcre. Cela est vrai. Mais, n'a-t-elle pas soulevé assez de noble poussière dans le monde pour enterrer dignement ses héros ? (1) »

Je ne sais pourquoi la dénonciation d'un symbole néfaste du passé et le rêve d'un symbole bienfaisant de l'avenir se sont unis dans ma pensée; mais à la place de l'œuvre misérable et négatrice d'humanité, je voudrais au contraire contempler l'exaltation de cette humanité dans ses grands hommes, et retrouver dans toute son ampleur et dans toute sa richesse l'âme d'une race glorifiée.

En face de cette clarté et de cet horizon, dominant Paris prodigieux et comme porté sur ses vagues, au lieu de ce bloc de pierre, symbole d'ignorance et de servitude, je demande quelque chose de semblable à ce que je viens de dire, quelque majestueux temple laïque où puisse s'étayer notre destin qui chancelle et que nous puissions contempler d'un cœur libre et d'un regard joyeux.

(1) *Le Panthéon*

BOSSUET

ET LA FRANCE MODERNE

La France est toujours la fille aînée de l'Eglise, nul n'en saurait douter. Il est notoire qu'absorbée par ce devoir filial, toute préoccupation de son propre avenir lui demeure indifférente. Pourquoi s'inquiéter du futur, lorsqu'on a de son côté, l'Eglise, le Saint-Siège, Dieu, la Toute-Vérité, la Toute-Puissance ? Si, malgré cette tutelle infaillible, des fautes sont commises, les indulgences célestes ou papales n'en effaceront-elles pas les conséquences ? L'érection de la basilique du Sacré-Cœur n'a-t-elle pas suffi au rachat des erreurs qui enfantèrent nos derniers désastres ?

Je sais cela. Je sais aussi qu'il y aurait mauvaise grâce à exiger de la nation un examen de conscience, si bref fut-il, puisqu'elle a le bonheur envié de posséder la vérité indiscutable et éternelle. Je sais encore que si cette même vérité la conduit un jour aux abîmes, d'où les forces unies de toutes les divinités du globe ne parviendraient pas à la retirer, il n'y aura personne à maudire, nul principe à renier : car c'est Dieu lui-même qui l'aura voulu, la France ayant obéi à son devoir de fille soumise.

Il existe malheureusement, de par cette nation privilégiée, quelques « mauvais esprits » assez pauvres de confiance, pour ne pas se contenter de cette adhésion héroïque à la Vérité totale, et qui osent même demander des comptes, les insensés ! Quelque insupportable que puisse devenir, après cet aveu, ma position vis-à-vis de la Divinité officielle et de la nation dont elle oriente les destinées, j'avoue être de ceux-là.

Et j'ai même conçu le téméraire dessein de légitimer mon « incroyance », au cours de ces pages, par un exposé d'histoire qui ne manque pas de signification.

J'oserai considérer le rôle de l'Eglise, dans l'histoire de la France moderne, à un point de vue quelque peu différent du point de vue en honneur, celui de la vérité simplement humaine, et je choisirai pour représenter cette Eglise, l'une de ses plus grandes gloires : Bossuet.

Examiner de près la réelle figure de cet homme illustre sans considération pour la foule respectueusement inclinée devant sa mémoire, c'est, à coup sûr, une audace dont je ne cherche pas à me dissimuler le péril. Malheureusement, je le confesse, je ne puis résister à l'impérieux instinct qui me guide vers cette redoutable personnalité.

I

Résumons une page bien connue de l'histoire du xvıᵉ siècle français.

A la suite de ce mouvement profond d'émancipation religieuse, qui donna, au début du xvıᵉ siècle, le signal de la révolte contre l'autoritarisme pourri de l'Église catholique, à la suite de ce réveil de l'âme humaine depuis des siècles en servitude, la France s'émut. Les sincères et les probes interrogèrent leur conscience. Avait-il donc tort, ce moine allemand qui rompait violemment avec le Saint-Siège, devenu le siège de l'erreur et du scandale? La Chrétienté n'avait-elle pas quelque raison de secouer le joug de ses faux pasteurs, qui semblaient croire que tous les abus, tous les crimes, toutes les injustices, sont permis à ceux qui se présentent au nom du Très-Haut? Et n'y aurait-il pas pour l'humanité une autre vie possible, en dehors de cette éternelle soumission d'esprit et de corps à une poignée de prévaricateurs, forts d'insolence et d'hypocrisie?

Il sembla que pour quelques-uns, parmi les plus éclairés et les plus énergiques, la réponse ne fut pas douteuse, car des milliers d'adhérents à la révolte surgirent en France. Quel but poursuivaient donc les réformateurs et que signifiait ce soulèvement? A peu près ceci : que l'énergie et la volonté commençaient à travailler les êtres, que les natures saines et droites, parmi les simples et les cultivés, sentaient confusément que là où ils avaient cru voir la volonté divine, ne subsistait que le despotisme humain ; que la toute justice et la toute vérité s'étaient peu à peu corrompues entre les mains de ses dépositaires, qu'il n'y avait plus enfin dans cette Église triomphante, que pourriture et insincérité. Dès lors, quel était le strict devoir de ces clairvoyants ? S'enfuir de l'erreur et revenir à la vérité ; cesser toute relation avec ce grand corps rongé par la lèpre de l'orgueil et du mensonge ; se mettre en rapport direct avec la divinité, désormais absente de sa primitive Église. La conscience allait renaître des ruines de l'ancienne foi.

La réponse de l'orthodoxie méprisée ne se fit guère attendre. A Metz, en 1524, eut lieu le premier supplice, et dès lors, ils se suivirent à de très courts intervalles.

Calvin parut et la foi nouvelle s'affermit et se propagea. Mais l'Église veillait, flairant le péril ; le zèle de ses inquisiteurs s'accroissait en même temps que le nombre des Réformés. En 1545, à l'instigation du cardinal de Tournon et contre la volonté de François Ier, trois mille « hérétiques » Vaudois, dans lesquels on voyait des alliés de la Réforme, furent massacrés. Sous Henri II, le cardinal de Lorraine demanda l'établissement en France de l'Inquisition ; le Parlement s'y opposa. Malgré cet échec, le haut et le bas clergé, continuaient leur œuvre. Ils dénonçaient les coupables, excitaient les fidèles contre l'« hérèsie », préparaient les supplices, fomentaient les violences.

A partir de 1562, la Réforme française n'ayant pas cessé d'accroître le nombre de ses partisans, les luttes commencèrent. Les Réformés odieusement persécutés, poursuivis comme des fauves à la voix des ministres du Dieu d'amour et de justice, mais rendus audacieux par la sainteté de leur cause, se relevèrent et combattirent, décidés, s'il le fallait, à périr en défendant la foi nouvelle. De son côté, l'épiscopat mit les armes aux mains du peuple et de la noblesse. C'est la période des effusions de sang, des massacres, des troubles, des soulèvements qu'interrompent à peine de courtes trêves. De 1563 à 1568, trois mille Réformés furent massacrés dans le Midi. Alors, quelques années plus tard, éclata l'énorme attentat demeuré fameux. La Saint-Barthélemy se chiffre, à elle seule, par dix mille assassinats, auxquels président le Christ et son Église. A la nouvelle de cette victoire de l'orthodoxie, Rome et Madrid, les deux villes catholiques par excellence, firent retentir le ciel de cris de joie.

Il est à remarquer qu'au cours de ces luttes qui remplirent le siècle, le même phénomène se reproduisit d'une façon presque constante. Lorsque le pouvoir civil décrétait la trêve, ou semblait atténuer ses rigueurs envers les Réformés, l'autorité ecclésiastique toujours en éveil, usait de tous les moyens, prédications, calomnies, excitations, violences, dénonciations pour que la lutte renaquit et que la persécution s'aggravât. Son rôle de provocatrice éclate à chacune des pages de l'histoire du XVIᵉ et du XVIIᵉ siècle. Lorsque, maintenue par l'énergie du pouvoir laïque, l'autorité religieuse n'exerçait plus une action directe sur la politique intérieure, sa haine contre les nouveaux émancipés redoublait dans l'ombre, grosse de vengeances futures. Cette effervescence cléricale s'incarna dans la *Sainte Ligue*, ou *Union catholique* dont le clergé, d'accord avec la funeste maison des Guise, prit en 1576, l'initiative. C'était une sorte de vaste confrérie où se démenait en hurlant la basse plèbe monacale, tenue en haleine par les curés de Paris et les prédicateurs populaires. Cette tourbe néfaste, personnification de l'esprit catholique du temps, ne prétendait à rien moins qu'à diriger la politique française ; l'objet de ses désirs, c'était avant tout l'extermination du parti de la Réforme en France.

En 1585, les Réformés étaient assez nombreux et avaient acquis assez d'importance dans l'Etat, pour que le Parlement, protestant contre les efforts insensés de la Ligue, prit hardiment leur défense. « Qui sera-ce qui, s'écriait-il, sans forme de justice aucune, osera dépeupler tant de villes, détruire tant de provinces, et convertir tout ce royaume en tombeau ? » Mais la Ligue n'en exigeait pas moins sa proie, lorsque Henri IV le Réformé parut et la dispersa. L'abjuration du nouveau roi de France ne lui fit pas méconnaître ce qu'il devait à ses anciens compagnons et à la justice, et malgré les hurlements de haine du parti catholique, il ne dissimula jamais sa sympathie pour la Réforme. Il est probable que si Henri IV avait montré plus de fermeté, s'il avait refusé l'abjuration, et surtout si le parti qui l'aida à conquérir le pouvoir avait été plus fort, l'avenir religieux de la France aurait alors changé brusquement. La force seule lui manqua, en dépit du bon vouloir.

L'Édit de Nantes qu'il rendit en 1598 ne pouvait sanctionner qu'une transitoire et précaire paix religieuse. Il était évident que malgré Henri IV, malgré la tolérance et l'énergie dont il avait fait preuve, l'ère des luttes n'était pas close. En raison même de la tranquillité relative dont les Réformés avaient joui durant son règne, des progrès qu'ils avaient par conséquent accomplis et de leur multiplication, leur force s'était lentement accrue en même temps que la sourde haine de leur mortel ennemi, ce clergé qui, malgré ses efforts pour ranimer l'Inquisition, était solidement maintenu en repos. Peu de temps après avoir fondé l'*Union Évangélique*, qui est une alliance des nations presque toutes réformées, contre la catholique maison d'Autriche, et après avoir montré par là qu'il pressentait pour l'Europe la voie de l'avenir, Henri IV mourut sous les coups d'un assassin, instrument des Ligueurs, à qui ce tiède dévot était toujours en haine.

Durant la honteuse régence de Marie de Médicis, le clergé, Rome, l'épiscopat reprirent le terrain perdu sous Henri IV ; les jésuites et le « parti dévôt » dirigèrent la politique de la cour. La meute démuselée, repartit en chasse, à la poursuite de l' « hérétique ». C'est au confesseur de Louis XIII, au Père Arnoux, que revient l'honneur d'avoir le premier incité au viol de l'Édit de Nantes. En Béarn, les persécutions furent reprises. Les Réformés, d'abord surpris, mais comprenant enfin que tout désormais les menace, qu'ils seront les éternelles victimes de la mauvaise foi et de la trahison, s'organisèrent et tinrent à La Rochelle une solennelle assemblée de résistance, où leur conscience politique s'éveilla. « Les lois fondamentales de la république des Réformés » furent le fruit de leurs délibérations. On ne peut s'empêcher de songer aux grandes choses qu'aurait pu engendrer ce modeste projet de république fédérale, s'il avait été résolument appuyé. Mais les Réformés commirent une faute grave, presque inévitable néanmoins. Les chefs qu'ils se choisirent étaient mauvais. La noblesse ambitieuse et turbulente qui se mit à leur tête, avide de puissance et mue par le seul espoir d'une revanche contre l'État qui lui enlevait une à une ses prérogatives, ne convenait en rien (1). Leur cause, toute bonne qu'elle fut, était perdue d'avance et la mort de

---

(1). « La Réforme, a-t-on écrit, n'aurait amené aucun trouble dans notre pays, si la noblesse ne s'était pas jointe aux libres esprits, qui cherchaient de nouvelles voies à la raison et à la science. » (H. Vast. *Histoire de l'Europe*) Il est évident que la majorité des protestants ne demandaient qu'une chose, la liberté de conscience, mais il est aussi indéniable qu'ils avaient le

vingt mille protestants à La Rochelle, qu'affama le despote Richelieu, mit fin à leur résistance. L'épiscopat triomphait. Toutefois les conditions de la paix d'Alais, signée en 1629, prouvent que Richelieu fut assez clairvoyant et indépendant du « parti dévot » toujours avide de sang protestant, pour laisser aux Réformés l'exercice de leur culte et un certain droit à l'existence.

Dès lors, une ère nouvelle s'ouvrit pour les protestants de France. Ils renoncèrent à la lutte et retournèrent à leurs foyers détruits, pour essayer de vivre en paix dans le silence et le travail. Puisque le grand projet d'une république protestante avait été écrasé par Richelieu, ils allaient borner à la vie individuelle et familiale leur rêve de justice sociale. Sans soucis politiques désormais, conservant ce qu'ils pensaient être la vérité religieuse pour aliment de leur vie, faisant s'épanouir leurs facultés naturelles au souffle de ce qui leur avait été laissé de liberté, ils laissèrent la paix descendre sur eux et les envelopper. C'est au milieu du xviie siècle que l'on put connaître ce qu'étaient ces croyants opiniâtres, au point de vue national et humain. Si nous examinons de près leur existence, nous y découvrirons des merveilles.

Le premier chapitre de l'ouvrage remarquable de Weiss (1) nous renseigne à cet égard. « La

---

droit et le devoir de défendre, en même temps que leur foi religieuse, leur foi politique, et que cette défense entraînait la lutte sur tous les terrains.

(1) *Histoire des réfugiés protestants de France.*

bourgeoisie protestante des villes, écrit-il, se livra à l'industrie et au commerce, et déploya une activité, une intelligence, et, en même temps, une intégrité qui n'ont peut-être jamais été surpassées dans aucun pays... Perdus, pour ainsi dire, au milieu d'un peuple qui les observait avec défiance, sans cesse en but à la calomnie, soumis à des lois sévères qui leur commandaient impérieusement une perpétuelle attention sur eux-mêmes, ils forçaient l'estime publique par l'austérité de leurs mœurs et par leur irréprochable loyauté. » Énergiques et obstinés, robustes et endurants, nos Réformés de France, depuis la paix d'Alais jusqu'aux premières années du règne de Louis XIV, firent preuve de la plus extraordinaire, de la plus féconde activité. Ils créaient, organisaient, transformaient l'industrie. Dans le Languedoc, le Dauphiné, la Provence, le Roussillon, le Béarn, la Guienne, l'Auvergne, l'Angoumois, la Saintonge, le Poitou, le Berri, la Touraine, le Maine, la Bretagne, la Normandie, la Picardie, l'Ile de France, la Champagne ils occupaient le premier rang pour l'agriculture, le commerce, les manufactures, les usines, la marine marchande et tout ce qui dépend de l'industrie. Ils peuplaient en grande partie et enrichissaient des villes comme Nîmes, Metz, Rouen, Caen, Bordeaux, Alençon, Lyon, La Rochelle, Reims, Mézières, Abbeville, Sedan, Laval, Rennes, Nantes, Vitré, Morlaix, Brest, Bergerac, Castres, Montauban, Saint-Quentin, Nérac. Les pacifiques victoires qu'ils remportaient dans le monde économique, fruits de la méthode, de l'intelligence, de la bonne foi, du loyalisme, de l'énergie, paraissaient prodigieuses.

Le commerce et l'industrie d'ailleurs ne les attachaient pas exclusivement. Dans le droit, dans les sciences, dans la philosophie, dans les lettres et les arts, ils se montraient partout les plus ardents à l'étude, à la recherche de la vérité sous toutes ses formes. Au xvii° comme au xvi° siècle, ils occupaient une place considérable dans le monde intellectuel. Leur renom, moins bruyant que celui des écrivains et des penseurs catholiques, était toutefois basé sur une science plus scrupuleuse, plus solide et plus sincère. Privés de l'espoir de parvenir aux grandes situations officielles, leurs études désintéressées n'en étaient que plus réelles et plus impartiales.

Puissante activité dans le monde économique d'une part, énergie spirituelle d'autre part, telles sont les deux facultés dont les Réformés de France étaient supérieurement pourvus. De Caen à Sedan, comme de La Rochelle à Nîmes, leurs manufactures et leurs collèges forgeaient à la France un avenir de prospérité. Le pouvoir civil était loin d'ignorer leurs mérites éclatants, quelle que fut l'hostilité latente à leur égard, et Colbert comme Mazarin n'obéirent qu'au bon sens le plus élémentaire en les protégeant. Il est édifiant de recueillir l'aveu d'un de leurs plus farouches persécuteurs, l'intendant du Languedoc, Basville, à qui échappera plus tard, en 1699, cet aveu : « Généralement parlant, les nouveaux couvertis (c'est-à-dire les protestants contraints par la force de simuler une abjuration) sont plus à leur aise, *plus laborieux et plus industrieux que les anciens catholiques de la province.* » L'historien de Sismondi l'affirme : « La meilleure partie du commerce et des manufactures de France était entre les mains des protestants (1) » « Ils représentaient la substance morale de la France (2) » a-t-on dit. « Élément sain, calme et fort, écrit à son tour Michelet... Nos protestants... *étaient les meilleurs Français de France...* Ils ne demandaient rien qu'à travailler là tranquilles, y vivre et y mourir ».

Ce qu'ils étaient ces « hérétiques » méprisés, ces « fauteurs de troubles » détestés, l'histoire véridique nous l'apprend : *ils étaient l'élite de la France,* l'élite du travail et du savoir. Parmi les ruines de la guerre, en dépit du fanatisme sanguinaire et de la tyrannie monstrueuse, en dépit de la noblesse oisive, des évêques et des intendants, en dépit de tous enfin, de leurs mains et de cerveau ils recréaient une France aux fortes assises, consciente d'elle-même, libérée du joug romain, autonome et puissante, une nation d'avant-garde, laborieuse et lumineuse. Pourquoi s'étonnerait-on de leur supériorité sur leurs concitoyens demeurés catholiques et médiévaux? Comment n'auraient-ils pas été les plus énergiques et les plus libres, ceux qui avaient eu le

---

(1) S. de Sismondi. *Histoire des Français.* Tome XXV.
(2) F. Brunetière. *Revue des Deux Mondes.* 15 octobre 1892.

clairvoyant courage de rompre avec la tradition mensongère, ceux qui avaient encouru la persécution, la ruine, le mépris, les plus sanglants outrages, la torture et la mort, pour suivre, à travers tous les obstacles, la voie qu'ils avaient d'eux-mêmes choisie? Comment n'auraient-ils pas été les plus intelligents ceux qui avaient eu recours à la raison pour réformer leur vie religieuse? Comment n'auraient-ils pas été les meilleurs ceux qui avaient rêvé de substituer à une autorité royale pourrie, un gouvernement républicain fédéral? Par dela les deux siècles qui nous séparent de leur existence, de leurs angoisses et de leurs espoirs, nous comprenons clairement tout ce qu'ils pouvaient engendrer de robuste et de sain dans la nation qui les écrasait.

C'est d'eux qu'aurait pu et qu'aurait du dater l'histoire de la France moderne, de ces affranchis héroïques, de ces vigoureux croyants « hérétiques », qui surent alors montrer, en dépit des persécutions et des massacres, ce que signifiait la Réforme pour la grandeur des Etats. L'avenir de la France s'annonçait grandiose, quand, intervenant soudain, l'Eglise catholique, apostolique et romaine, inquiète du danger que courait sa fille chérie en laissant croître à son flanc l'ulcère de l'« hérésie », ne lui permit pas de s'orienter plus longtemps vers cet avenir libérateur, dont elle redoutait à juste titre l'amertume.

II

L'attentat fut consommé sous Louis XIV.

Louis-le-Grand, le Roi-soleil, apparaît à la lumière de l'histoire, bien différent du monarque idéal que la légende et la flatterie se plurent à créer. Esprit étroit, nature médiocre, ce tyran comédien, tout bouffi d'une suffisance qui dissimulait mal sa faiblesse et sa crédulité, devait naturellement tomber dans tous les pièges qu'on lui tendait. Saint-Simon ne craint pas de dévoiler « l'ignorance la plus grossière en tous genres dans laquelle on avait eu grand soin d'élever le Roi...... », ce roi que l'on nous représente comme éclairé de toutes les lumières. « *L'esprit du Roi était au-dessous du médiocre....*, ajoute Saint-Simon. A peine lui apprit-on à lire et à écrire, et il demeura tellement ignorant que les choses les plus connues d'histoire, d'évènements, de fortune, de conduites, de naissance, de lois, il n'en sut jamais un mot. Il tomba par ce défaut, et quelquefois en public, dans les absurdités les plus grossières. » Si je cite ce trait, c'est pour établir que Louis XIV fut à son insu, une proie offerte aux plus bruyants ou aux plus astucieux, et que sa volonté fut sans cesse à la merci de son entourage, de ses maîtresses et du clergé. Pour l'Eglise, c'était bien là en effet le monarque idéal, celui dont on dirige, avec l'aide de Dieu, les faveurs et les crimes.

Plus de quinze cent mille protestants peuplaient le royaume, isolés dans le travail et dans l'étude, lorsque vinrent à s'exercer contre eux de nouvelles rigueurs. Elles se manifestèrent, dès 1661, par des restrictions imposées à leurs droits, déjà fort limités par les conventions de la paix d'Alais ; et dès lors, l'exemple étant donné, la persécution se généralisa et s'épanouit, dissimulée pendant les quinze premières années environ sous des apparences hypocrites de légalité. On n'assassine pas encore, mais on tue moralement. Les écoles protestantes fermées par autorité de justice, les temples démolis, les consciences pressurées, les enfants arrachés du foyer en vue d'un simulacre de conversion, les vexations, les insultes, les infamies, les persécutions en un mot, quoique non sanglantes jusque là, ne se comptèrent plus.

Je ne ferai pas ici, après tant d'autres, le tableau de ces persécutions. Je me bornerai à rappeler qu'elles suivirent leur voie normale en atteignant la sauvagerie la plus féroce, lorsqu'on eut épuisé tous les scandales, toutes les tortures morales, tous les outrages au droit le plus élémentaire. La « chasse au Réformé » commença ; l'œuvre des bourreaux vint couronner celle des faiseurs d'arrêts et les dragons firent leurs entrée. C'est alors que les hypocrisies cessèrent et que les inquisiteurs masqués apparurent sous leur face véritable de bouchers humains. Toutes les provinces, à l'exception de Paris et de son entourage, les villes et les campagnes que les

Réformés enrichissaient de leur labeur, furent livrées aux bandits de l'uniforme, à ces « missionnaires bottés » qui se chargèrent de démontrer à tous, par le raffinement des supplices qu'ils inventèrent, quelle était l'incontestable supériorité du dogme catholique sur l'« hérésie ». L'assassinat méthodique des Réformés dura près de cinq ans, interrompu par de courtes trêves, pour permettre aux tortionnaires de reprendre haleine. Lorsque l'extermination parut complète et l'hérésie noyée dans le sang ou dans les larmes, l'œuvre catholique et royale fut prête à recevoir son couronnement. Le 22 octobre 1685, Louis-le-Grand, le Roi-Soleil, signa la Révocation de l'Edit de Nantes, c'est-à-dire *l'ordre d'abolition du protestantisme*. Aucun vestige du culte réformé ne devait plus subsister en France et contre les « religionnaires » obstinés dans leur foi, de nouvelles rigueurs allaient être exercées jusqu'au jour où le dernier protestant aurait signé son arrêt de mort ou son abjuration.

Dès le début des hostilités, reconnaissant une dernière fois que, malgré les promesses fallacieuses et les édits violés, ils ne parviendraient jamais à vivre en paix sous le ciel inclément de leur patrie, contraints en outre par la nécessité, des milliers de Réformés franchirent les frontières. Après la Révocation, ce mortel coup de hache porté à l'arbre de leur liberté, malgré la défense, ils suivirent en foule vers l'exil, leurs chefs spirituels bannis. Un grand nombre d'entre eux, néanmoins, parmi les moins hardis, restèrent attachés au sol, sous l'épithète trompeuse de « nouveaux convertis », attendant, en vérité, des jours meilleurs. D'autres périrent dans les supplices ou dans la fuite. Mais cinq cent mille environ, échappant aux persécutions, aux menaces, et à la mort parvinrent à gagner les nations voisines, dans l'espoir d'y trouver un coin de terre qui fut à l'abri des bourreaux de la France orthodoxe.

* * *

J'ai résumé très brièvement l'histoire des persécutions qui aboutirent à la Révocation de l'édit de Nantes. Mon but n'est pas en effet, de refaire pour mon compte personnel, le tableau mille fois tracé des rigueurs dont furent victimes, au XVIIe siècle, les Réformés de France. Mon dessein est tout autre. L'étude suivante n'a pour but que la recherche des responsabilités à établir dans cet énorme attentat aux prodigieuses conséquences. Or, je crois avoir découvert *le vrai coupable, l'auteur responsable de la violation de l'Édit de Nantes, des Dragonnades, de la Révocation et de l'émigration.* Après avoir étudié d'un peu près les personnages de cette sinistre tragédie, la vérité m'est apparue peu à peu jusqu'à devenir éclatante.

Les historiens ont coutume de rejeter indistinctement sur quelques personnages de l'entourage du roi, et sur Louis XIV lui-même, la faute ou le crime de ce qu'on peut appeler l'Inquisition française. Je crois qu'ils ont tort, — du moins en partie.

Il est clair que Louvois, cette froide canaille, ce ministre à la Canovas, la Maintenon fourbe et cruelle, Le Tellier, dont le comte de Grammont disait, en le voyant sortir du cabinet du roi : « Je crois voir sortir une fouine qui vient d'égorger des poulets en se léchant le museau plein de sang »; le jésuite La Chaise, confesseur du roi, l'archevêque de Paris Harlai, le secrétaire d'Etat Chateauneuf, les intendants Marillac, Foucault, Basville, prirent une part active aux massacres et à l'iniquité, et que Louis XIV, le médiocre infatué, encourt, de par le fait même de son autorité, une responsabilité terrible. Certes tous ceux que je viens de nommer conserveront toujours dans l'histoire leur légitime aspect de bourreaux et de complices de bourreaux; mais ils ne furent que des instruments plus ou moins dociles dans la main d'une autorité toute puissante que *personnifiait alors un homme*, sur la mémoire duquel retombe en poids énorme, le crime d'avoir fait torturer, au nom du Dieu d'amour, quinze cent mille de ses « frères en Jésus-Christ ».

Nous avons fait observer plus haut quelle part prépondérante avait prise le clergé de France, dès l'origine et durant tout le seizième siècle, dans les mesures contre les Reformés. Or, que retrouvons-nous à l'origine de la nouvelle et définitive période de violences qui remplit la troisième partie du dix-septième siècle? Est-ce Louis XIV qui, de sa propre inspiration, prélude à l'extermination du parti de la Réforme? Mille fois non! La volonté motrice de cet enchaînement de crimes n'est autre, au dix-septième comme au seizième siècle, que celle de l'Eglise, de ce clergé de France, tout plein du ressentiment d'avoir été contenu depuis Richelieu, inquiet de cette longue trêve durant laquelle les protestants s'étaient accrus en nombre et en valeur, avide de voir s'ouvrir à nouveau l'ère des massacres. Ecoutons l'histoire : « Chaque assemblée quinquennale redoublait, au moment du vote du don gratuit, d'instances pour la destruction de l'hérésie : « Nous ne demandons pas, Sire, disaient les évêques, que votre Majesté bannisse à présent de son royaume cette malheureuse liberté de conscience, qui détruit la véritable liberté des enfants de Dieu, parce que nous ne jugeons pas que l'exécution en soit facile; mais nous souhaitons que si votre autorité ne peut étouffer tout d'un coup ce mal, elle le rende languissant et le faire périr peu à peu (1) » Sous ce langage patelin, ne reconnaissons-nous pas ce fait positif, que *l'épiscopat n'accordait au roi l'argent dont il avait besoin pour entretenir sa valetaille, que contre une promesse formelle de persécution* (2)?

(1) H. Vast. *Histoire de l'Europe.*
(2) Henri Martin insiste également sur ce point :
« La plus grande part toutefois, dans ces mesures malveil-

L'origine de la dernière Inquisition est donc bien nette : elle est sortie tout naturellement des exigences de l'épiscopat. Et cette constatation ne nous était pas inutile avant d'établir la responsabilité capitale de la violation de l'Edit de Nantes avec toutes ses conséquences.

*
* *

Un homme incarne, sous Louis XIV, l'épiscopat français. Il en est à tous les yeux, le cerveau, la volonté, le porte-parole, la « personnification » comme on l'a dit. « Il est le centre des choses spirituelles, le régulateur suprême de toutes les affaires ecclésiastiques, la grande autorité, le chef réel des évêques de France. Depuis saint Bernard, on n'avait pas eu d'exemple d'une influence aussi prépondérante (1). » Il est de plus le chef de l'Eglise Gallicane, qui « voulait être plus catholique que le pape », et dont les membres se montraient les plus acharnés parmi les adversaires de « l'hérésie ». De voix retentissante, d'attitude fière et autoritaire, de foi intransigeante, ce prélat ne tarda pas à occuper, dans l'ordre moral, la première place du royaume.

Cet homme c'est Bossuet.

---

lantes, devait être attribuée, non point à l'initiative du gouvernement, mais à la pression qu'exerçait le clergé sur les dépositaires de l'autorité royale. L'assemblée quinquennale du clergé trop bien secondée par les tribunaux de tout ordre, faisait aux *hérétiques* une guerre acharnée, infatiguable. »

(1) Article *Bossuet* dans le *Grand Dictionnaire universel* de P. Larousse.

Quelle fut sa conduite à l'égard des protestants ?

Le plus acharné de leurs adversaires, il ne cessa un seul instant de les accabler. Dans ses prêches comme dans ses livres, durant toute sa vie, il les poursuivit, dans leur personne et dans leur doctrine, de son mépris et de sa haine. Lorsqu'il n'était encore que grand archidiacre de Metz, il s'opposait déjà par tous les moyens, à ce que les Réformés pussent faire aboutir les plus modestes et les plus légitimes de leurs vœux. Parvenu au sommet de la gloire et des honneurs, sa rigueur implacable redoubla dans le même sens. Bossuet fut l'ennemi-né de tout ce qui touchait à la Réforme, synonyme pour lui de péché et de crime. Cet acharnement passionné, personne d'ailleurs ne le conteste, et ses nombreux admirateurs lui en font gloire.

C'est ici que je suis malheureusement contraint d'abandonner ces derniers à leur filiale dévotion pour suivre le fougueux adversaire de de la Réforme dans une voie que des témoignages irrécusables l'accusent d'avoir suivie, au péril de sa renommée sans tache. Les pieux biographes de l'évêque de Meaux, tout en constatant, à son honneur, que l' « hérésie » protestante lui était en abomination, n'ont qu'une seule voix pour affirmer qu'il n'entendait combattre ses adversaires qu'avec les armes toutes chrétiennes de la persuasion ; que par conséquent, les « excès regrettables », tels que les Dragonnades et la révocation, auxquels s'abandonna le pouvoir civil, ne lui sont imputables en rien. A l'appui de cette assertion, ils citent quelques phrases de Bossuet lui-même, celle-ci, par exemple, extraite d'un placet au roi : « Nous avons à cœur d'établir un ordre et union à Metz entre tous les sujets de Votre Majesté » ; ou encore cette autre : « Attirons les Réformés par la douceur, par l'insinuation, par de solides instructions, comme faisaient les Saints Pères. » Quel que soit mon respect pour le zèle pieux qui anima les Bausset, les Le Dieu, les Guettée et autres panégyristes du grand homme, je suis contraint, devant l'évidence des faits, de les accuser soit d'ignorance, soit de mensonge et d'hypocrisie. Ils ont compté sans l'histoire qui, tôt ou tard, s'illumine de vérité. Pour parer à l'éventualité des reproches que pourraient peut-être adresser à la mémoire de leur héros, quelques « mauvais esprits » fâcheusement soucieux de cette vérité, ils ont fait des efforts touchants et créé de délicieux euphémismes pour nous donner toute confiance en sa douceur, sa modération et sa charité.

En dépit de leur zèle à blanchir l'altier prélat, les faits eux-mêmes sont venus démontrer, dans une éclatante lumière, que Bossuet fut, en réalité le plus féroce, le plus impitoyable, et le plus cynique des inquisiteurs français.

Lorsque ses biographes citent quelques-unes des phrases où le maître comédien fait appel à toute la douceur dont l'âme catholique peut déborder sur ses adversaires, ils oublient d'en transcrire quelques autres qui, mises en parallèle avec les premières, alourdiraient singulièrement leur tâche d'apologistes opiniâtres. Elles suffiraient, telles qu'elles sont, à édifier le lecteur sur les véritables sentiments de l' « aigle de Meaux » à l'égard des « religionnaires ». Par exemple, celle-ci : « Ceux qui ne veulent pas souffrir que le prince *use de rigueur en matière de religion*, parce que la religion doit être libre, sont dans une erreur impie. » Ou bien cette autre : « Les princes ont reçu de Dieu *l'épée pour seconder l'Eglise et lui soumettre les rebelles.* (1) » L'appel à la force me semble assez nettement formulé dans ces deux maximes, de sorte que les faits dont l'exposé va suivre, aussi bien que toutes les violences qu'eurent à subir les Réformés, *étant justifiés d'ores et déjà par Bossuet lui-même*, il n'y aura plus à nous étonner, si nous voyons tout-à-l'heure cette âme d'apôtre se transformer en une âme de bandit.

Vous nous dites, chantres naïfs des vertus du grand homme, que la violence lui fut toujours étrangère, que sa haine contre les Réformés demeura purement dogmatique, et sa parole même vous dément. Je vous dis qu'aux yeux de Bossuet, pour abolir l'hérésie, *tous les moyens étaient bons, surtout les plus odieux*, et que la modération dont il semble se parer à nos yeux, n'est que l'indis-

---

(1) Ce langage est d'ailleurs celui de l'Eglise dans tous les temps. Massillon dira plus tard dans l'oraison funèbre de Louis XIV, et en parlant de ce roi : « Jusqu'où ne porta-t-il pas son zèle pour l'Eglise, cette vertu des souverains qui n'ont reçu le *glaive et la puissance* que pour être les appuis des autels et les défenseurs de sa doctrine. »

pensable vêtement d'hypocrisie dont s'affublèrent les plus grands criminels politiques et religieux. Vous nous dites que les persécutions effrayantes dont furent victimes les protestants de France, ne sont imputables qu'au pouvoir civil. Je vous réponds, l'histoire en main, que Bossuet, représentant le plus illustre de l'épiscopat français sous Louis XIV, en fut l'inspirateur principal, non seulement le complice, mais *l'auteur direct*. Vous nous dites que la Révocation, dont vous êtes contraints malgré vous de reconnaître les conséquences funestes pour la France, fut prononcée à l'encontre des volontés de Bossuet. Je vous démontre qu'elle est le but de ses efforts les plus violents et les plus soutenus, qu'il l'a, pour ainsi dire, dictée, et qu'il en porte la responsabilité devant l'histoire. En affirmant cela, je ne fais que traduire l'histoire, insuffisamment obscurcie par vous et par vos émules pour que la vérité n'en jaillisse pas parfois.

Interrogeons cette histoire.

S'agit-il du rôle de l'épiscopat et du clergé pendant la lutte fratricide? Ecoutez l'historien Weiss: « A Montauban, l'évêque Nesmond convoqua, chez le maréchal de Boufflers, les barons de Mauzac, de Vicoze, de Montbeton. Tout-à-coup les laquais de l'hôtel, embusqués derrière la porte, se jettent sur eux à l'improviste, les terrassent, les contraignent à se mettre à genoux, et, pendant que ces gentilshommes se débattent entre les mains des valets, le prélat fait sur eux le signe de la croix, et leur conversion est censée accomplie. » Aucun moyen ne parut donc trop ignoble au pouvoir ecclésiastique. A ce moment, dans toutes les provinces, le haut et bas clergé se servirent des dragons pour assouvir leur longue rancune contre ces « hérétiques » insolents qui avaient l'audace de se montrer honnêtes, loyaux, intelligents et austères, sans pour cela fréquenter les « sacrements. » « Dans plusieurs bourgades, dit encore le même auteur, *les curés suivaient les dragons dans les rues en criant : « Courage, messieurs; c'est l'intention du roi que ces chiens de huguenots soient pillés et saccagés. »*

S'agit-il de la part effective que prit Bossuet aux persécutions de toutes sortes dirigées contre les protestants? Je n'ai qu'à transcrire les documents suivants :

Dépêche de Pontchartrain à M. de Mesnars, en date du 2 avril 1686 :

« Monsieur, les nommés Cochard, père et fils, s'es tant convertis, il n'y a qu'à renvoyer les ordres qui *avoient esté adressez au lieutenant général de Meaux pour les faire arrester, parce qu'ils n'avoient esté expédiez qu'à cause de leur religion, à la prière de M. l'évesque de Meaux. »*

Autre dépêche de Pontchartrain à M. Phelypeaux, grand vicaire de Meaux, en date du 28 octobre 1699 :

« Monsieur, *ayant receu de M. l'évesque de Meaux un mémoire par lequel il seroit nécessaire de mettre dans la maison des Nouvelles catholiques de Paris, les demoiselles de Chalandos et de Neuville, j'en ay rendu* compte au Roy, qui m'a ordonné de vous escrire d'envoyer prendre une des demoiselles de Chalandos qui s'appelle Henriette et qui demeure au chateau de Chalandos, près de Rebais, et les deux cadettes des demoiselles de Neuville, qui demeurent à Caussy, paroisse d'Ussy, près de Ferté-sous-Jouarre, lesquelles vous ferez conduire, s'il vous plaist, aux Nouvelles catholiques.

« Il y a aussi, dans la même paroisse d'Ussy, deux jeunes demoiselles, nommées de Molliers, *que M. de Meaux croit nécessaire de renfermer*; mais comme elles ne sont pas présentement sur les lieux, il ne faudra les envoyer aux Nouvelles catholiques *que de concert avec M. de Meaux* et dans le temps qu'il dira. »

« Une ordonnance de 1681, déclare le commentateur de ces textes (1), avait autorisé les enfants protestants à abjurer dès l'âge de sept ans, à quitter la maison paternelle et à exiger de leurs parents une pension. Des enfants de sept ans étaient donc jugés capables de discerner le vrai du faux, et de trancher les questions sur lesquelles un Claude et un Bossuet étaient divisés. C'était odieux et absurde. Cette folie était bien digne de germer dans l'esprit d'un Le Tellier ou d'un Louvois, qui, pour étouffer l'hérésie, étaient décidés à tout. Mais comment Bossuet osait-il *faire jeter en prison* ceux que ses exhortations n'avaient pas convaincus ? N'est-ce pas là une basse condescendance pour l'esprit despotique de son temps ? N'est-ce pas une triste aberration de son génie ? »

(1) Article *Bossuet* du Grand Dictionnaire universel de *Larousse*.

Michelet cite également le cas de deux très jeunes filles de Meaux, absolument héroïques dans leur foi, que Bossuet poursuivit de ses basses persécutions, jusqu'à ce qu'il parvint à les faire emprisonner.

« Voici une dépêche, ajoute le même biographe, où nous voyons « le dernier Père de l'Eglise » réclamer l'affectation des biens d'un religionnaire fugitif aux missions organisées dans le diocèse de Meaux, et cela avant même qu'aucun jugement de confiscation fut intervenu !

« *A Monsieur l'évesque de Meaux,*

9 novembre 1699.

« J'ay reçu la lettre que vous m'avez écrite concernant le nommé de Vrillac, de la Ferté-sous-Jouarre, qui s'est absenté et qui a laissé un bien assez considérable, *que vous voudriez appliquer aux dépenses à faire pour l'instruction des nouveaux catholiques*. Mais comme la confiscation ne peut avoir lieu que quand il sera condamné, il faut attendre qu'il ayt esté rendu un jugement contre luy ; après quoy, je le proposerai au Roy, selon vos instructions. »

Autre document :

Note extraite des mémoires d'un augustin déchaussé, Léonard de Sainte-Catherine de Sienne :

« De Paris, ce 5 juillet 1699.

« Deux chefs de famille de la ville de Meaux, de condition fort médiocre, ont écrit à leur évesque depuis quelques jours qu'il leur restoit beaucoup de scrupule sur quelques points de doctrine, et principalement sur celuy du Purgatoire. Ce prélat les envoya quérir et tâcha de leur prouver ce dogme par les meilleures raisons qu'il leur put alléguer. Mais comme ils n'en parurent pas satisfaits et qu'ils ne voulurent point promettre à leur évêque de changer de sentiments, *il les envoya prendre deux jours après par ordre du Roy, et ils ont été conduits dans les prisons de la Conciergerie de cette ville,* où on les fait instruire. »

Ces simples textes se passent, semble-t-il, de tout commentaire. Emprisonnements, spoliations, persécutions, tels sont les moyens évangéliques de conversion dont se sert l'évêque de Meaux.

S'agit-il de la Révocation de l'Édit de Nantes et de la part capitale qu'y prit Bossuet?

Je cite le même auteur (1) :

« Louis XIV, avant de prendre une décision aussi importante que celle de la révocation de l'édit de Nantes, avait tenu un *conseil de conscience particulier,* lequel dissipa ses hésitations. Ce conseil se composait de deux théologiens et de deux jurisconsultes, dont les noms sont restés inconnus. On ne peut donc pas affirmer que Bossuet fut l'un des deux théologiens consultés. Cependant son influence, sa brillante réputation, le crédit dont il jouissait auprès du roi par ses talents incomparables, l'appelaient tout naturellement à donner son avis dans cette mémorable

---

(1) Article *Bossuet* du Grand Dictionnaire Universel de Larousse.

circonstance. C'est une question qui est encore à éclaircir (1).

« Mais il nous semble que la conduite de Bossuet, aussitôt après la révocation, jette sur ce coin obscur de l'histoire une sinistre lueur. En effet, quelle fut alors l'attitude de l'évêque de Meaux? Quels furent ses actes?

« L'édit de Nantes fut révoqué le 22 octobre 1685. La même semaine, Bossuet demandait qu'on lui remît les matériaux des temples de Nanteuil et de Morcerf, situés dans son diocèse. Un des premiers, il dépouillait les victimes! Ce fait odieux est attesté par la dépêche suivante, datée de Fontainebleau, 29 octobre 1685.

« *A Monsieur de Mesnars,*

» Monsieur,

» M. l'evesque de Meaux ayant demandé au roi la démolition des temples de Nanteuil et de Morcerf

---

(1) L'opinion de Henri Martin (Histoire de France, tome XIV) est intéressante à connaître à ce sujet :

« Louis avait longtemps conservé quelques scrupules sur la violation des engagements pris par son aïeul Henri IV; mais ses derniers doutes avaient été dissipés, depuis quelques mois, par un *conseil de conscience particulier*, composé de deux théologiens et de deux jurisconsultes, qui avaient décidé qu'il pouvait et devait révoquer l'édit de Nantes. Les noms des hommes qui assumèrent sur leurs têtes les conséquences d'une telle décision sont restés inconnus : sans doute le confesseur La Chaise fut l'un des théologiens; quel fut l'autre? L'archevêque de Paris, Harlai, n'était peut-être pas en suffisante estime, à cause de ses mœurs. *Le grand nom de l'évêque de Meaux se présente naturellement à la pensée; mais ni la correspondance de Bossuet, ni les documents relatifs à sa vie, ne fournissent de lumières à ce sujet, et l'on ignore s'il faut ajouter une responsabilité matérielle et directe à la responsabilité morale que les maximes de Bossuet et l'esprit de ses ouvrages font peser sur sa mémoire* ».

pour l'hôpital général et pour l'Hôtel-Dieu de Meaux, je vous prie de me faire sçavoir votre advis sur cette demande, afin que j'en puisse rendre compte à Sa Majesté ».

« *A Monsieur l'évêque de Meaux.*

Du 30 octobre 1685.

» Monsieur,

» Je vous envoye le brevet de don des temples de Nanteuil et Mortcerf pour l'hospital général et l'Hôtel-Dieu de Meaux, ainsi que vous les avez demandés ».

Un mois après, nous voyons Bossuet demander les maisons adjacentes aux temples : le succès l'enhardissait... »

Pas plus que les auteurs, dont je viens d'invoquer le témoignage, je ne sais si Bossuet fit partie du « conseil de conscience » qui prépara la Révocation : mais il existe un autre fait qui prouve d'une manière irrécusable jusqu'à quel point il était partisan de cette mesure d'expulsion. C'est encore à Bossuet lui-même que nous empruntons les témoignages accusateurs. Qui est-ce qui, au lendemain de la Révocation, éclata de la plus bruyante joie ? Il n'y a qu'à relire l'oraison funèbre de Michel Le Tellier par l'évêque de Meaux pour se renseigner à cet égard. Ecoutez cet hymne de triomphe saluant la défaite finale de la Réforme en France ; je ne puis résister à la joie de transcrire tout le morceau, tant il est imprégné de saveur :

« Prenez vos plumes sacrées, vous qui composez les annales de l'Eglise : agiles instruments « d'un prompt écrivain et d'une main diligente » hâtez-vous de mettre Louis avec les Constantin et les Théodose....... Nos pères n'avaient pas vu, comme nous, une hérésie invétérée *tomber tout à coup; les troupeaux égarés revenir en foule, et nos églises trop étroites pour les recevoir; leurs faux pasteurs les abandonner, sans même en attendre l'ordre, et heureux d'avoir à leur alléguer leur bannissement pour excuse;* tout calme dans un si grand mouvement; l'univers étonné de voir dans un évènement si nouveau la marque la plus assurée, comme *le plus bel usage de l'autorité*, et le mérite du prince plus reconnu et plus révéré que son autorité même. Touchés de tant de *merveilles*, épanchons nos cœurs sur la piété de Louis; poussons jusqu'au ciel nos acclamations, et disons à ce nouveau Constantin, à ce nouveau Théodose. à ce nouveau Marcien, à ce nouveau Charlemagne, ce que les six cent trente Pères dirent autrefois dans le concile de Chalcédoine; « Vous avez affermi la foi, vous avez exterminé les hérétiques : c'est le digne ouvrage de votre règne, c'en est le propre caractère. Par vous l'hérésie n'est plus. Dieu seul a pu faire cette merveille : Roi du ciel, conservez le roi de la terre : c'est le vœu des Églises; c'est le vœu des Évêques »..... Quand le sage chancelier reçut l'ordre de dresser ce *pieux édit* qui donne le dernier coup à l'hérésie, il avait déjà ressenti l'atteinte de la maladie dont il est mort..... Et il dit en scellant la révocation du fameux édit de Nantes, qu'après *ce triomphe de la foi et un si beau monument de la piété du roi*, il ne se souciait plus de finir ses jours .. »

Page mémorable, chef-d'œuvre du langage dévot, monument de rhétorique stupéfiante ! Le grand homme, l' « aigle de Meaux », le « dernier Père de l'Église », dans un mouvement d'éloquence vraiment digne de servir de modèle à l'éternel jésuitisme, feignant de confondre l'œuvre des dragons avec celle de la divinité, célébrant les immenses bienfaits du règne de Louis XIV, lorsque les hurlements de douleurs des torturés s'élèvent par tout le royaume ! Comprendriez-vous la clameur joyeuse d'un meurtrier, qui, après avoir donné le coup mortel à sa victime, s'écrierait en levant vers les cieux ses mains ensanglantées : « *O puissance et grandeur de Dieu, qui a permis que cet homme tombât sous mes coups !* » Quand bien même il ne subsisterait du crime monstrueux de celui que nous venons de voir présider, à l'exemple presque universel du clergé de France, aux pires violences et à la Révocation, quand il ne subsisterait, dis-je, que ce témoignage écrit de sa main, que ces quelques lignes révélatrices éclairant en traits de flammes sa nature intime, elles suffiraient, je pense, pour couvrir d'un éternel ridicule les biographes effrontés qui s'efforcent de transformer le Chef-Inquisiteur en un modèle de tendresse et de justice.

*
* *

Tel est l'homme qui, d'après Guettée et Bausset, « a de justes droits à la reconnaissance des protestants. » Qu'aurait-il donc pu faire, dieux justes ! pour mériter la haine, non-seulement des protestants, mais de tous les hommes de bonne foi, à moins de se substituer en personne aux dragons, ou de chasser à coups de fouet, hors des frontières, tous ceux qui, comme lui, n'avaient pas le bonheur d'être catholiques, apostoliques et romains ?

Je me résume.

L'opinion publique abusée par des biographes de mauvaise foi et des historiens sans vergogne, considère l'Inquisiteur des Dragonnades comme l'un des hommes les plus vertueux et les plus justes qui ait paru sur la terre. Elle a profondément tort, comme nous l'avons vu.

La vérité est celle-ci :

1° L'épiscopat français, *Bossuet en tête*, a préparé, organisé, dirigé la persécution religieuse qui remplit la troisième partie du dix-septième siècle français.

2° Loin d'avoir répudié les violences exceptionnelles qui ont marqué cette persécution, non seulement Bossuet n'a pas cessé de les justifier, de les encourager et de les aggraver, mais *il y a pris part personnellement* dans des circonstances particulièrement ignobles (rigueurs exercées contre des enfants).

3º Bien que les preuves exactes fassent défaut de sa participation effective au « conseil de conscience » qui prépara la Révocation de l'Edit de Nantes, il est indéniable qu'il approuvait hautement cet acte néfaste, auquel devait aboutir fatalement sa politique vis-à-vis des protestants, puisqu'*aussitôt après la signature de l'édit révocateur, il fait éclater sa joie* en des termes qui ne laissent aucun doute sur ses sentiments à l'égard de cette mesure.

En un mot, Bossuet, pour moi, encourt, devant l'histoire, la *responsabilité principale* dans les persécutions, les Dragonnades et la Révocation avec toutes ses conséquences.

Aucune subtilité de phraséologie, aucun respect, aucune croyance, aucun scrupule ne peuvent s'élever contre cette constatation.

Apôtre, si l'on veut, mais apôtre-bourreau.

III

L'étonnement qu'aura fait naître, chez quelques lecteurs, cette appréciation nouvelle du rôle d'un homme aussi communément vanté que Bossuet, ne me surprend qu'à demi. « Eh quoi, s'écriera-t-on peut-être, nierez-vous, après tout, sa légitime gloire ? Oublierez-vous qu'il fut un philosophe, un politique, un historien, un polémiste, un savant, un écrivain et un orateur de premier ordre ? »

Je ne nie rien, je constate et j'explique. Toutefois il ne serait peut-être pas impossible de réduire à leur juste expression ces qualités fameuses. Bossuet philosophe, politique, historien, polémiste, savant, écrivain, orateur..... Je demande la permission d'examiner en détail ces faces différentes de son génie.

Le philosophe.....

J'emprunte à un auteur déjà cité (1), un excellent résumé de sa doctrine : « On voit bien qu'il s'est nourri du terrorisme biblique bien plus que des tendresses de l'Évangile. *Tout changement est coupable et mauvais, l'état immuable est le seul bien* ; *Dieu est l'immutabilité même*. De ces idées découle nécessairement la *condamnation du monde*, où tout change et se renouvelle. Il n'y a *pas d'harmonie entre le ciel et la terre*, mais opposition ; on ne peut aimer à la fois Dieu et le monde, la vie présente et la vie future, etc. En résumé, l'originalité de Bossuet, comme théologien, est précisément de repousser toute originalité, toute innovation, même tout développement neuf ; de se fortifier *au centre de la doctrine officielle*, de n'admettre que les choses consacrées et ne rejeter aucune de celles qui sont consacrées... »

Cette métaphysique, ayant été définitivement située par d'autres, dans le puits sans fond des

---

(1) Article *Bossuet* dans Larousse : *Grand Dictionnaire*.

erreurs humaines, je ne crois pas nécessaire de commenter ces quelques lignes qui contiennent leur propre jugement.

Le politique.....

« ..... Ses théories sont telles, sur ce point, (l'organisation des sociétés humaines), ajoute le même auteur, que les civilisations asiatiques devraient être regardées comme un idéal en fait de politique et de gouvernement. On n'a jamais en effet, donné une théorie plus complète du despotisme pur, et il serait impossssible d'imaginer un état social plus dégradant, plus voisin de la barbarie : le genre humain n'est plus qu'un bétail, il n'y a plus de société, plus de citoyens, mais des *troupeaux dociles, défilant sous la verge du prince*, qui est nécessairement, fatalement, le représentant de Dieu sur la terre. Bien plus, les rois sont eux-mêmes des espèces de dieux sur la terre. Ecoutez plutôt : « L'autorité royale est absolue... Les princes sont des espèces de dieux, suivant le langage de l'Écriture, et participent en quelque façon à l'indépendance divine... Au caractère royal est inhérente une sainteté qui ne peut être effacée par aucun crime, même chez les princes infidèles... » Bossuet en déifiant le prince, quelqu'il soit et de quelque manière qu'il ait été établi, en le marquant d'un caractère de sainteté qu'aucun forfait ne peut effacer, n'*est plus qu'un adorateur du fait brutal*, de la force pure, et il rétrograde ainsi par dela le moyen âge et jusqu'aux Césars byzantins... »

Je ferai la même observation que pour l'alinéa précédent.

L'historien.....

Je cite encore : « ..... Sa philosophie historique est tout aussi élémentaire, et osons le dire, ne supporte pas mieux l'examen... »

Il nous semble en effet inutile d'insister sur la valeur d'une critique historique pour laquelle les hommes sont semblables à ces figures inertes que fait mouvoir sur un échiquier, qui serait le monde, la main d'un joueur, qui serait Dieu. La conception moderne de l'histoire et de la science sociale, ne permet plus d'ajouter foi aux ingénieuses théories de cette espèce.

Le polémiste.....

Que prouvent les *Avertissements aux protestants*, l'œuvre principale de Bossuet envisagé comme polémiste ? Que trouve-t-il à répondre aux arguments de droit et d'humanité, présentés par son contradicteur Jurieu ? Il lui oppose le dogme catholique, les éternels arguments pourris de la scolastique, les affirmations sans valeur sur lesquelles l'Église asseoie sa domination spirituelle, toutes les pauvretés, un un mot, du fanatisme, rehaussées par l'orgueil de la phrase et du ton. « La stérilité de Bossuet est ici curieuse, observe justement Michelet..... Il a recours aux plus pauvres moyens. » A-t-il osé une seule fois, au cours de ces *Avertissements*, se mesurer avec Jurieu, à armes loyales, c'est-à-dire sur le terrain même de son contradicteur, sur le terrain de l'humanité et du droit ?...

Mais s'il l'eut tenté, n'aurait-il pas du s'avouer vaincu avant de combattre, puisqu'il n'avait de son côté, comme arguments sans réplique, que la justification de la violence et du crime ?

Le savant.....

S'il faut entendre par science l'investigation en tous sens de la nature et la fixation progressive de ses lois, personne n'essayera de nous contredire, si nous affirmons que Bossuet professa toujours pour un aussi vain et insolent savoir le plus orgueilleux mépris qu'il soit possible à un catholique de concevoir pour tout ce qu'enfantent la terre et l'homme. Ses biographes néanmoins s'accordent tous à lui reconnaître une science extraordinaire. Ils ont raison ; mais il faut comprendre que la science pour eux se borne à la connaisssance de l'Écriture sainte et des Pères. Bossuet, en effet, connut à fond les Pères, l'Ancien Testament et quelques philosophes ou moralistes de l'antiquité classique. Toutes ses œuvres sont inondées de citations puisées à ces trois sources principales. Son érudition en ce genre est incontestable : mais ferais-je observer qu'il y a un abîme entre la science et l'érudition, cette dernière n'étant qu'une qualité accessoire pour le savant ? Science signifie avant tout : impartialité, liberté, méthode dans la recherche du vrai. Et Bossuet, en bon catholique, était également dépourvu de ces trois facultés, dont la pratique aurait amené la ruine fatale de cette « foi » qui lui commandait de torturer les meilleurs citoyens de France.

L'écrivain......

C'est ici que les avis sont presque unanimes. « Bossuet est l'un des plus grands écrivains en prose qui ait existé, l'un des maîtres incontestables de la langue française », a-t-on répété partout. L'admiration est générale.

Ce jugement m'a toujours étonné profondément. Pour moi, je n'ai jamais pu explorer cette prose lourde et emphatique sans un sentiment intime de tristesse. J'y ai toujours cherché, mais en vain, la précision, la couleur, la simplicité, la vie, c'est-à-dire ce qui constitue la saveur d'une langue, et je n'y ai trouvé, en échange qu'un pâle ressouvenir de la Bible. La langue de Bossuet porte perruque comme son siècle, elle est pompeuse, théâtrale et boursouflée comme ceux qui en firent usage. Mettez en parallèle La Bruyère et Bossuet qui écrivirent à la même époque, et dites-moi si la lecture du second ne vous paraît pas insupportable après celle du premier. Autant La Bruyère a de saveur et de force, autant Bossuet semble fade et déclamatoire. Entre la langue de Rabelais, de Montaigne, de La Bruyère et celle de Bossuet, il y a tout autant de différence qu'entre un poète populaire et un poète de cour. Le premier suit sa libre inspiration, viole les règles et les traditions ; le second observe en tous points l'étiquette, habille sa pensée d'un perpétuel vêtement de parade. L'un parle une langue humaine et vivante, le second s'exprime d'une manière artificielle et ampoulée. Dans l'avenir le style de

Bossuet ne présentera plus qu'un intérêt d'archéologie et de grammaire. S'il me fallait vraiment considérer cette prose comme l'une des plus belles floraisons de la langue française, j'avouerais hardiment préférer à ce langage d'insupportable apparat, celui qu'emploie dans la rue le passant inculte et brutal.

Philosophe aboli, historien puéril, polémiste sans arguments, homme de culture remplaçant la science par l'érudition, écrivain de cour et d'académie, tel est en somme Bossuet; et nous sommes en droit de nous étonner d'un tel retentissement de sa personnalité à travers les siècles. En quelle partie de sa métaphysique, de sa morale, de ses sermons, de ses oraisons, de ses histoires, s'est-il prouvé original ou génial, créateur ou intuitif? Du lourd amas de ses œuvres, que demeure-t-il pour nous de vivant, d'humain, de véridique, d'éternel, de sincère ou de grand ? Laquelle de ses facultés ou de ses œuvres pourrait-elle légitimer la survie glorieuse de son nom dans la mémoire humaine ? Je l'ignore. Et cependant, je l'avoue : Bossuet est un « homme représentatif. » Le secret de sa gloire est peut-être là. Il possède en lui *quelque chose d'énorme*, une faculté extraordinaire, développée à son maximum, une puissance qu'il est impossible de lui contester. *Il représente le* RHÉTEUR *dans des proportions colossales*. A ce point de vue, il est un maître, une gloire, le héros du verbalisme. La rhétorique s'élève en lui à la hauteur d'une instution. Depuis les Cicéron et les Quintilien, la rhéthorique n'avait pas encore ruisselé sur le monde en flots aussi intarrissables. Bossuet en a tiré des effets prodigieux qui stupéfièrent et qui stupéfient encore tous ceux qui ne demandent pas à être convaincus. Avec quel art il s'en sert ! Elle enveloppe toute son œuvre comme un manteau royal. Elle dissimule savamment aux regards de la foule l'absence de pensée, la pauvreté des arguments, la puérilité de logique, la disette de bon sens. Quel prestigieux illusionniste ! Quel maître du genre ! Pour ce don inépuisable, il peut être appelé grand.

Telle est la supériorité que je reconnais à Bossuet, son incontestable maîtrise de rhéteur. L'esprit obstinément fermé à toutes les voix humaines, il ne connaît que la « parole divine », orgueilleusement campé sur le Dogme, dont il claironne la doctrine à tous les échos. Il est bien si l'on veut, le « dernier Père de l'Église », mais il mérite surtout de demeurer comme le *Prince des Rhéteurs*. Voilà pourquoi il est « représentatif », à la fois de la rhétorique et du catholicisme, si heureusement combinés dans cet homme, pour la gloire de l'Église et de la « Vérité », qu'elle distille aux humains.

Si l'on me demandait, après cela, quelle conséquence peut avoir pour une nation, l'abandon de sa direction politique et religieuse entre les mains d'un pur rhéteur, je me contenterais de rappeler, d'après l'histoire, ce que la France doit aux bons avis de Bossuet.

Le comédien peut exceller sur ses tréteaux ; dans le cabinet gouvernemental sa présence est dangereuse.

*
* *

Si quelques-uns estiment qu'il y a presque incompatibilité entre le génie de Bossuet et le rôle odieux que lui assigne l'histoire — et nous venons de dire pour quelles raisons nous ne sommes pas de cet avis, — d'autres s'étonneront de l'ascendant tout-puissant qu'il dut posséder sur l'esprit du roi, pour diriger de haut l'Inquisition.

Il est nécessaire, pour comprendre cette influence, de connaître la situation exacte de Bossuet vis-à-vis de Louis XIV. Nous avons déjà vu ce qu'était, au dire de Saint-Simon, cet éblouissant monarque : en tous points, un médiocre. Et comme tous les médiocres, il ne fut qu'un jouet entre les mains des flatteurs. Ecoutons encore le clairvoyant Saint-Simon : « Les louanges, disons-mieux, la flatterie lui plaisait à tel point, que les plus grossières étaient bien reçues, les plus basses encore mieux savourées. Ce n'était que par là qu'on s'approchait de lui, et ceux qu'il aima n'en furent redevables qu'à heureusement rencontrer, et à ne se jamais lasser en ce genre. C'est ce qui donna tant d'autorité à ses ministres, par les occasions continuelles qu'ils avaient de l'encenser, surtout de lui attribuer toutes choses, et de les avoir apprises de lui. La souplesse, la bassesse, l'air admirant, dépendant, rampant, plus que tout, l'air de néant sinon par lui, étaient les uniques voies de lui plaire... (1) » Bossuet comprit mieux que personne de quel moyen il fallait user pour conquérir la confiance du roi. Aussi le voyons-nous, au cours de tous ses ouvrages, de tous ses sermons et de toutes ses oraisons, inonder Louis XIV des flatteries les plus basses et les plus insensées qu'il soit possible à l'esprit courtisanesque de concevoir. Lorsqu'on parcourt soit telle oraison funèbre, soit tel chapitre de la *Politique tirée de l'Écriture sainte*, en tenant compte même des mœurs de la monarchie absolue, il est impossible de ne pas être frappé de la platitude des épithètes dont l'évêque accable le roi. Bossuet semble se rabaisser volontairement au rôle d'un valet, dont l'unique préoccupation est d'envelopper son maître de louanges tellement hyperboliques que celui-ci bientôt enivré, se laisse peu à peu conduire par l'adroit flagorneur. Il parvint rapidement au but désiré : conquis par un tel assaut de louanges hyperboliques, Louis prit en affection profonde cet adorateur éperdu de la tyrannie. Le comédien du trône et le comédien de l'autel s'étaient compris. « Leurs destinées s'inclinent l'une vers l'autre et se joignent pour ne plus se séparer. (2) » Le roi s'en fit son allié, son directeur de conscience et lui confia l'éducation du dauphin. Désor-

(1) Saint-Simon. *Mémoires*. Tome XII.
(2) Henri Martin. *Histoire de France*. Tome XII.

mais les deux complices opèreront ensemble.

Bossuet ne fit dès lors qu'avancer dans la confiance du roi. Il s'insinua dans la vie privée de son maître, dans sa vie amoureuse même, afin de pouvoir le mieux tenir en sa main. C'est encore Saint-Simon qui en témoigne : « Bossuet tenait au Roi par l'habitude et l'estime, et par être entré en évêque des premiers temps dans la confiance la plus intime du Roi, et la plus secrète, dans le temps de ses désordres. » Lorsque Louis XIV fut las de ses maîtresses, ce fut Bossuet qui, aidé du confesseur La Chaise, le poussa à la dévotion et au repentir de ses désordres. Il lui fit entrevoir l'expiation des scandales de sa vie intime dans la lutte contre la Réforme. Il lui présenta cet écrasement de « l'hérésie », comme l'œuvre que le ciel exigeait de sa piété et de son repentir, comme le couronnement de sa conversion et de son règne. On comprend dès lors, qu'avec toute l'autorité de son rôle de directeur de conscience, Bossuet ait eu assez d'ascendant sur l'esprit du roi pour contraindre sa volonté hésitante à sévir contre les protestants. Et le despote, malgré sa vanité bouffonne, conduit en laisse par l'Église comme il l'avait été par ses maîtresses, obéit au perfide conseil de celui qui l'avait peu à peu conquis à la fois par son grand air et par ses flatteries.

L'Église triomphait ; car ce n'était pas seulement Bossuet, mais l'épiscopat français presque tout entier qui allait voir son plus cher désir se réaliser. « On peut réfléchir en passant, observe

Saint-Simon, sur la dureté du joug que le clergé exerce sur les plus grands rois qui ont eu la faiblesse de se le laisser imposer. » A nul autre temps cette remarque ne s'appliqua mieux qu'à celui-ci. Impuissant à persuader par les seuls moyens d'oppression morale dont il dispose, le pouvoir religieux fait appel aux pouvoirs civils. C'est par la soldatesque qu'il veut avoir raison. Coutumière infamie de ceux qui se disent les instruments d'une puissance d'amour et qui ne mettent en œuvre que la haine et que l'épée ! Le bas clergé suivait avec enthousiasme l'exemple de ses maîtres. Ce fut dans chaque province, dans chaque ville, la revanche de la plèbe cléricale contre l'élite travailleuse, intelligente, silencieuse et loyale que représentaient les Réformés. La tourbe paysanne et ouvrière, soulevée à la voix du clergé, assouvit sa basse haine contre ceux dont la prospérité récompensait les travaux.

Le roi inclinait plutôt vers la modération, car sa nature n'était point portée vers la cruauté ; la violence même de la persécution prouve quelle dut être la pression du clergé sur sa volonté, jusqu'à le faire se parjurer, puisqu'à plusieurs reprises, il avait solennellement confirmé l'Édit de Nantes. A ce changement soudain dans la conduite vis-à-vis des protestants, du « monarque qui était abusé à ce point par ses guides spirituels [1] », il est impossible de ne pas recon-

---

[1] S. de Sismondi. *Histoire des Français.* T. XXV.

naître l'intervention toute-puissante de l'épiscopat. D'autant plus que le désir de massacrer les Réformés était loin d'être unanime. Le Parlement de Paris, quelques intendants parmi lesquels d'Aguesseau, un prélat même, l'évêque d'Oléron, l'honnête Vauban, ainsi que de nombreux catholiques étaient absolument opposés aux persécutions. Mais que pouvaient ces voix isolées contre les Jésuites et les évêques, dont Louis XIV était désormais la proie, contre l'autorité d'un Bossuet? Il faut connaître, pour comprendre l'attentat, la haine furieuse du clergé français craignant la diminution de ses revenus et de son autorité, contre les protestants et contre l'Édit de Nantes; par cette mesure, en effet, et « pour la première fois, comme l'a fait observer Weiss, (1) le pouvoir civil en France s'élevait hardiment au-dessus des partis religieux, et posait les limites qu'il ne leur était permis de franchir, sans violer la loi de l'État. » L'Édit de Nantes, c'est-à-dire la naissante liberté de conscience, c'était, pour le clergé, la Bastille qu'il fallait, à tout prix, emporter. Et il y parvint, par l'entremise des dragons.

Armés de la fourberie profonde qui constitue le meilleur de leur force, les historiens catholiques, nous l'avons déjà vu, protestent invariablement contre l'attribution au pouvoir religieux de la responsabilité des violences. Admirons leur sublime naïveté... « L'Église, nous

(1) Weiss. *Histoire des réfugiés protestants de France*. Tome I.

disent-ils, est innocente des excès qui furent alors commis au cours de la destruction de l' « hérésie ». Le pouvoir civil en est seul responsable, puisqu'à lui seul appartient la force. » L'argument est connu : il tend à démontrer que, si, manquant de la force nécessaire, vous mettez le couteau aux mains d'un être robuste et dont vous avez fait votre chose, pour l'employer à vos desseins homicides, le meurtrier c'est lui, et c'est vous l'innocent ; que si vous prêchez le crime, laissant aux autres le soin de l'accomplir, vous demeurez sans reproche. Michelet — qui, malgré son respect, a cloué Bossuet au pilori de l'histoire pour sa conduite à l'égard des Réformés — a su caractériser cette hypocrisie sanglante : « Les effrontés apologistes de la Révocation, Maimbourg, Brueys, Varillas, osaient écrire et imprimer qu'on n'avait point persécuté. Mais Bossuet ajoutait qu'on avait le *droit* de persécuter. « L'Église ne le fait pas, dit-il, car elle est faible. Mais les princes ont reçu de Dieu l'épée pour seconder l'Église et lui soumettre les rebelles. »... C'est sur ce *droit* de forcer la conscience que s'engage la querelle... Bossuet n'échappe aux prises de Jurieu qu'en s'enfonçant dans sa barbare doctrine, en soutenant, contre la nature, la pitié, la justice, — le faux droit de la tyrannie. Mais pendant la dispute, *le pied lui glisse dans le sang* (1). »

Le représentant le plus illustre de ce clergé

---

(1) Michelet. *Histoire de France*. Tome XIII.

qui aurait toujours, au dire de ses suppôts, répudié la violence, Bossuet, est, en réalité, un inquisiteur de race. La haine sauvage dont il fit preuve en d'autres circonstances, envers le doux et inoffensif Fénelon, montre bien que la violence lui était naturelle. Les plus impitoyables d'entre les tortionnaires ont coutume d'appeler à leur secours cette feinte douceur, cette humilité jésuitique qui ne persuadent que les niais. Quand le futur évêque de Meaux écrivait dans un placet au roi : « Nous avons à cœur d'établir un ordre et union à Metz entre tous les sujets de Votre Majesté », cela voulait dire qu'il prétendait user de tous les moyens pour refuser le droit de vivre à une fraction de la population de Metz; plus tard dans un prêche aux *Nouvelles Converties*, s'adressant aux protestantes arrachées par la force à leurs maris ou à leurs pères, puis incarcérées, il les nommera : « ces pauvres filles, qui sont venues à l'Eglise,... qui ont couru à nous... »! « Il est dans sa tradition, pourrions-nous ajouter en lui appliquant cette remarque d'un contemporain (1), dans sa tradition de paroles exquises et d'actes barbares : toute l'histoire de l'Église. « Paix aux hommes de bonne volonté ! » Traduction : le bûcher. » De même par cette expression d'allure pacifique, alors usitée, la « réunion des religionnaires », il faut entendre le plus souvent leur extermination par la force armée, la roue, le gibet, la

---

(1) G. Clémenceau.

mutilation, les galères et les outrages de toute nature. Bossuet faisait partie du « conseil secret pour la réunion des religionnaires »; il en était même le membre le plus influent. A l'égard des nobles et des hommes illustres de la Réforme on employait l'intrigue. Aux yeux des premiers on faisait miroiter de riches alliances et des faveurs spéciales, tandis qu'on circonvenait les seconds, comme il advint du vieux ministre Ferri dont Bossuet tenta en vain la conversion ; ce qui fit inspira au ministre Bernegger cette phrase bien caractéristique : « Ces beaux projets d'accord ne me semblent, désormais, que de beaux songes ; et, quelquefois, *la peau du lion, ne servant plus de rien, on prend celle du renard.* » A l'égard de la bourgeoisie et du peuple on employait les dragons ; on jugeait cet argument assez clair. Le double caractère de fourberie et de violence des « conseillers secrets » apparaît bien dans cette duplicité des moyens de conversion.

Alors même qu'il serait possible, en rejetant les preuves les plus évidentes, d'innocenter l'Église des crimes de cette Inquisition, à qui fera-t-on croire que l'épiscopat ignorait les Dragonnades? S'il avait eu le moindre souci d'humanité ou même de sa propre dignité, son devoir n'était-il pas de s'opposer à ce qu'on fît le plus léger tort aux Réformés, de faire en sorte qu'on laissât agir sur eux la puissance du livre, du prêche, de la controverse? A qui fera-t-on croire davantage que l'épiscopat ignorait le mérite, l'importance sociale, de ceux dont il exigeait l'extermination, dont il provoquait la fuite ou la ruine, et le péril que cette fuite occasionnerait tôt ou tard ? C'est pourquoi je trouve bien naïve la duplicité des historiens d'Église, qui devraient avouer franchement, si la franchise leur était permise, qu'en cette circonstance comme en tous temps, l'Église ne fut arrêtée par aucun scrupule et ne recula devant aucun moyen pour imposer sa domination.

D'ailleurs, sous ce règne, l'ignominie et la folie semblent régner en maîtresses. Les citoyens de France, fanatisés, se transforment en valets de l'épiscopat. Michelet l'avoue sans feinte : « Le dix-septième siècle, avec sa majestueuse harmonie, qu'il couvre de choses fausses et louches ! Tout est adouci, nuancé dans la forme, et le fond est souvent pire. Pour remplacer les inquisitions locales, vous avez la police des Jésuites, armée du pouvoir du roi. Pour une Saint-Barthélemy, vous avez la longue, l'immense révolution religieuse qu'on appelle Révocation de l'édit de Nantes, cette cruelle comédie de la conversion forcée, puis la tragédie inouïe d'une proscription organisée par tous les moyens bureaucratiques et militaires d'un gouvernement moderne !..... Bossuet chante le triomphe. Et le faux, le mensonge, la misère éclatent partout ! » (1). Témoignage plus significatif encore : M. Brunetière lui-même, le chantre attitré de

---

(1) Michelet. *Du prêtre, de la femme, de la famille.*

Bossuet, est contraint à cet aveu : «...De n'avoir point senti ce qu'il y avait de force ou de vertu morale dans le protestantisme, d'avoir sacrifié, si je puis ainsi dire, au rêve d'une unité toute extérieure, purement apparente et décorative, la plus substantielle des réalités, voilà ce que l'on ne saurait trop reprocher à Louis XIV... (1) » Alors que les protestants, poursuivis l'épée dans les reins, s'enfuient par toutes les frontières, pour échapper au sort commun, Louis XIV écrit en Hollande et en Angleterre « *qu'il n'y a point de persécution, que les protestants émigrent par caprice d'une imagination blessée.* (2). » La Maintenon spécule sur les terrains que les persécutés étaient contraints, pour s'enfuir plus vite, de vendre à vil prix. L'insupportable péronnelle qu'est la Sévigné s'écrit en parlant de la Révocation : « C'est la plus grande et la plus belle chose qui ait été imaginée et exécutée. » Fléchier, Massillon, l'abbé Tallemand, de l'Académie font éclater leur enthousiasme au même sujet. Des règnes tels que ceux de Louis XIV, si l'on avait le moindre souci de la justice et de la vérité, devraient être considérés comme des périodes d'obscurcissement national, des périodes ensevelies sous la détresse et sous la honte. Mais, que dis-je, tant qu'il existera des historiens assez aveugles ou d'assez mauvaise foi pour qualifier, par exemple, l'institution de la *caisse des conversions* de Pellisson, cet ignoble et

---

(1) F. Brunetière. *Revue des Deux Mondes.* 15 octobre 1892.
(2) Dépêches de d'Avaux.

grotesque achat des consciences pour un peu d'or, de « *mesure d'humanité* », comment pourrait-on exiger que la vérité se fît enfin jour? Depuis l'empire romain de la décadence, il n'avait été peut-être pas été donné au monde d'atteindre une telle profondeur d'inconscience dans le crime. Rien ne manque à la bassesse de cette époque et je me demande comment il peut se trouver encore des historiens assez dépourvus de clairvoyance pour en tenter la glorification. Après avoir décrit cet énorme crime de lèse-nation et de lèse-humanité, il faut jeter un voile de deuil sur cette partie de notre histoire dont les Bossuet et les Maintenon, les Louis XIV et les Louvois, les évêques et les intendants semblent avoir uni leurs efforts pour laisser après eux, à leur patrie, un nom déshonoré.

***

Si, grâce à ceux que nous venons de nommer, c'est-à-dire grâce à la monarchie et au catholicisme, cette époque peut être considérée comme l'une des plus honteuses de notre histoire, le spectacle offert par les persécutés, c'est-à-dire par les représentants de la conscience et du droit, est l'un des plus grandioses dont la France et l'Europe aient été les témoins.

Nous avons pu déjà le constater : ceux que Louis XIV et les catholiques feignaient de considérer comme les ennemis de la nation, en constituaient, à vrai dire, l'élite. Les Réformés ne demandaient qu'à vivre en paix dans le travail et dans l'étude, au sein de leur patrie qu'ils enrichissaient. Pendant les premières années de persécutions, ils ne cessèrent d'envoyer au Roi des suppliques empreintes de la plus touchante modération, l'assurant de leur fidélité loyale à sa personne, lui faisant part des misères qu'ils enduraient, et invoquant ce droit à l'existence qui leur avait été conféré par ses prédécesseurs, cette assurance de vie solennellement garantie par Henri IV et par Richelieu, confirmée par Louis XIV lui-même au début de son règne. Ce sont ces doléances et ces représentations qu'énumère le pasteur Claude dans sa fameuse *Requête des protestants de France*. Ils espérèrent longtemps que justice leur serait rendue, ne voulant pas croire encore que de tels crimes pussent être commis avec l'agrément du pouvoir. « Du milieu des supplices et du fond des galères, écrit Michelet, les ministres firent encore un appel à la discussion, et Bossuet répondit par un altier mépris à ces hommes livrés au bourreau. » Et lorsque rendus à l'évidence ceux qui étaient encore libres, furent résolus à s'enfuir, la nécessité seule les y força. « La fuite du protestant est chose volontaire, écrit encore Michelet. C'est un acte de loyauté et de sincérité, c'est l'horreur du mensonge, c'est le respect de la parole. Il est glorieux pour la nature humaine qu'un si grand nombre d'hommes aient, pour ne pas mentir, tout sacrifié, passé de la richesse à la mendicité, hasardé leur vie, leur famille, dans les aventures périlleuses d'une fuite si difficile. On a vu là des sectaires obstinés, j'y vois des gens d'honneur qui par toute la terre ont montré ce qu'était *l'élite de la France*. La stoïque devise que les libres penseurs ont popularisée, c'est justement le fait de l'émigration protestante, bravant la mort et les galères, pour rester digne et véridique : *Vitam impendere vero*. La vie même pour la vérité !...

« ... Les plus sages catholiques et les mieux informés, les gouverneurs, les intendants... témoignent que, ni pour les mœurs, ni pour l'instruction, les catholiques ne soutenaient la comparaison avec les protestants, ni les prêtres avec les ministres... En ce sens, les protestants persécutaient, humiliaient le clergé. Leur vie, serrée et régulière, en semblait la satire, et celle même des catholiques en général. Le grand trait des mœurs de ce temps, la dévotion galante et la pénitence amoureuse, l'universalité de l'adultère, distinguaient, séparaient fortement les deux sociétés. La grande France, dévote et mondaine, avait sa bête noire en la petite, chagrine, austère, qui, sans rien dire, contrastait par ses mœurs, importunait de son triste regard (1). »

Ce petit peuple héroïque des Réformés de France possédait en lui des trésors d'énergie pour l'avenir. Lorsque des centaines de mille

---

(1) Michelet. *Histoire de France*. Tome XIII.

d'entre eux eurent franchi les frontières, ce fut comme si des flots de sang se fussent échappés des veines de la France, qui en demeura languissante. Le spectacle qu'ils donnèrent au monde, au milieu des supplices, est l'un des plus sublimes de l'histoire. Ces hommes et ces femmes, traqués comme des fauves, mais inébranlables en leur croyance, se réunissaient dans les lieux les plus sauvages, les plus déserts, pour prier en commun et se retremper dans leur foi. Souvent les dragons du roi, lancés à leur poursuite, surgissaient au milieu des cantiques, et c'est à peine si quelques malheureux échappaient au massacre. Le désir de la fuite les transformait en héros. Tantôt ils confiaient leur sort à quelque frêle barque qui, par une nuit d'orage, lorsque la surveillance des sentinelles postées sur les côtes, pouvait être plus facilement trompée, les portait en Angleterre. Tantôt suivis de leurs familles, des femmes et des enfants, ils s'engageaient à travers les montagnes pour gagner la frontière ou périr engloutis dans les précipices. Aucun péril ne les rebuta, et ce qui les soutint dans la pire détresse, ce fut la volonté invincible d'échapper aux bourreaux de Louis XIV, et de vivre librement leur vie sur une terre de liberté.

Quoique gentilhomme catholique, Saint-Simon fut assez large d'esprit et de cœur pour ne pas dissimuler la sympathie profonde que lui inspirèrent ces victimes de la théocratie : « La révocation de l'édit de Nantes, écrit-il, sans le moindre prétexte et sans aucun besoin, et les diverses proscriptions plutôt que déclarations qui la suivirent, furent les fruits de ce complot affreux qui dépeupla un quart du royaume, qui ruina son commerce, qui l'affaiblit dans toutes ses parties, qui le mit si longtemps au pillage public et avoué des dragons, qui autorisa les tourments et les supplices dans lesquels ils firent réellement mourir tant d'innocents de tout sexe par milliers, qui ruina un peuple si nombreux, qui déchira un monde de familles, qui arma les parents contre les parents pour avoir leur bien et les laisser mourir de faim ; qui fit passer nos manufactures aux étrangers, fit fleurir et regorger leurs Etats aux dépens du nôtre et leur fit bâtir de nouvelles villes, qui leur donna le spectacle d'un si prodigieux peuple proscrit, nu, fugitif, errant sans crime, cherchant asile loin de sa patrie ; qui mit nobles, riches, vieillards, gens souvent très estimés pour leur piété, leur savoir, leur vertu, des gens aisés, faibles, délicats, à la rame, et sous le nerf très effectif du Comité, pour cause unique de religion ; enfin qui, pour comble de toutes horreurs, remplit toutes les provinces du royaume de parjures et de sacrilèges, où tout retentissoit de hurlements de ces infortunées victimes de l'erreur, pendant que tant d'autres sacrifioient leur conscience à leurs biens et à leur repos, et achetoient l'un et l'autre par des abjurations simulées d'où sans intervalle on les traînoit à adorer ce qu'ils ne croyoient point, et à recevoir réellement le divin corps du Saint des saints, tandis qu'ils demeuroient persuadés qu'ils ne mangeaient que du pain, qu'ils devoient encore abhorrer. Telle fut l'abomination générale enfantée par la flatterie et par la cruauté. De la torture à l'abjuration et de celle-ci à la communion, il n'y avoit pas souvent vingt-quatre heures de distance et leurs bourreaux étaient leurs conducteurs et leurs témoins. Ceux qui, par la suite, eurent l'air d'être changés avec plus de loisir, ne tardèrent pas, par leur fuite ou par leur conduite, à démentir leur prétendu retour.

« *Presque tous les évêques se prêtèrent à cette pratique subite et impie. Beaucoup y forcèrent; la plupart animèrent les bourreaux*, forcèrent les conversions et ces étranges convertis à la participation des divins mystères, pour grossir le nombre de leurs conquêtes, dont ils envoyaient les états à la Cour pour en être d'autant plus considérés et approchés des récompenses. »

Tel est le tableau présenté par un contemporain. Que pourrait-on y ajouter ? La situation est nette. D'une part, éclatent l'énergie, l'honnêteté, le loyalisme, la valeur, l'intelligence, l'amour de la justice, l'héroïsme des victimes protestantes ; d'autre part, la lâcheté, l'iniquité, la bassesse, le crime, la sottise des persécuteurs catholiques et royaux.

A cette époque, ce sont les protestants qui représentent la vraie France, industrieuse et sagace, d'esprit ouvert et de forte activtté. Situés du côté du droit et de la justice, ils sont orientés vers l'humanité future. Bossuet et ses émules symbolisent à merveille l'éternelle rhétorique catholique et latine, se payant des mots et d'attitudes, l'erreur battue en brêche, qui appelle à son secours la violence et la mauvaise foi, le faux esprit de Rome s'efforçant d'étouffer le sentiment national.

Il n'est pas exagéré de dire qu'à cet instant, à l'aube des temps modernes, grâce à l'industrie et à l'esprit, au travail et à la droiture des Réformés, la France s'acheminait vers un avenir certain de prospérité et de stabilité, si la voix d'un prélat catholique, armant la faible main d'un despote, n'avait écrasé brusquement cet avenir dans son germe, au nom de la « Vérité ». Minute tragique de notre histoire ! Inexprimable mélancolie ! En cet instant, la France se barre d'elle-même l'avenir, en permettant au pouvoir religieux d'entraver par de nouveaux obstacles son évolution vers l'autonomie morale. Aucune expiation de ce forfait aux conséquences ineffaçables ne peut plus être admise, et le geste de Bossuet plane encore sur notre destin.

L'Eglise de France, en trahissant la cause nationale, se déshonore une fois de plus, et c'est en elle qu'il faut reconnaître l'origine des désastres postérieurs de la France, qu'elle amputa de ses plus nobles individus. Qu'importe d'ailleurs à un Bossuet ou à tel évêque que la nation, dont ils déterminent le futur, s'achemine vers le néant, lorsque la voix formidable du fanatisme leur commande de sacrifier toujours cette nation au Moloch-« Vérité » ?

L'une des médailles frappées pour perpétuer le souvenir de cet acte mémorable, l'écrasement, pour un siècle, de la libre pensée religieuse en France, représente « *la Religion plantant une croix sur des ruines*, pour marquer, ajoute Weiss, le triomphe de la vérité sur l'erreur, avec cette légende : *Religio victrix* ». Je découvre dans cette médaille, un sens qui dut échapper aux hommes d'alors. Ces ruines, en effet, ce ne sont pas uniquement celles de l' « hérésie », celles d'un petit peuple endurant et fier, ce sont aussi les ruines de la France, que cette élite conduisait lentement à l'avenir, et qui demeure sans force, comme prostrée, après ce coup de poignard dont l'Eglise l'a frappée au cœur. Cette croix triomphante, qui se dresse au-dessus des ruines de la France, n'est-elle pas un symbole effrayant de vérité ? N'est-elle pas une illustration frappante de l'attentat commis par les représentants de l'Eglise sur la France, de ce triomphe néfaste du pouvoir religieux, qui, pour marquer sa domination, plante sur les ruines qu'il a amoncelées, la croix de Jésus ? Symbole abominable, d'un grandiose enseignement ! La croix de Jésus, le juste et le pitoyable, passée aux mains des prévaricateurs et des bourreaux, se dresse alors, dans tout l'éclat de sa victoire, sur les débris d'un peuple de trente millions d'hommes, dont elle a fait sa proie, sa chose et sa conquête...

Réfléchissons à cela.

IV

Une tâche importante nous reste, celle de relater un dernier fait, le plus frappant peut-être, celui qui nous permettra de porter un jugement d'ensemble sur le rôle social de Bossuet.

Les persécutions du seizième et du dix-septième siècles, les dragonnades et la Révocation ont chassé de France sept cent mille Réformés.

Que se passe-t-il ?

Les nations protestantes qui avaient assisté avec horreur aux scènes de carnage dont la France offrait alors le spectacle, n'osant intervenir par crainte de Louis XIV, accueillent avec enthousiasme les fugitifs. L'Angleterre, la Hollande, le Danemark, la Suisse et le Brandebourg leur offrent à l'envi asile et réconfort, tandis que quelques-uns de ces proscrits se réfugient jusqu'en Islande, en Amérique et au Cap de Bonne-Espérance. Cette conduite de l'Europe protestante envers nos proscrits avait un double motif : la solidarité de croyance d'abord, ensuite l'appât de la richesse et de la civilisation qu'ils apportaient avec eux.

Ne nous occupons que des protestants français réfugiés dans le Brandebourg. Cela suffira pour nous faire comprendre cette parole de Michelet : « La Révocation n'est nullement une affaire de parole. *C'est une lourde réalité, matériellement immense* (effroyable moralement). »

L'ouvrage de Weiss nous permet de suivre pas à pas la fortune de nos proscrits.

L'électeur Frédéric-Guillaume, « le véritable fondateur de la grandeur de sa maison », comprit tout ce que son pays stérile et sauvage pouvait gagner en mettant à profit la faute énorme que la France venait de commettre. A la Révocation de l'édit de Nantes il répondit, le même mois, par l'édit de Postdam où il disait notamment :

« Comme les persécutions et les rigoureuses procédures qu'on exerce depuis quelque temps en France contre ceux de la religion réformée ont obligé plusieurs familles de sortir de ce royaume et de chercher à s'établir dans les pays étrangers, nous avons bien voulu, touché de la juste compassion que nous devons avoir pour ceux qui souffrent pour l'Evangile et pour la pureté de la foi que nous confessons avec eux, par le présent édit, signé de notre main, offrir aux dits Français une retraite sûre et libre dans toutes les terres et provinces de notre domination ; et leur déclarer en même temps de quels droits, franchises et avantages, nous prétendons les y faire jouir, pour les soulager, et pour subvenir en quelque manière aux calamités avec lesquelles la Providence divine a trouvé bon de frapper une partie si considérable de son église. »

La réponse à cet appel ne se fit pas longtemps attendre. Des milliers de Français accoururent à Berlin et dans les autres villes du Brandebourg : militaires, gentilshommes, gens de lettres, marchands, manufacturiers, laboureurs.

Vingt-cinq mille d'entre les réfugiés entrèrent dans l'armée de Frédéric Guillaume, parmi lesquels six cents officiers et des régiments entiers, uniquement composés de Français. Les gentilshommes remplirent des emplois à la cour et dans la diplomatie. Les gens de lettres, les théologiens, les artistes, les juristes et les médecins apportèrent le concours de leurs lumières. Les commerçants et les manufacturiers enrichirent la nation. Les teinturiers, les tanneurs, les mégissiers, les gantiers, les papetiers, les tapissiers, les verriers, les fondeurs, les armuriers, les serruriers, les potiers, les orfèvres, les graveurs, les horlogers, les brodeurs, les tailleurs, les cuisiniers, les quincaillers, les épiciers, les libraires fondèrent une véritable industrie nationale en Prusse, enlevant de ce fait à la France la plus grande partie de ses monopoles. Les laboureurs, les jardiniers, les maraîchers, les vignerons défrichèrent des régions entières du pays. Dix mille Français vinrent s'établir à Berlin et « contribuèrent à transformer cette ville qui ressemblait avant eux à une étable infecte habitée par quelques milliers d'engraisseurs de bétail, en une capitale élégante, ornée de palais somptueux, de maisons commodes et dont la population fut portée rapidement de sept mille à vingt-sept mille habitants. » (1) Le résultat fut prodigieux.

« Avant la révocation de l'Edit de Nantes, dit

---

(1) Weiss. *Histoire des réfugiés protestants de France.*

M. Vacher de Lapouge en une page mémorable (1), la Prusse n'était qu'un petit Etat misérable, à demi désert et sans industrie, Berlin une petite ville ou plutôt un grand village malpropre. En moins d'un demi-siècle, les réfugiés eurent fait de Berlin un grand centre en toutes choses, et *ils donnèrent à la Prusse une armée puissante*..... Autour de Postdam se groupaient plusieurs milliers de familles de protestants messins. Leurs descendants sont en partie retournés à Metz et constituent avec des noms français la population *la plus antifrançaise* de toute l'Alsace-Lorraine. Rétablis par la Prusse, ils sont *le plus solide appui de la puissance prussienne* dans les provinces annexées... *La puissance militaire de la Prusse remonte à cette époque*, elle vient du développement de ce premier noyau..... Une bonne partie de *la classe dirigeante* de la Prusse descend d'une manière directe ou par les femmes de ces réfugiés et surtout des officiers protestants. On sait que *nous n'avons pas en Allemagne d'ennemis plus intransigeants*..... La Prusse existait à peine avant l'édit de Postdam : le lendemain elle avait les éléments d'une prospérité qui devait faire d'elle une grande puissance, tandis que la France, appauvrie d'autant, commençait sa marche vers le déclin. La révocation de l'Edit de Nantes a été pour la France un fléau pire que la peste, car la peste ne choisit guère et la persécution choisit les meilleurs pour les frapper.

(1) G. Vacher de Lapouge. *Les Sélections sociales.*

Si la Prusse n'avait pas reçu cette impulsion soudaine, si elle n'avait pas absorbé toute cette force d'eugénisme, ses destinées n'auraient pas, malgré tout le génie d'une série de grands princes, balancé celle des autres états allemands. Si la France, par réciproque, avait la postérité des hommes qui émigrèrent ainsi, sa situation serait aujourd'hui tout autrement brillante..... »

Mais après ces paroles révélatrices, écoutez l'énonciation du fait lui-même, du fait qui domine tous les autres, de la bouche de ce même sociologue impartial :

« **La puissance de la Prusse, son hégémonie en Allemagne et en Europe sont les conséquences évidentes de notre grande faute religieuse.** »

Nous voici donc pourvus de la base indispensable pour tirer notre conclusion, qui est imminente et que l'on entrevoit déjà.

Ce sont les Réformés de France, chassés à la voix de Bossuet, qui ont fondé la puissance militaire de la Prusse. Nous savons d'autre part que c'est la puissance militaire de la Prusse qui a donné à l'Allemagne sa force et son unité.

Nous savons également que notre défaite de 1870 nous fut infligée par cette Allemagne dont les proscrits français déterminèrent la fortune.

Notre conclusion, nous la donnons en peu de mots :

C'est à la Révocation de l'édit de Nantes que nous devons d'avoir été vaincus et **l'auteur responsable du désastre de la France, il y a vingt sept ans, n'est autre que Bossuet.**

Quelqu'étrange qu'il paraisse à première vue, le fait est là, sous nos yeux, indéniable et clair :

Bossuet, à la tête de l'épiscopat français, fait chasser de France l'élite de la France, cinq cent mille de ses meilleurs citoyens. Une forte part de ces proscrits vient coloniser la Prusse, fonde sa puissance militaire. La Prusse nous écrase moins de deux siècles après. Remontez à l'origine de notre défaite, et vous trouvez l'homme des Dragonnades et de la Révocation.

Ainsi, il n'y a plus d'équivoque. Le fastueux orateur chrétien dont la France n'est pas encore lasse de s'enorgueillir, celui qu'elle présente au monde comme l'une de ses gloires les plus pures, est en vérité celui qui lui donna le plus formidable coup de poignard dont son cœur ait saigné. Et ce n'est pas seulement une défaite qu'a engendrée la Révocation, c'est d'elle que date notre déclin, peut-être définitif, du moins, indéniable.

L'amputation de 1871 n'est que le contre-coup normal et fatal de l'amputation de 1685. Louis XIV a suscité Bismarck. Bossuet par la parole et de Moltke par l'épée, ont collaboré au désastre français. La Prusse devrait élever un monument national de reconnaissance à Bossuet, à celui qui fit sa fortune.

N'est-il pas étrange d'entendre glorifier par des Français, qui semblent, en d'autres cas, se piquer de pudeur et de conscience, celui qu'il est impossible, si l'on a quelque souci de la vérité historique, de ne pas considérer comme l'un des grands traîtres de notre histoire nationale, ce comédien sinistre qui conduisit allègrement la France à sa perte, à la musique de ses redondantes et creuses périodes de rhéteur ? N'est-il pas stupéfiant d'entendre dire à tel de ces critiques « membre du conseil supérieur de l'instruction publique » que « *sa gloire si pure doit toujours rester une des religions de la France* » ? N'est-il pas plus prodigieux encore qu'un tolle d'indignation et de mépris ne couvre pas pour toujours la voix d'un homme que nous venons d'entendre condamner, quoique à regret, la Révocation, et qui ne craint pas cependant de prononcer d'aussi dérisoires paroles que celles-ci : « Partout où j'ai passé, j'ai pu constater que *le catholiscisme c'était la France, et la France c'était le catholicisme*. Je l'avais souvent entendu dire, et j'étais assez disposé à le croire. Je l'ai vu, j'en suis convaincu maintenant et, sans doute, je n'aurais pas beaucoup de peine à vous en convaincre vous-mêmes, mais je voudrais, en dehors de tout esprit de parti et dans le seul intérêt de la grandeur du nom français, que tout Français en fût convaincu comme nous. Je dis bien, messieurs, *dans le seul intérêt de la grandeur du nom français et de la patrie*. Tel est aujourd'hui l'état du monde civilisé qu'un Français ne saurait rien faire contre le catholicisme, qu'il ne le fasse au détriment de la grandeur de la France, pour le plus grand avantage de quelque puissance ennemie, et réciproquement dans le monde entier, que ce soit en

Chine ou au Canada, *tout ce que l'on fait dans l'intérêt du catholicisme, on le fait, ou du moins on l'a fait jusqu'ici dans l'intérêt de la France elle-même* » (1). L'absurdité de la contradiction n'est elle pas flagrante ?

N'est-il pas profondément burlesque, en un mot, d'entendre les admirateurs de l'homme néfaste parler, sans rire, de patrie et de nationalisme ?

C'est à ces derniers, à tous ceux qui ont dressé dans leur cœur un double autel au catholicisme et au chauvinisme, aux patriotes d'Eglise, qu'il serait permis d'adresser ces paroles : « O naïfs ! apprenez l'histoire de votre propre Eglise. Vous y lirez qu'il y eut au xviie siècle un prélat nommé Bossuet qui, à la tête de l'épiscopat français, contraignit le pouvoir à expulser de France cinq cent mille Français, les plus loyaux, les plus énergiques, les plus industrieux, les plus intelligents. Si vous suivez, hors de France, la fortune de ces proscrits chassés pour leur libre foi, vous constaterez qu'une fraction d'entre eux alla s'établir en Prusse et détermina l'hégémonie de ce royaume.

« Qu'en pensez-vous, éternels ignorants ? Si vous considérez Bossuet comme l'un de vos maîtres, comme l'une de vos gloires, de quel droit vous insurgez-vous contre *la conséquence normale de sa volonté*, c'est-à-dire notre écrasement par la Prusse ? Seriez-vous absurdes à ce point ? Ou vous cesserez de vous indigner contre

---

(1) F. Brunetière. *Discours à Besançon*. Le Temps, 19 février 1898.

un ennemi, qui ne fut qu'un instrument aux mains de la destinée normale et fatale qu'engendra votre héros, ou bien vous avouerez, comme nous, que ce héros ne fut en vérité qu'un traître.

« Mais l'hypocrisie déprima peut-être trop violemment vos cerveaux et vos cœurs pour vous permettre aujourd'hui de reconnaître loyablement la vérité. Vous ignorez sans doute la logique de l'univers, qui exige que les fautes soient toujours expiées par leurs conséquences. Avouez-le donc, s'il reste au fond de vos consciences amères, quelque parcelle de bonne foi : votre attitude est insoutenable. Et si vous ne voulez pas paraître plus longtemps complices de celui et de ceux qui, au chant des cantiques, de gaieté de cœur enfoncèrent au sein de la France le poignard béni par l'Eglise, si vous ne voulez pas laisser supposer que *vous êtes encore capables d'un même attentat dans l'avenir*, votre simple devoir d'hommes honnêtes vous commande la même révolte qu'à nous-mêmes contre le dogme monstrueux qui nous étouffe.

« Il n'y a pour vous que deux voies à suivre : ou bien, cessant de vous répandre en patriotiques imprécations contre un ennemi que l'un des vôtres, l'un de vos héros les plus chers arma de sa propre main, vous ferez rejaillir votre haine contre ce héros ; ou bien, fermant obstinément vos yeux devant la vérité (non pas cette « vérité » que vous enseignez, mais la *vérité* du monde en lui-même), et continuant d'exalter le traître, vous cesserez de vous indigner contre la réalisation de son vouloir. Hormis ces deux voies, il n'y a que l'absurde.

« Et dans le cas où, invinciblement retenus par votre manque séculaire de franchise, vous continueriez à garder l'attitude qui consiste à couvrir un homme de louanges, à le magnifier en toutes occasions, et à feindre de vous emporter contre ceux dont il a fait la puissance et qui, deux siècles après, s'en sont servis contre vous, vous saurez que nous sommes autorisés par cela même à vous tenir désormais pour hypocrites et comédiens.

« Ou vous serez des nationaux, et en tant que nationaux, vous renierez ceux qui conduisirent la nation à sa ruine.

« Ou vous serez les défenseurs obstinés de la félonie, et vous serez des suspects. »

*
* *

A cet exposé nous ajouterons une brève conclusion générale.

Le fait que nous venons de relater n'est qu'un épisode saillant de l'histoire générale des rapports de l'Eglise et des Etats.

Nous avons vu que de la révocation de l'Edit de Nantes, c'est-à-dire du rejet de sa réforme religieuse, date le déclin de la France; et qu'au contraire de la Réforme, date la prépondérance des nations qui l'acceptèrent.

Que signifie ce double fait ?

Ceci : que les nations, dont la vie religieuse dépend de Rome, portent en elles un germe de mort.

Les exemples abondent. L'Espagne, le Portugal, l'Italie, l'Autriche, la France, les républiques sud-américaines, nations catholiques, sont en décadence.

L'Angleterre, la Hollande, le Danemark, l'Allemagne, la Suisse, nations réformées, au contraire se maintiennent ou s'épanouissent.

Aux peuples qui n'ont pas su s'en débarrasser à temps, l'Eglise dévore le cerveau et la moëlle. Le sort de la Pologne, de l'Arménie et de l'Irlande, n'est pas sans signification à ce point de vue. C'est en ruinant les énergies qu'elle impose sa domination. Les peuples qui ont, au contraire, secoué le joug de l'autorité religieuse et qui lui ont substitué le libre examen, ont accru par cela même leur énergie.

Je ne suis pas protestant : — je crois même que toute religion qui prend comme expression complète de la vérité du monde un livre quel qu'il soit, Bible ou Coran, est radicalement fausse, — mais il est de toute évidence que le protestantisme, s'étant détaché de Rome et ayant inscrit le libre examen en tête de son programme, *a réalisé un progrès immense* sur le catholicisme autoritaire et pourri. Un exemple seul suffirait, s'il était besoin d'un exemple pour confirmer une vérité tellement éclatante : la situation de l'Ecosse avant et après Knox.

Je sais que la Révocation de 1685 n'a pas empêché la France de faire la Révolution de 1789, bien plus que c'est la Révocation qui a engendré la Révolution, pour ainsi dire. Mais il reste à savoir *si les sautes brusques, précédées et suivies de stagnations, valent les évolutions méthodiques et lentes.* L'exemple de l'Europe semble une réponse négative.

La voie dans laquelle la France s'est engagée ne paraît pas être celle du progrès et de la vie. Toutefois, si nous considérons son histoire et son tempérament, ses Révocations et ses Révolutions, ses Bossuets et ses Rousseaux, ses réactions néfastes et ses hardiesses sublimes, nous ne pouvons nous empêcher de rêver pour elle un rôle grandiose dans l'avenir.

Si, par delà le protestantisme, par delà les Bibles et les formalismes, par delà toutes les traditions judeo-chrétiennes et spiritualistes, elle parvenait un jour à se créer une *foi vraiment moderne*, uniquement basée sur la nature et sur la vie, une foi dont tout homme serait le prêtre, le fidèle et le dieu, dont l'Univers serait le temple, avec l'infinie liberté comme dogme, nul rôle plus glorieux ne pourrait être rempli sous le soleil.

Pour formuler une foi, il faut la *force*. La France énervée et malmenée en possède-t-elle encore une suffisante dose ? L'avenir seul nous répondra.

LA RENTRÉE DANS L'ORDRE

Lorsqu'une plante, dont une lourde pierre foulait la tige, se trouve délivrée de son fardeau, nous assistons au plus touchant des spectacles : peu à peu l'humble tige, qui semblait pour toujours perdue, se redresse, reprend de la vigueur et de la couleur, s'élève peu à peu, grâce à l'air libre, jusqu'à la vie normale. De même lorsqu'un de nos membres blessé se cicatrise, les organes froissés se reforment lentement, les tissus se fortifient, le sang reprend son cours, le membre redevient souple et fort.

N'est-ce pas un spectacle de ce genre qui nous est offert, lorsque nous voyons le prêtre, cet atrophié, ce blessé, ce malade de corps et d'âme, redevenir sain, normal, s'acheminer vers sa libération corporelle et spirituelle? Je n'en connais pas de plus fortifiant, de plus consolant. Tout passage de la maladie à la santé évoque, en effet, la joie. J'appelle maladie l'état du vivant, né homme, dont toutes les facultés humaines sont comprimées, l'être entier meurtri, et j'appelle santé, l'état du vivant dont les puissances s'épanouissent harmonieusement et librement. Le prêtre, dont le corps, le cœur et l'esprit demeurent ensevelis sous le fardeau de la règle à laquelle il s'est attaché, est donc bien un malade, un être pitoyable, qui appelle tous nos soins. S'il prend un jour conscience de son état, de sa misère physique et mentale, et s'il possède encore, au tréfonds de son être, l'étincelle d'énergie suffisante pour l'en faire sortir, c'est à un véritable retour à la santé que nous assistons, à une lente ascension vers l'humanité, dont l'être misérable était déchu.

La valeur de semblable guérisons ne peut échapper à personne. Ce qui cause, en effet, le danger mortel de cette maladie, c'est que le malade, par la plus inconcevable des hallucinations, se croit lui-même en pleine santé, que dis-je? en meilleure santé que les hommes réellement sains, et qu'il ne fait par conséquent aucun effort pour se guérir. La science du médecin est dans ce cas complètement inutile, car la guérison dépend de la seule volonté du malade, de son retour à la conscience. C'est en lui seul qu'est enfermé le remède souverain. En lui cohabitent le mal et la guérison, il est tout à la fois le malade et le médecin. Très rares sont ceux qui parviennent à prendre conscience de leur état véritable, du mal qui les ronge sans qu'ils s'en doutent, et très rares donc sont ceux qui en guérissent. Les bienheureux vainqueurs de ce terrible mal n'en sont que plus dignes de notre intérêt et de nos éloges, tout au moins de notre attention.

Les victoires de ce genre ont paru, ces temps derniers, augmenter en nombre. Peut-être verrons-nous cette progression s'accentuer; nous dirons plus loin pour quelles raisons, selon nous, l'espoir en est permis. Qu'il nous suffise de constater que deux écrivains, très différents de tempérament et de nom, viennent récemment de nous retracer l'émouvant spectacle de cette montée spirituelle au sommet de laquelle l'homme triomphe du prêtre. Je me persuade qu'il y a là plus qu'une simple coïncidence. Le fait est significatif.

**

L'un, c'est Emile Zola, au cours de sa trilogie, *Lourdes, Rome, Paris*. On sait que les étapes spirituelles douloureusement franchies par l'abbé Pierre Froment, forment la trame des *Trois Villes*.

L'abbé Pierre est le fils d'un savant irréligieux et d'une mère croyante, dont les influences contraires vont, surtout après leur mort, se disputer sa vie. C'est d'abord la mère qui l'emporte, en destinant son fils au service de Dieu. L'événement coutumier s'accomplit alors : le séminaire entreprend sur l'enfant son œuvre méthodique et savante de dés-humanisation. Il est prêtre un jour, non sans s'être « senti agité d'une terreur secrète, d'un regret indéterminé et immense (1) », mais « espérant qu'il suffisait de vouloir pour ne pas penser. » Bientôt la crise s'annonce : la sourde et d'abord vague conscience du mensonge où il git, commence à poindre en lui. Il lit, il médite, et le dogme s'écroule. Ruine irréparable : « il était prêtre, et il ne croyait plus. » Pourtant, il ne se reconnait pas le droit de violer son serment. « Du moment qu'on l'avait châtré, il voulait rester à part, dans sa fierté douloureuse. » D'ailleurs, s'il n'a pu vaincre la raison en lui, il est resté maître de sa chair. Il restera honnête et pur, cachant au fond de lui-même son incroyance.

Des années passent pour lui, partagées entre la pratique machinale du sacerdoce et l'étude solitaire. Un jour le désir le prend de connaître la vérité sur Lourdes, et il part, non sans quelque vague et lâche espoir d'y retrouver sa foi perdue, « la foi du petit enfant qui aime et ne discute pas. » Les spectacles auxquels il assiste, la mise en scène organisée par les « Pères de la grotte » en industriels soucieux d'une fructueuse exploitation de leur entreprise, lui font, dès le premier jour, perdre cette naïve espérance. Il confirme *de visu* son intuition première, qu'il n'y avait là, dans ce lieu de prétendus miracles, qu'amour du lucre et que charlatanisme ; sans que cette confirmation puisse étouffer en lui le désir, qu'il ne peut arracher de son être, de

---

(1) E. Zola, *Lourdes*.

« tuer le vieil homme en lui », de s'anéantir « avec sa volonté et son intelligence », de ne plus rester « ainsi tout seul, dans le désert glacé de son intelligence, à regretter l'illusion, le mensonge, le divin amour des simples d'esprits, dont son cœur n'était plus capable. » Mais le courant qui mène de la foi à l'incroyance ne peut être remonté, si amers que soient ses flots. Et l'abbé Pierre s'enfonce de plus en plus dans sa vie douloureuse, à laquelle il ne voit pas d'issue. Seule, son amère chasteté demeure sans atteinte. Une chère compagne de son enfance, malade depuis des années, recouvre à Lourdes la santé, et il se refuse, en dépit de son cœur saignant, l'espoir de la posséder jamais. « Jamais il ne connaîtrait la possession, il était hors du monde, au sépulcre... Il goûtait une mélancolie sans bornes, un néant immense, à se dire qu'il était mort, que cette aube de femme se levait sur la tombe où dormait sa virilité. C'était le renoncement, accepté, voulu, dans la grandeur désolée des existences hors nature. » Il va quitter Lourdes, l'âme encore plus endolorie qu'à l'arrivée, avec son cœur mort, son intelligence froide, ne gardant qu'une immense pitié pour le monde des souffrants, lorsqu'une grande lueur se fait jour en lui : la nécessité pour le monde d'une religion nouvelle, qui satisfasse aux nouveaux besoins de l'âme humaine, jaillit à ses yeux : « Une religion nouvelle, une espérance nouvelle, un paradis nouveau, oui! le monde en avait soif, dans le malaise où il se débattait. »

Après une période de prostration, il s'élance avec toute la fougue de son cœur, à la poursuite de son nouveau rêve. Il écrit la *Rome nouvelle*, où il prêche l'alliance du pape et de la démocratie, le salut des peuples modernes dans un retour à l'évangélisme primitif, à la religion des humbles, élargie et devenue la religion nouvelle. L'Index va frapper son livre d'interdiction, et il part à Rome pour le défendre, ne doutant pas un seul instant de son triomphe auprès du pape « dont il était convaincu d'avoir exprimé simplement les idées (1). » Mais la désillusion commence aussitôt pour lui, plus vive encore qu'à Lourdes. Le « monde noir », qui grouille dans l'ombre autour du Vatican, lui dévoile ses basses intrigues ; si les « Pères de la grotte » ne sont guidés que par le lucre, les cardinaux le sont uniquement par l'ambition. Rome se charge elle-même de le détromper chaque jour davantage, de lui prouver combien grossière avait été son erreur d'avoir voulu donner comme base à l'avenir, le vieux passé d'erreur et de mensonge. Cependant il n'a pas perdu l'espoir de persuader Léon XIII et d'empêcher la condamnation de son livre. L'entrevue a lieu enfin, après trois mois de tentatives vaines pour approcher de l'être redoutable enseveli au fond du Vatican : l'échec absolu de l'abbé Pierre auprès du pape, fermé par nécessité et par principe à tout élan d'humanité, uniquement

---

(1) E. Zola. *Rome*.

conduit par le froid calcul des intérêts de l'Eglise, marque l'écroulement de son rêve. « C'était l'arrachement final, la dernière croyance arrachée de son cerveau, de son cœur saignants. L'expérience suprême était faite, un monde en lui avait croulé. » Et il s'empresse « de quitter cette ville de désastre, où il devait laisser, le dernier lambeau de sa foi, » n'ayant sauvé du naufrage que sa douloureuse intelligence.

A Paris, troisième et dernière étape. Trois ans encore d'angoisse, passés auprès des pauvres, durant lesquels l'abbé Pierre, demeuré « tel qu'un sépulcre vide où ne restait pas même la cendre de l'espoir », assiste à la banqueroute de la charité, empêcheuse de justice. Comment faire surgir la nouvelle croyance dont les peuples sont assoiffés ? « Par quel culte nouveau ? par quelle entente heureuse entre le sentiment du divin et la nécessité d'honorer la vie, dans sa souveraineté et sa fécondité ? Là commençait l'angoisse, le problème torturant où il achevait de sombrer, lui prêtre, avec ses vœux d'homme chaste et de ministre de l'absurde, mis à l'écart des autres hommes (1). » Mais l'aube va poindre enfin dans la nuit de son être, car il est parvenu à l'extrême misère spirituelle, aux portes du néant et c'est alors que la délivrance est proche, dont le premier frisson va le faire tressaillir. Il s'est réconcilié avec un frère jusque là laissé à l'écart, et c'est grâce à ce frère que va

---

(1) E. Zola. *Paris.*

renaître en lui une énergie vitale dont il se croyait à tout jamais dépossédé. Au sein de cette nouvelle famille, dont l'humanité puissante, après l'avoir épouvanté d'abord, le conquiert peu à peu, Pierre sent naître lentement en lui l'amour de la vie, du calme et bienfaisant labeur matériel, la foi en la vie, éternellement féconde, en la nature, la vérité et la santé, tandis que s'affaiblit la voix de ses doutes, de ses hontes, de ses timidités, de ses malaises. « Lui prêtre, lui châtré, lui rejeté hors de l'amour et des communes besognes » s'approche inconsciemment du grand courant de nature et d'humanité, qui va tout à l'heure l'entraîner. Sa conscience s'éclaire : « La simple honnêteté ne lui commandait-elle pas de sortir d'une Eglise, où il niait que Dieu pût se trouver? » Une jeune fille robuste, vivante et libre est là, qui lui suggère de quitter la soutane, la livrée de deuil, qui le réconforte par son exemple, par ses franches paroles, qui s'impose bientôt à son cœur, à tout son être en éveil. « La nécessité d'une vie loyale, vécue normalement au plein jour » lui apparaît clairement. Quelques convulsions dernières le secouent furieusement avant que le grand air de la liberté ne vienne le frapper au visage ; parvenu au bord de la vie, il a peur de se jeter dans ses eaux. « L'impuissance ! l'impuissance ! il s'en croyait frappé, au fond des os, jusqu'aux moëlles... La vie voudrait-elle de lui encore, n'avait-il pas été marqué pour rester éternellement à part? » Mais cette fois il est bien vainqueur: le grand soleil de fécondité et de vérité l'inonde de ses rayons. Nul doute ne demeure plus au fond de son être renouvelé par la joie de vivre. Il est amant, il est père, il est homme ! Il s'est évadé de sa geôle !

Tel est le schéma de cette évolution psychique au terme de laquelle l'abbé Pierre se convertit à l'humanité. L'âme du prêtre a été largement scrutée, avec une extrême abondance par le romancier ; le personnage est très vivant, souvent pathétique, l'un des plus puissants, à coup sûr qu'ait créé Emile Zola. Il me semble toutefois que cette extrême abondance, cette multiplicité de tableaux, de scènes, d'actes et de personnages, ne va pas sans nuire au personnage central des *Trois Villes*. Je sais bien que cette prodigieuse variété est l'inévable conséquence du plan que s'est imposé l'auteur, et que l'analyse des états d'âme de l'abbé Pierre n'a peut-être été qu'un prétexte à nous évoquer Lourdes, Rome et Paris. N'envisageant ici que l'abbé Pierre parmi les figures multiples de la trilogie, je tiens à constater que pour nous, il disparaît parfois sous les vagues énormes du récit. Autre remarque : il n'est souvent que le porte-parole de l'auteur, qu'une thèse vivante en faveur des idées chères à Emile Zola ; d'où peut-être une impression de froideur et d'artifice, parfois éprouvée au cours de ce récit, d'autre part si brûlant, si riche de chaude humanité.

*
* *

L'autre, c'est M. B. Guinaudeau, en un livre tout récent, d'une extrême valeur à tous les points de vue : *L'Abbé Paul Allain*. Nous n'avons pas ici à extraire de l'œuvre le personnage qui nous intéresse, puisqu'il est l'œuvre toute entière. Nuls comparses, nulle action étrangère, nulle thèse. Dans son austère simplicité, ce roman est comme la monographie du prêtre qui, lentement et douloureusement, s'humanise.

Paul Allain est au grand séminaire. Orphelin dès l'âge de six ans, « il s'était enfermé dans son cœur d'enfant (1). » La nature avait été la première compagne du garçon « taciturne et frénétique ». Le petit séminaire s'était emparé de son jeune être, lui avait façonné « une âme artificielle, ardente, de sensibilité suraiguë » en le préparant à son rôle d' « être exclu ». Il en avait souffert, il avait même cédé une fois à la tentation de sa chair inquiète, des visions l'avaient hanté. Mais il s'était aussitôt repris, le Christ s'était révélé à lui, il avait cru « entendre nettement l'appel de sa vocation. » Il a vaincu ses tristesses, ses doutes et ses révoltes, car les tentations ne lui ont pas manqué. La raison et la vie ont fait entendre en lui leurs voix impérieuses, et fait entrevoir le néant qu'il allait être, dans une terrifiante vision : « *La sensation de ce néant, il*

---

(1) B. Guinaudeau. *L'Abbé Paul Allain*.

l'eut. Mais, par une atroce contradiction, ce néant était un néant vivace et douloureux. Dans le désert intellectuel où il s'épuisait à la poursuite de la Foi, il eut conscience d'être lentement mangé, dévoré de Dieu. Il s'écoulait, il se vidait lui-même sur le sable aride où le soleil de Vérité buvait sa moëlle et son sang. Parfois sur la plaine brûlante, sans ombre et sans eau, il lui semblait voir un farouche poteau s'ériger, le poteau du Dogme. Il tournait autour, au bout d'une corde. Ses forces s'usaient, ses yeux se fermaient, las de scruter l'immuable horizon qui ne pouvait ni varier ni s'élargir. Il s'affaissait au pied du poteau. Alors, dans son cerveau lamentable, la Foi vorace s'installait, comme les oiseaux de proie dans les carcasses de chameaux qui jonchent les routes des Saharas... » Et maintenant, c'est « là-haut », dans sa pensée solitaire, qu'il vit exclusivement, « hors de la vie », avec « la mystique sensation de la présence et de l'étreinte divines », ayant même réfréné les tendresses mystiques de son adolescence, tout plein de l'austère joie de se sentir élu, dans la fière sincérité de son vœu. « Ce lui était une béatitude fervente et triste, comme la pâmoison des imaginaires sensualités, dans ce que les théologiens appellent la *délectation morose*. Sur les débris de sa raison, il croyait s'enivrer d'intuition, d'évidence surnaturelle, de certitude mystique. Exaspéré d'hystérie spirituelle, il s'acharnait au *tout ou rien* de la vérité divine, comme d'autres au *tout ou rien* de l'amour charnel. Et il tressaillait de bonheur, dans la lumière de Dieu... L'Eglise pouvait compter sur lui. »

Il est prêtre, et aussitôt les déceptions l'accablent, les troubles l'assaillent. Sa raison qu'il croyait ensevelie parle au fond de lui-même. « Est-ce vivre en vérité, se disait-il, que de poursuivre, avec un cadenas au cœur, des œillères à la raison, une perfection chimérique ? Ce que j'ai cru être la suprême intensité de la vie, n'en est-il pas, au contraire, le méthodique étouffement ? » Sa vie n'est plus qu'une torture, il sent la terre se dérober sous ses pas en dépit de ses appels au Dieu qui s'obscurcit à ses yeux. Le soin de son ministère, pas plus que « tous les exercices de piété qui enserrent le prêtre comme dans un réseau où son intelligence, sa volonté, toute son âme est prise », ne peuvent étouffer les voix impérieuses de sa conscience. L'impitoyable vérité se fait jour peu à peu, à travers les ruines de sa foi : « Il avait voulu, il avait cru être un homme de raison surnaturelle. Il n'avait été qu'un être de sang et de nerfs, un frémissant et têtu viveur de rêves... » Et la Nature printanière se fait complice de la raison, pour submerger la foi moribonde de Paul Allain : « Le souffle de la Nature passait sur ce printemps et caressait le front du curé de Grues. Et, sous ce front, s'allumaient les flammes de délicieuses aurores. La Nature aussi disait : Que la lumière soit ! La lumière pénétrait Paul Allain, l'échauffait, le refaisait l'être franc et simple, aux pieds fermes dans le sol où il puise sa sève, en communion avec tout ce qui végète et fleurit et rayonne, avec tout ce qui pense et rêve, avec tout ce qui, dans le pullulant infini des mondes, vit sa divine vie naturelle. »

La lumière va bientôt surgir pour le désespéré, après les tortures, les luttes et les prostations. Les causeries d'un vieux docteur sagace, un séjour à Paris achèvent le sourd travail qui s'opérait depuis des années au fond de son être douloureux : et après une nuit de méditation suprême, l'homme enfin, transfiguré, sort victorieux du prêtre. « Dans le ciel lentement éclairci, l'aube souriait. Le soleil bondit à l'horison. L'apostat de la Nature et de la vie leva la tête. Il reçut dans les yeux, en plein visage, une éclaboussante gifle de lumière. » La conclusion s'impose aussitôt à son esprit ; la simple honnêteté lui commande de quitter le sacerdoce. La sincérité qui a été la vertu maîtresse de sa vie, qui l'a fait se donner à Dieu sans réticences, lui ordonne à présent de rentrer dans le monde pour vivre sa vie d'homme. « S'en aller, il fallait s'en aller... » Sa rédemption le transfigure, la voix de la réalité l'emplit tout entier, effaçant tous ses vœux, toutes ses promesses antérieures. « C'était comme la conception et la vraie naissance d'un être nouveau. » Et le jour de Pâques, après être monté en chaire pour demander pardon aux hommes de leur avoir prêché l'erreur, trahissant ainsi son serment d'enseigner toujours la vérité, il sort de l'Eglise et rejoint son cousin, le docteur, qui l'attend à la porte. « Nous allons ? »

demande celui-ci; et l'abbé répond : « Où vous voudrez... *Vivre!...* »

Je regrette d'avoir dû réduire à la pauvreté incolore d'une analyse ce livre admirable. Jamais l'âme du prêtre n'a été scrutée à une telle profondeur, avec une pareille maîtrise, par un tel psychologue, triplé d'un penseur et d'un artiste de premier ordre. Ce qui me frappe dans l'œuvre de M. Guinaudeau, c'est le caractère merveilleusement simple et vivant du récit. La vérité vécue est là devant nous, dans toute sa grandeur et toute sa sincérité. Tout commentaire de l'auteur affaiblirait la puissance de cette biographie d'âme, vivante et chaude, qui se développe sous nos yeux, avec la force d'un organisme. Il y a là toute l'âpre révélation de ce que peut contenir un cœur d'homme dont l'Eglise s'est d'abord emparée, qui s'est donné tout entier à elle comme à la vérité suprême de ce monde, et qui peu à peu reconnaît son erreur, touche du doigt le mensonge surgissant de toute part sous l'apparente vérité, qui enfin, après s'être déchiré aux parois de la tombe où il s'est enseveli, s'en évade. Comment concevoir une révolution plus poignante? Reconnaître que l'on s'est voué tout entier et pour toujours à un mensonge! Reconnaître que l' « erreur » est précisément la vérité! Eprouver l'intime nécessité de revivre une autre vivre, de naître une seconde fois, pour ainsi dire! L'honneur de M. Guinaudeau est de s'être fait l'évocateur vibrant de ce vibrant spectacle; d'avoir rejeté tous les ornements, toutes les thèses, tous les incidents et d'avoir concentré dans le drame lui-même toute la force du récit.

Ce simple livre, dans la modestie de ses trois cent quinze pages, du fait même de sa simplicité et de sa vérité, de la vie profonde qui l'anime, de l'absence d'intentions étrangères au sujet est l'un des plus formidables réquisitoires qui ait été dressé par la main de l'homme contre le sacerdoce catholique. Et pour que des résultats directs s'en laissent apercevoir, il n'en faudrait pas beaucoup, je crois, apportant autant de puissance, de véracité, de grandeur intime et de forte humanité que ce chef-d'œuvre.

*
* *

On n'envisage pas d'ordinaire, avec une suffisante attention, le fait d'humanité dont ces deux écrivains se sont faits les spectateurs attendris, et dont l'importance se précise de jour en jour. Je ne craindrai pas de faire suivre ici, de considérations personnelles purement logiques, l'analyse des deux épopées mystiques dont Émile Zola et M. Guinaudeau nous ont détaillé les chants pathétiques. J'ai dit plus haut quelle haute signification comportait cette rentrée du prêtre dans l'ordre naturel. Il s'agit plus que jamais en effet d'établir nettement pour quels motifs il y a incompatibilité absolue entre la vie sacerdotale et la vie réelle, à quel titre la prétendue supériorité du prêtre sur l'homme n'est qu'une totale infériorité, pourquoi, en un mot, le prêtre n'a plus de raison d'être. La seule façon de dissiper les malentendus qui planent sur cette question, c'est de faire apparaître la vérité toute nue.

Qu'est-ce que le prêtre ?

Un être né homme, avec des sens, un sexe, un cœur, un cerveau, une volonté, une conscience. Or, l'homme parvient à la plénitude de son existence par l'épanouissement progressif, à travers la vie, de ses facultés naturelles. Quelle que soit sa valeur individuelle, elle a pour bases, la vie du sexe, la vie de la conscience, la vie de la raison. Le prêtre entend parvenir au sommet de la vie par une voie contraire, en se rejetant violemment hors de l'humanité, en annihilant toutes ses facultés, c'est-à-dire en s'affranchissant de ses essentielles bases naturelles. Pour dominer la vie, il la déserte; pour être fort, il se dépouille de ses puissances; pour être pur, il se veut anormal. Tel est le débat : supériorité dans le normal ou supériorité dans l'anormal, plénitude au sein de l'existence ou plénitude en dehors de l'existence, vie dans la vie ou vie hors la vie.

Par quels moyens le prêtre entend-t-il parvenir à son but? Tout d'abord par le séminaire. Le séminaire est, comme on le sait, une institution qui a pour but de transformer les êtres humains confiés à ses soins en êtres dé-naturés. Les procédés dont il use à cette fin sont également connus. L'enfant destiné au sacerdoce est pris, dès le début, comme dans l'engrenage d'une machine savamment conçue, qui le dés-humanise fibre par fibre, cellule par cellule, qui travaille sourdement, jour par jour, à épuiser en lui les sources de la vie. Il entre au séminaire, possédant en germe des facultés dont le développement normal constituerait son existence future : des sens en éveil, une aube de joie de vivre, une tendance à exercer la fonction intellectuelle, un appétit de sentir, de jouir, de connaître. Tout cela doit disparaître. Pour ce qui est de ses sens, dès le premier jour, on s'efforce d'en arrêter tout net l'épanouissement. Voilà donc un être humain attaqué à la base, déjà privé d'une existence dont les facultés de sensation constituent l'essentiel aliment, et aux yeux duquel l'existence doit apparaître mauvaise et maudite. La plante à laquelle vous voudriez inculquer la faculté de plonger ses racines non pas dans la terre, son élément normal, mais dans le vide, se dessécherait et mourrait. L'adolescent que l'on arrache de son milieu se dessèche lui aussi, mais il ne meurt pas. Que possède-t-il donc que la plante n'a pas? Il possède un cerveau; et c'est sur cet organe que portent les efforts les plus meurtriers de ses éducateurs. Ceux-ci ont merveilleusement compris que tant qu'ils n'auraient pas annihilé cet organe, leur œuvre serait vaine, car celui qui possède encore un cerveau peut à tout moment se reprendre, se rejeter dans la vie; et c'est ce qu'il faut à tout prix empêcher.

Le futur prêtre doit être avant tout un dé-cérébré : avoir un cerveau, c'est posséder le moyen de penser, et penser c'est vouloir vivre. Il faut donc annihiler son cerveau, ou du moins le violenter d'une telle sorte qu'il ne puisse plus reprendre sa forme première. Pour suppléer à l'absence de pensée, on lui donne la foi, c'est-à-dire l'obligation de croire aveuglément tout ce que le séminaire enseigne comme étant la vérité. La vérité du séminaire, c'est ce que nous appelons d'un simple mot : erreur. Tout ce qu'on y enseigne est nécessairement faux. Les connaissances dont se nourrit le séminariste sont basées sur un mensonge systématique, sur un viol méthodique de la réalité. Les « sciences », l'histoire, la morale, la métaphysique, que professent ses maîtres ne sont qu'amusette et tromperie, car cet enseignement ne doit, à aucun prix, révéler la vérité sur quoi que ce soit. Le disciple ne doit pas comprendre, mais accepter, retenir et répéter. Comprendre, c'est une souillure; croire sur parole, c'est être pur.

Telle est donc la situation du futur ministre de Dieu à sa sortie du séminaire : ses liens avec le monde sont brisés, ses énergies vitales desséchées, son cerveau atrophié. Il ne fait plus partie de la nature, il est devenu un être anormal, un organisme artificiel dont le fonctionnement spécial va commencer. Je ne sais quelle légende populaire rapporte que, dans une vallée pyrénéenne, quelques bandits se livrent à une industrie singulière : l'élevage des mendiants estropiés.

Après avoir volé des enfants, ils les séquestrent et leur font subir le plus barbare traitement ; leurs membres sont enfermés dans des appareils spéciaux qui les atrophient peu à peu et les déforment, en vue d'émouvoir la pitié et la générosité du passant. Il me semble qu'avec un but différent, le séminaire exerce sur l'être spirituel des jeunes gens confiés à ses soins la même contrainte que ces peu scrupuleux industriels. Il atrophie, déforme et paralyse, pour que ses élèves soient en mesure de capter le monde, non point par la pitié, mais par la singulière autorité morale que semble leur conférer une existence hors nature. Singulière, en effet, car comment admettre que ce qui ne vit pas soit supérieur à ce qui vit ? C'est là une vérité d'ordre tellement extra-humain, qu'il serait téméraire de prétendre l'expliquer.

« Quand donc elle a marqué un enfant pour le sacerdoce, écrit un clairvoyant esprit, — et elle marquerait volontiers tous ceux qui lui sont commis, — l'Eglise le surveille et l'épie avec une méthode et une persévérance qu'on ne comprend point sans les avoir vues à l'œuvre, afin d'étouffer en lui tout abandon à ce qu'il pourrait ressentir, dans l'esprit ou dans le cœur, de spontané et de fort, et même de l'en faire rougir. Car le spontané, c'est le mal, parce que c'est le différent et le rebelle. Après dix ou quinze années de cette culture, il est rare qu'elle ne soit pas arrivée à son but, qu'elle n'ait pas l'outil qu'elle voulait. Le lévite, les joues fraîches encore de jeunesse, a l'âme suffisamment dévirilisée et flétrie. Il n'est plus un homme distinct, mais une simple figure dans la pâle multitude des gens d'église. Ni l'intelligence ni l'instinct ne vivent plus en lui d'une vie assez accusée pour qu'on ait dans l'ordinaire à en redouter quelque éclat. Contre ces deux forces dangereuses l'Eglise a des armes. Pour toute question que l'esprit pose elle tient des mots tout prêts ; elle l'enveloppe dans un filet d'abstractions où s'endort bientôt toute capacité d'intuition personnelle, et qu'il ne saurait rompre sans une extraordinaire vigueur native. Et quant à ces mouvements profonds de l'instinct et du cœur par où s'annonce bien plus communément encore chez une âme jeune l'éternel amour de la vie, si elle ne parvient pas à les détruire, du moins y jette-t-elle, par la terreur du péché et les hideuses images de la souillure, assez de trouble, de honte et d'alarmes, pour en chasser à jamais toute franchise et toute joie. Elle empoisonne de scrupule et d'angoisse toute sensibilité naturelle : ainsi elle s'assujettit ceux des siens qui n'ont pas voulu complètement mourir de la mort intérieure, en leur faisant un supplice de vivre. Ces nobles et doux avertissements de la vie qui, compris par l'intelligence dans toute la profondeur et l'étendue de leur signification, révèlent à l'homme la sublimité de sa mission naturelle, ne sont plus pour le prêtre qu'un triste cauchemar. » (1)

(1) M. Pierre Lasserre. *L'Humanité nouvelle*, janvier 1893.

C'est aussi à la virginité que le prêtre demande le secret de sa force et de son autorité spirituelle. J'ai examiné ailleurs (1) la question des rapports de la sexualité et de l'individu : aussi me contenterai-je d'ajouter ici quelques remarques particulières. Il me semble oiseux de répéter que la pratique de l'amour physique est non moins essentiellement nécessaire à la santé et à l'équilibre humain, qu'à la connaissance de la vie et du monde. Le prêtre, qui se donne la mission d'enseigner sans connaître, n'est en réalité qu'un ignorant vis-à-vis de l'ensemble des hommes qui ont vécu et connu. S'il est une besogne dont l'homme qui s'est limité à soi-même, semble entièrement incapable, c'est bien celle de diriger le monde. Pour diriger, il faut savoir ; pour savoir, il faut vivre ; or, le prêtre ne vit pas. Dès lors, tout autre office que le culte de soi reste en dehors de sa compétence. Il faut au prêtre une dose peu commune d'orgueilleuse illusion et de fière ignorance pour s'estimer capable, lui, pauvre être malade et inquiet, de dominer la vie et les vivants, dont les douleurs et les joies lui demeurent inconnues. L'un des plus grands bienfaits du protestantisme est d'avoir rétabli le mariage du prêtre, parce qu'il a reconnu par là que la condition première de la supériorité morale est de vivre normalement.

On a coutume de ne pas épargner les lazzi au prêtre qui se libère de l'écrasant fardeau de la virginité. Je trouve profondément injuste —

---

(1) Voir page 61 : *L'Art et la Sexualité.*

encore plus qu'absurde — cette conduite du public vis-à-vis de ceux qui n'ont point honte de prouver que la nature n'a point étouffé en leur être toutes ses voix. Je parle du prêtre qui, en même temps que l'abstinence sexuelle, rejette les creuses formules qui lui furent imposées; quant à celui qui prétend obéir à une règle qui lui prescrit la chasteté, tout en ne la pratiquant pas, son cas ne peut relever que de la tartuferie. Le monde devrait accueillir avec indulgence et joie les égarés qui lui reviennent. La famille humaine devrait fêter le retour de l'enfant prodigue, et pour celui qui déserte loyalement l'autel de mensonge pour le lit d'amour, faire entendre des acclamations.

L'Eglise ne se contente pas du séminaire et du vœu de virginité pour imprimer sa volonté despotique dans l'être de ses ministres. Pendant toute leur vie, elle les maintient dans une servitude étroite. Rien n'est plus logique, si l'on songe à la situation du prêtre au début de son sacerdoce. On a exercé sur lui une pression énorme, dans le but de lui enlever toute existence individuelle. On l'a châtré de toute énergie, de tout désir, de toute initiative, de toute volonté, de toute pensée; on lui a enseigné que l'obéissance était la vertu suprême, et la pensée libre le vice suprême; on a fait de lui une machine, un organisme muet et soumis, dont la raison d'être est de ne pas penser pour croire. Comment pourrait-on comprendre que cet être purement passif puisse, après une éducation semblable, vivre d'une vie individuelle quelconque, la plus médiocre même ? Individualité suppose volonté et le prêtre ne peut avoir une volonté personnelle, celle de l'Eglise en tenant lieu. La volonté de l'Eglise est le principe moteur de l'existence du prêtre; lui-même n'est rien par définition. Et pourtant cet individu sans individualité a pour mission de présider aux destinées spirituelles de ses frères. Il ne peut avoir de valeur personnelle, puisqu'il n'a ni libre arbitre, ni faculté pensante, et cependant il se présente comme le dépositaire de la vérité, l'éducateur par excellence, le guide nécessaire. Ce qui est passif par nécessité prétend animer ce qui est actif par essence. Le hors nature veut dominer l'homme de nature, l'atrophié veut être plus fort que le sain, le serf plus véridique que le libre, le stérile plus riche que le fécond, le malade plus sain que le vivant !... Il suffirait, semble-t-il, d'un moment de réflexion dans une humanité moins enténébrée de tradition, pour saisir immédiatement l'absurdité d'une telle prétention. Sans parler de l'odieux, je ne relève ici que l'absurde de la conception sacerdotale catholique. Il faut que notre propre cerveau soit atteint, pour que nous allions jusqu'à confondre supériorité avec difformité.

Atrophié dès le début par le séminaire, obscurci à l'âge viril par la chasteté, tenu perpétuellement en laisse par l'Eglise, malade de corps, de cœur et d'intelligence, le prêtre nous apparaît donc, parmi l'espèce humaine, l'être le moins apte à remplir le rôle qui lui est destiné, celui d'apôtre, d'éclaireur et de guide.

Pour exercer sur les hommes une action bienfaisante, il faut être homme soi-même, avant tout ; il faut avoir vécu pour connaître la vie, et mille Sommes de Thomas d'Aquin ne sauraient remplacer une heure d'existence réelle. Toutes les religions, toutes les morales, tous les systèmes basés sur le non-être, sont destinés à faire banqueroute, car la vie emporte chaque jour ce qui s'élève contre elle ; et quand bien même la terre se couvrirait de séminaires et de faux apôtres en robes de deuil, cette lèpre formidable n'empêcherait pas le globe d'accomplir sa révolution, ni le sang de parcourir les veines. Le hors nature qu'est le prêtre est condamné pour ce caractère même par la nature. L'équivoque n'est plus possible à présent : on n'a que trop longtemps confondu le *saint* et le *malsain*. Ce que nous admirons, à juste titre, chez le prêtre, c'est le reste d'humanité, qu'on n'a pu étouffer en lui ; tout ce qui est faux, difforme, odieux provient au contraire de son caractère sacerdotal.

L'ordre des jugements à cet égard est exactement renversé. Autant la supériorité du prêtre apparaissait éclatante aux siècles de foi, autant son infériorité nous apparait écrasante à nous, désabusés. Et le jugement s'affirme plus précis de jour en jour ; c'est à cela que le prêtre devrait songer parfois entre deux *credo*, car il y va de son honneur. Il est temps, pour celui qui possède encore quelque lueur humaine, de s'interroger, de ressusciter sa volonté, et d'agir. Car l'étau formidable d'un dilemne auquel il ne peut échapper, s'il demeure à sa place, resserre à chaque minute plus étroitement ses deux mâchoires. Ce dilemne, le voici : ou bien le prêtre est sincère et donne de bonne foi son adhésion pleine et entière au dogme intégral dont l'Eglise lui impose la croyance, et dans ce cas, il fait preuve, tout en demeurant respectable, de la déraison la plus indéniable, puisqu'il est actuellement impossible de ne pas considérer le dogme comme un tissu d'inepties, de monstruosités et de mensonges, puisque valeur intellectuelle et croyance dogmatique se nient ; ou bien, il n'a pas foi dans le dogme, et dans ce cas, il ne peut être qu'un imposteur, puisqu'il fait profession d'enseigner ce qu'il sait être l'erreur. *Il ne peut échapper à l'un de ces deux jugements : insincère et par conséquent malhonnête, profondément méprisable ; ou imbécile, et dès lors discrédité, profondément pitoyable.* S'il demeure en toute tranquillité de conscience le ministre d'une religion, qui a érigé l'ignorance en principe moteur universel, il ne peut prétendre en imposer à d'autres qu'aux pauvres d'esprit : s'il n'a pas une absolue confiance dans la « vérité » de l'absurde qu'il prêche, il n'est plus alors qu'un comédien cynique.

Tel est l'avenir du prêtre : devenir un objet de pitié ou de mépris pour le monde, pauvre d'esprit ou charlatan. Sa situation est claire. Il a le monde ouvert devant lui, qu'il y rentre. Si obscurci qu'il soit, son existence y sera meilleure que celle qu'il pratique. Mais s'il s'obstine à demeurer dans le sanctuaire, qu'il sache de quelle manière notre strict devoir nous oblige à le considérer : dupeur ou dupé. Qu'il choisisse.

*
* *

A nos fils lointains qui, dégagés du présent, évoqueront notre monde par delà les siècles révolus, cette conception du prêtre catholique apparaîtra comme l'une des plus monstrueuses folies qui ait germé sur cette terre. Qu'il se soit trouvé une humanité pour confier un moment sa direction spirituelle à un petit groupe de malades et d'écervelés est un fait qui ne pourra pas ne pas leur paraître étrange.

Pour que les siècles passés et en partie le nôtre, ait pu croire à la mission du prêtre, il leur a fallu posséder du surhumain, une conception prodigieusement surprenante. Ils ont confondu le *sur-humain* avec l'*anti-humain*. Et, d'ailleurs, comment auraient-ils pu ne pas commettre cette confusion, étant donnée la métaphysique chrétienne? Le monde est un lieu d'opprobre et de péché, la nature est maudite, seul le séjour divin est pur; l'humanité se divise en deux groupes dont l'un, celui des fidèles, possède toute la vérité, l'autre, celui des infidèles ne possède que l'erreur; l'homme se compose d'un corps, substance vile et méprisable et d'une âme, substance divine et immortelle. La conclusion s'imposait. Puisque le monde est un lieu sans espoir, orientons notre destinée vers le mystique séjour; puisque l'Eglise possède toute la vérité, étouffons tout ce qui n'est pas sa doctrine; puisque le corps de l'homme n'est qu'abjection, exaltons, à ses dépens, sa divine substance spirituelle. La supériorité humaine consiste donc à s'abstraire de la nature, à se confiner dans une « vérité » exclusive, à ne vivre que par l' « âme ». Or, le prêtre, hors nature et hors pensée, répond admirablement à cet idéal. Comment s'étonner, dès lors que l'humanité chrétienne ait salué en lui le sur-humain? Pour qu'à notre tour, nous ne voyons en lui que l'anti-humain, il faut que toute une révolution se soit accomplie. Il faut que nous ayons rendu à la nature et à l'humanité leur valeur réelle, que nous ayons cessé de diviser l'être en deux substances, que nous ayons proclamé à nouveau la loi, tombée en désuétude depuis les Grecs, de l'équilibre vital. Dans notre conception moderne, tout ce qui est sans base réelle ne peut s'élever, tout ce qui s'efforce contre les lois de nature est sans force; le sur-humain n'est que l'humain à la suprême puissance, le divin n'est que l' « âme » du naturel. Et la prétention de l'anti-humain, qui se croit en mesure de diriger l'humanité, ne peut plus que nous faire sourire. L'anti-humain n'a qu'un rôle celui de retourner à sa fonction naturelle ou de périr. En dépit des apparences, le règne du hors nature est fini, ses prétentions sont sans crédit. Qu'il se persuade de cette vérité qu'il est notre inférieur, à nous simples humains, et que s'il veut prendre sa part de travail à la barre de l'*Argo*-Humanité, il lui faut auparavant réintégrer sa place parmi les vivants.

Comment ceux qui ignorent tout de la vie, dirigeraient-ils ceux qui vivent? Comment ceux qui se placent d'eux-mêmes en dehors de toute humanité, prétendraient-ils la conduire? Comment ceux qui sont fermés à toute vérité, voudraient-ils l'enseigner au monde? Comment ceux dont la vie est un perpétuel viol des lois infrangibles de nature, pourraient-ils servir de guide aux normaux et aux sains? A moins que l'absurde ne soit le mot de l'énigme du monde, je ne vois aucune possibilité de concilier le besoin de vérité et le culte du mensonge.

C'est à tous qu'il importe d'ouvrir les yeux à la réalité; mais c'est aux jeunes êtres voués au Minotaure-Eglise qu'il serait nécessaire d'adresser les plus pressantes paroles, les plus chauds et les plus directs avis. Je voudrais qu'avant de franchir le seuil du monstrueux séminaire, un avis de l'humanité fut soumis à leurs méditations, pour sauver du naufrage, s'il se pouvait, leur existence menacée: « Ami, tes frères les hommes te supplient de songer à toi-même, à cette heure décisive où de faux apôtres s'apprêtent à déposer en toi les germes de la corruption. A cette aube de ton existence, que tu vas brusquement changer en crépuscule, prends conscience de ta propre vie. Tu as du sang, des muscles, des énergies, des sensations, un cerveau. N'en ressens-tu pas de la joie ? N'as-tu pas la fierté de ta puissance d'homme ? N'éprouves-tu pas le viril désir de t'épanouir au grand soleil ? Tu es encore un vivant, et on va faire de toi un sépulcre vide, une chose morte et stérile. Ce que tu as de plus riche, de plus pur, de plus grand, on va te le corrompre. Aucune souillure ne te sera épargnée. On va noyer ta raison naissante au fond d'un marécage d'erreurs, on va t'accabler sous l'énorme flot des tromperies. Tout ce qui te sera enseigné là n'est que mensonges, entends bien... mensonges. Et ce qui est terrible, c'est que tu en arriveras toi-même à prendre ces mensonges pour des vérités, auxquelles ton esprit faussé s'attachera comme la plante à l'arbre. Tu ne seras plus un homme, nous te le répétons, mais un esclave attaché aux œuvres mauvaises, un valet de bourreaux spirituels, un instrument inerte dans la main des ouvriers du mal. Ne sens-tu point la honte d'une pareille servitude ? Ne penses-tu pas que ce rôle de courtier du mensonge que l'on veut te faire remplir, va te diminuer à tes propres yeux ? Les faux frères qui t'ont conduit à ce seuil, imprudents ou perfides, n'ont préparé que ta perte ; n'écoute pas leurs hypocrites conseils. Reprends-toi, il en est temps encore ! Ils ne savent pas ou feignent de ne pas savoir ce qu'est en réalité le lieu de perdition où tu vas t'enclore. Tu n'es encore que leur dupe : tu seras bientôt leur victime. C'est pour dessiller tes yeux que nous t'adjurons de prendre conscience de toi-même, avant de t'engager dans la voie pleine d'embûches dont tu sortiras méconnaissable. Une minute de franchise, et tu sauveras ton avenir ! »

Nous pourrions encore mieux servir les intérêts du jeune homme promis à la prêtrise, en répétant ces paroles d'un noble esprit : « *Il faut qu'il prenne conscience avec nous du seul dieu réel et méconnu qui a créé à son image tous les dieux évanouis, du dieu futur, l'Homme. Et j'attends l'heure prochaine où il prononcera à son tour non plus la vieille prière de mendicité* : « *Donne-nous aujourd'hui notre pain quotidien* », *mais l'invocation superbe de l'homme à sa propre énergie* : « *Je veux prendre chaque jour, sans souci des maîtres ni des dieux, le pain de la chair et le pain de la pensée, dans la lumière, dans la force et dans la joie* (1) ».

L'influence du prêtre sur notre époque, bien que fort restreinte, n'en est pas moins néfaste. Tant qu'il y aura des voix sur la terre pour nous affirmer que le bonheur, pour l'humanité, consiste à vivre hors nature, à violer toutes les lois par lesquelles nous marchons et nous respirons, à honorer l'absurde et fouler aux pieds la raison, et que ces voix seront écoutées, l'humanité ne pourra évidemment prétendre à un sort meilleur. L'absorption du prêtre par l'humanité, sa rentrée dans l'ordre naturel m'apparaît pour cela d'une haute signification, comme le signe avant-cou-

---

(1) M. Pierre Quillard. (L'*Aurore*, 25 octobre 1897).

reur d'un avenir où l'imposture et le sophisme ne verront plus autour de leurs autels ébranlés que quelques rares dévôts. Je sais combien est infime le nombre des rachetés. Mais je salue néanmoins la petite phalange héroïque, qui offre à ses anciens compagnons de misère, l'exemple du courage, et à nous, le plus réconfortant, le plus magnifique des spectacles !

LES DEUX CATHÉDRALES

CLAUDE MONET ET J.-K. HUYSMANS

Je ne sais pourquoi le livre récent de J.-K. Huysmans, la *Cathédrale*, m'a involontairement remis en mémoire la série de vingt toiles où Claude Monet évoqua la cathédrale de Rouen.

L'identité du sujet, si diversement interprété par le peintre et par le romancier, n'aurait pas suffi sans doute à retenir mon attention, si le rapprochement des deux œuvres n'avait aussitôt fait naître en moi la conscience de *l'opposition bien nette des deux conceptions dont elles dérivent*. En juxtaposant l'œuvre de Huysmans et celle de Monet, j'y découvre non seulement deux conceptions d'art très différentes, — ce qui serait d'un intérêt secondaire, — mais surtout l'indice de deux compréhensions, exactement situées à l'opposite, des choses de ce monde, — ce qui est d'une tout autre importance.

Qu'est-ce en soi que la « cathédrale », vers laquelle convergea, issue de points si opposés, la vision des deux artistes ?

La pensée religieuse de l'Europe s'épanouit au Moyen-âge dans une croyance. L'homme, créature de Dieu livrée à sa merci, s'éleva vers son Créateur en un perpétuel élan d'actions de grâce et de prières. La cathédrale n'est que la pétrification de cette incessante oraison, le sanctuaire de l'âme médiévale. Elle nous apparaît donc comme le symbole d'une époque et d'un monde; symbole vivant durant des siècles, aujourd'hui symbole défunt, puisque cette époque révolue et ce monde transformé, elle ne subsiste plus qu'à l'état de vestige. Son âme, issue de la communion du ciel et de la multitude, s'est dissoute au souffle de l'esprit du temps. On peut entrevoir l'époque prochaine où, tel le mammouth ou le plésiosaure des périodes paléontologiques dont les cadavres surgissent de terre ça et là, la cathédrale apparaîtra, aux yeux de l'homme de demain, comme l'organisme-type d'un âge disparu.

Sous quel aspect est-elle donc apparue au romancier, puis au peintre?

Se basant sur la quasi-subsistance de l'âme médiévale ou plutôt sur sa persistance à ne pas s'éteindre, Huysmans, à la fin du dix-neuvième siècle, considère la cathédrale comme l'expression toujours vivante et toujours adéquate de la pensée religieuse contemporaine. Ce n'est donc pas une restitution qu'il tente, mais une interprétation d'un symbole qui n'a pas cessé d'être, à ses yeux, véridique et suprême, et que les tempêtes humaines n'ont fait qu'effleurer de leurs tourbillons. Le formidable organisme de foi et de prière lui est apparu sous son aspect saisissant de réalité, avec son corps et avec son âme, dont les siècles n'ont pu atténuer la mystérieuse fulguration. Ecoutez-le, ou plutôt écoutez son Sosie, Durtal (1), s'abîmer en extase devant le sanctuaire : « Elle est un résumé du ciel et de la terre ; du ciel dont elle nous montre la phalange serrée des habitants, Prophètes, Patriarches, Anges et Saints éclairant avec leurs corps diaphanes l'intérieur de l'Eglise, chantant la gloire de la Mère et du Fils ; de la terre, car elle prêche la montée de l'âme, l'ascension de l'homme; elle indique nettement, en effet, aux chrétiens, l'itinéraire de la vie parfaite..... Et cette allégorie de la vie mystique, décelée par l'intérieur de la Cathédrale, se complète au dehors par l'aspect suppliant de l'édifice. Affolée par la joie de l'union, l'âme, désespérée de vivre, n'aspire plus qu'à s'évader pour toujours de la géhenne de sa chair; aussi adjure-t-elle l'Epoux avec les bras levés de ses tours, d'avoir pitié d'elle, de venir la chercher, de la prendre par les mains jointes de ses clochers pour l'arracher de terre et l'emmener avec lui au ciel. » (2).

C'est à travers le flot des puériles légendes, des naïves ignorances, des obscures allégories, charrié par le moyen âge, — et qui sont pour l'humanité comme ces jeux de la première enfance dont l'individu conserve un souvenir

---

(1) Personnage principal du roman de Huysmans.
(2) J.-K. Huysmans. *La Cathédrale*.

confus, — c'est, orné de cette végétation mystique, qu'il entrevoit le monument où l'humanité d'hier pétrifia son rêve du divin, et qu'il en exalte la signification tout à la fois d'orgueil et d'humilité.

C'est donc en croyant orthodoxe que Huysmans a contemplé la cathédrale.

Claude Monet, lui, s'est borné à l'embrasser d'un simple regard d'homme.

Aussi son interprétation en est-elle profondément différente. Entièrement dégagé de tout ressouvenir, de tout culte et de toute tradition religieuse, le peintre n'a considéré l'édifice que comme un fragment de nature, suivant la réalité, non suivant le dogme. Les significations occultes, pas plus que les symboles chrétiens, ne l'ont un seul moment troublé. Son œil a vu se dresser quelque part, sur un point du sol, une imposante architecture que la lumière et l'ombre baignaient alternativement. Cette caresse du jour au mélancolique visage du sanctuaire d'antan, cette alliance des pierres vénérables et du soleil toujours vivant, ont captivé tout son être épanoui dans la vision. Il ne s'agissait pour lui, ni de liturgie ni de symbolique : nul mystère de déchiffrement, nul doute d'interprétation, nul débat théologique ne pouvaient l'atteindre. La réalité était là devant lui, en l'absence absolue de toute équivoque : il la vit et l'interpréta. « Le monument, grand témoin du soleil, a écrit M. Georges Clémenceau dans un examen merveilleusement aigu des cathédrales de Monet, darde au ciel l'élan de sa masse autoritaire qu'il offre au combat des clartés. Dans ses profondeurs, dans ses saillies, dans ses replis puissants ou ses arêtes vives, le flot de l'immense marée solaire accourt de l'espace infini, se brise en vagues lumineuses battant la pierre de tous les feux du prisme ou apaisées en obscurités claires. » (1). Il n'est pas besoin de commentaire à ces quelques lignes, pour démontrer qu'il y a loin de l'un à l'autre point de vue. D'une part, il y a le dogme immuable, et d'autre part, la libre réalité.

Ainsi les deux expressions que j'énonçais au début, de la cathédrale, considérée par l'un dans son rapport avec la divinité officielle, par l'autre dans son rapport avec l'Univers, s'opposent entre elles avec une admirable netteté. Entre un Huysmans et un Monet, il y a plus que la profondeur d'un océan, séparant deux mondes : il y a toute l'abîme des siècles. Des choses énormes les séparent ; et c'est moins à deux races qu'ils se rattachent, qu'à deux âges de l'humanité. Ils vivent à la même époque mais l'âme du romancier n'est pas contemporaine de celle du peintre.

Voyez combien profondément diffèrent leur vision. Ici, la forteresse de la foi médiévale surgit *isolée de l'univers*, surnaturelle, divine, solitaire ; là, elle apparaît *liée à l'univers*, naturelle, terrestre, solidaire. Le premier, suivant son expres-

---

(1) G. Clémenceau. *Le Grand Pan : Révolution de cathédrales*.

sion, scrute le « sens *biblique* des pierres », l'autre le sens *cosmique* des pierres. L'écrivain met la Bible au-dessus de l'Univers, l'artiste met l'Univers au-dessus de toutes les Bibles et de toutes les fois. D'une part, la cathédrale est vue sous l'angle de la Divinité, d'autre part sous l'angle du soleil, car pour l'un, le soleil mystique c'est Dieu, pour l'autre, le dieu réel c'est le soleil, dispensateur de la vie. La lumière unique vient du dedans pour le premier, pour le second la lumière unique vient du dehors. Pour un Huysmans, avant tout, il y a le *Dogme*, pour un Monet, avant tout, il y a la *Réalité*.

Il est à remarquer, néanmoins, que les deux exégètes de la cathédrale se sont rencontrés en ceci : tous deux sont artistes et tous deux ont découvert de la vie, là où n'apparaissent aux regards vulgaires que ruine et décrépitude. Mais encore faut-il ajouter que l'un est un *artiste catholique*, l'autre un *artiste*, sans autre qualification ; que ce qui anime la pierre est pour le premier, la foi, pour le second, la vie universelle.

Au fond, et c'est à cela que je veux en venir, ces deux hommes appartiennent à des conceptions diamétralement opposées. Pour l'un, il y a Dieu, la Vierge et les Saints, l'Eglise, gardienne de la Vérité, l'homme, créature pitoyable et pécheresse, sans espoir hors de l'obéissance à Dieu. Pour l'autre, il y a l'Univers, à la fois âme et corps, l'homme plongé dans l'océan des forces cosmiques, et prenant peu à peu conscience de la réalité du monde dont il est sorti pour y retourner.

Ces deux conceptions adverses, représentées ici par un livre et par une série de vingt toiles, ces deux conceptions en lutte durant tout un âge, valent d'être résumées, ne fût-ce que pour témoigner de leur antagonisme constant sur un terrain où l'on croit trop souvent qu'elles n'ont point accès, celui de la littérature et de l'art.

*
* *

La première est la *conception catholique*.

Née de la pourriture du paganisme, elle s'est épanouie sur le monde, et l'humanité s'en est nourrie durant des siècles. Le paganisme avait divinisé les énergies cosmiques; le christianisme immatérialise son Dieu dans un ciel fictif et jette l'anathème sur la nature. Le monde antique avait exalté la passion et la vertu des corps, le christianisme les proscrit. Pour le Grec, la vie est une joie; pour le Chrétien, elle ne peut être qu'une douleur. Le catholicisme apporte au monde une métaphysique et une morale en désaccord absolu avec les conceptions helléniques de l'époque classique. « Avec l'humilité, avec le mépris de la chair, avec la haine terrifiée de la nature, l'abandon des jouissances terrestres, la passion de la mort qui délivre et ouvre le paradis, un autre monde commençait (1) », a-t-on dit, et nulles paroles ne caractérisèrent mieux cette étrange apothéose du non-être qu'amena le christianisme.

Pourquoi chercher à vivre, puisque nous sommes sur cette terre comme des étrangers, qu'ailleurs est notre patrie, dont quelques pauvres années d'exil et de purification nous séparent à peine? Pourquoi nous efforcer d'enrichir nos corps et nos cerveaux, puisque le néant est au bout de nos efforts, la nature, une tromperie et un piège, la vie un châtiment? Pourquoi la science, la sensualité, la lutte, le travail, la volonté, l'action, le désir, la raison, les affaires humaines, puisque la terre est maudite, la vie de l'homme un perpétuel péché? Quelle folie nous pousse donc à soigner nos corps, qui, sortis de la pourriture, doivent y retourner demain, à pousser nos esprits dans la recherche de la vérité, alors qu'il n'y a pas de vérité en dehors de l'Éternel, et que tout ce que nous en devons connaître, nous fut révélé? Quelle voix d'orgueil et de perdition peut nous inciter à jouir et à savoir, quand vivre signifie expier, quand la mort seule peut nous ouvrir les portes de la connaissance?

L'ignorance et l'inaction sont les biens suprêmes. La terre et l'homme ne sont qu'impureté. Il nous faut attendre, immobiles et en prières, que Dieu nous appelle à lui. L'infécondité nous doit être un devoir, parce qu'il ne faut point perpétuer

---

(1) Emile Zola. *Rome*.

la douleur terrestre. Dieu, seule Volonté et seule Vérité, nous tient dans sa large main qu'il entr'ouvre ou referme suivant son infini caprice, et nous sommes sous son talon comme l'insecte du chemin, à la merci du plus fort. Cet Être d'essentielle force est aussi l'Être d'amour par excellence : c'est pour prix de cet amour, sans doute, qu'il exige de nous l'obéissance passive, l'innocence spirituelle, l'absence de passion, l'inertie de la volonté, l'annihilation du désir, l'ignorance de tout ce qui n'est pas lui. Un avenir de félicité nous est promis, si nous avons traversé la vie sans nous mêler aux souillures dont elle est pleine.

Telle nous apparait, fort réduite et condensée, la conception catholique. Elle est essentiellement *anti-vitale*; et en cette affirmation, je ne juge pas, je constate. Elle est basée sur ce sentiment que la vie a été, est, sera, *ne peut pas ne pas être* mauvaise, qu'il faut par conséquent y participer le moins possible, et que seule l'idée de Dieu est susceptible de l'ennoblir. Le ciel est tout, la terre n'est rien; là-haut, une montagne de félicités, ici-bas, une vallée de larmes. Le bonheur suprême, c'est de quitter les bas-fonds de la vallée pour parvenir au sommet de la montagne; la mort nous fait accomplir cette ascension. Voilà pourquoi je dis que la conception catholique est, par sa nature même, anti-vitale, puisqu'elle anéantit en nous tout ce qui constitue la vie, qu'elle nous oriente vers la mort, qui est, suivant elle, la porte de la vraie vie. Le « catholique », bien que signifiant l'« universel », est précisément dirigé contre l'univers.

Ce que doivent être les résultats d'une conception de cette nature, on pourrait, avant même d'avoir consulté l'histoire ou jeter les yeux autour de soi, l'imaginer facilement. Loyola, Benoît Labre ou Bossuet, au triple point de vue moral, physique et métaphysique, seraient en mesure de nous renseigner. Bornons-nous à constater que si la catholicisation du monde était un jour parachevée, l'humanité s'étant partagée en deux cloîtres immenses, l'un mâle, l'autre femelle, où chaque sexe se préparerait dans les macérations et la prière à son avenir paradisiaque, la prophétie de l'an mil ne tarderait pas à se réaliser. Tel serait le résultat terrestre de la mise en pratique des doctrines catholiques.

L'Occident a donc offert, durant dix siècles, le spectacle d'une humanité s'efforçant, par tous les moyens en son pouvoir, de rendre aussi douloureuse, aussi amère que possible, en vue de compensations ultérieures, l'existence que Dieu la condamnait à vivre. Que le monde ait, malgré tout, subsisté, voilà ce qui peut paraître singulier. Peut-être faut-il attribuer à d'autres influences que celle du Christ, cette résistance au non-être. L'animal humain, non chrétien par nature, possède en lui un instinct de vie et un inconscient désir d'accroissement qui durent entraver ses efforts énergiques pour parvenir à l'anéantissement, c'est-à-dire au seuil de la vie bienheureuse.

Or, il advint qu'en dépit de sa force et des nombreuses séductions qu'il offrait, l'édifice catholique chancela sur sa base ; cette base dont la première pierre avait été posée par un Dieu, venu des régions célestes pour cela, ne fut plus en état de le soutenir. C'est que le cœur de l'humanité vibrait de sentiments nouveaux et qu'une faculté dangereuse, ennemie de l'obéissance et du respect, la raison, s'était peu à peu réveillée du sommeil où la descente d'un Dieu sur la terre l'avait plongée. Les coups d'un tonnerre qui n'était plus aux mains de l'Eternel, ni de Zeus, mais aux mains audacieuses de l'humanité, vinrent ébranler sans repos le château-fort de la théocratie. L'édifice vacilla terriblement et depuis lors il n'a pu retrouver son aplomb. L'éboulement de ses remparts, battus en brèche par le temps et par l'homme, lui enlève chaque jour un atome de sa force. C'est la décrépitude et presque l'agonie ; il semble que les plus énergiques efforts pour restaurer cette ruine doivent demeurer sans effet. Le souffle de la mort a passé par là.

Et cependant quelques fidèles obstinés persistent à chercher un abri au sein de l'édifice branlant. Les uns y demeurent en prière, n'attendant un secours que du Ciel ; les autres s'efforcent par tous les moyens de reculer le terme fatal et d'empêcher l'inéluctable de s'accomplir.

L'auteur de la *Cathédrale* est l'un de ces fidèles.

⁂

La seconde, c'est la *conception moderne*, en voie d'élaboration.

Il serait téméraire de la nommer et de la déterminer absolument; non seulement elle n'a pas encore atteint son développement normal, mais il est impossible de fournir à son endroit autre chose que des conjectures. Abstenons-nous donc de l'amoindrir, en voulant la fixer trop précipitamment.

Quelle est l'origine de cette conception ? Voilà où nous pouvons mieux que conjecturer : nous affirmons, car elle est bien nette. Elle sort du fond même de l'humanité, sans qu'il ait été besoin d'aucune révélation divine pour l'imposer. Les autres « fois » proviennent d'en haut, celle-ci est née d'en bas, des entrailles de la terre et de l'humanité, de la nature même de l'homme.

L'individu, que le dogme chrétien avait isolé de la nature, sentit peu à peu qu'entre elle et lui existait le plus indestructible et le plus profond des liens. Il crut comprendre que non seulement il n'y avait pas antagonisme entre son être propre et l'être du monde, mais qu'ils étaient éternellement unis, consubstantiels et solidaires ; qu'il y avait dès lors nécessité absolue pour lui de se plonger, à âme perdue, dans cette fontaine de vie, dans cet océan de nature, dont il tirait le meilleur de ses forces.

En même temps il se reconnut maître d'une faculté dont le libre exercice lui avait été présenté comme criminel et sacrilège : la pensée. Le cerveau, humblement courbé sous le poid du Dogme, se releva insensiblement, tout frémissant de désirs nouveaux. L'homme pressentit alors, éparse dans l'atmosphère, en germe dans tout son être, la possibilité d'une vérité autre que la vérité apprise, et ce fut pour lui un enivrement. La force nouvelle qui le travaillait, ne le laissa plus en repos qu'il n'eut découvert quelque fragment de cette vérité dont l'aube avait point en lui. Et lorsqu'il eut trouvé, la conscience humaine surgit claire, inéluctable, impérieuse, toute puissante.

C'est ainsi qu'une nouvelle conception prit racine dans l'instinct même de l'homme ; le principe de sa force est là. Cette origine terrestre est en même temps son plus beau titre de noblesse. L'homme, ayant pris conscience de la réalité de son être et de la réalité du milieu où il vit, possède désormais la base nécessaire pour aborder ce mystérieux Univers dont l'énigme multiforme ne cessera plus de l'inquiéter.

Ré-intronisation de la nature purifiée de tout anathème, du cerveau de l'homme libéré de toute entrave, tel est donc le double caractère de la seconde conception. La nature, jadis proscrite comme un réceptacle d'impuretés, reprend sa place et sa dignité. Rien n'existe que par elle et tout effort serait vain qui prétendrait s'opposer à ses énergies. La pensée, qui n'admet plus aucun dogme, aucune révélation, soumet le monde à son investigation passionnée. La vérité naît peu à peu du libre et impartial examen de l'homme, qui reprend sa place dans l'immense série des êtres et des mondes.

On comprend facilement la portée prodigieuse de cette révolution dont la conscience de l'homme fut le théâtre. Le Dogme apparut pourri et la « Vérité » toute faite, la « Vérité » révélée, un mensonge. Plus on scrutait la réalité, plus elle apparaissait différente de ce qu'on s'était figuré sur la foi des affirmations dogmatiques ; d'où la nécessité d'entreprendre une immense enquête pour parvenir à la connaissance méthodique et progressive de la nouvelle vérité. Il y eut substitution de la Science au Dogme. L'Ecriture Sainte, base de l'ancienne foi, ne fut plus qu'un document d'exégèse ; l'immense Bible vivante dont quelques caractères commençaient à être traduits, devint le seul Livre sacré dont l'authenticité fut établie. En même temps la conscience s'épanouissait au contact de la nature, et les terreurs, les scrupules, les aspirations vers la chasteté, le culte de la douleur faisaient place au libre rayonnement de l'individu, qui demandait à vivre pleinement par lui-même.

Nous venons de le dire : s'il est impossible de déterminer à présent l'ensemble de la conception moderne, qui n'est encore qu'ébauchée, il est toutefois permis d'en noter les traits principaux. Nous ne tirons pas de conclusions, mais nous posons des principes désormais acquis.

En premier lieu, il n'y a plus, dans le ciel éternel, un Dieu tout-puissant, sur le globe éphémère, d'humbles créatures, ses esclaves : il y a, en tout et pour tout, l'Univers vivant, matériel-spirituel, au sein duquel l'homme est plongé. La conscience humaine n'est qu'une infime mais lumineuse parcelle de la conscience de l'Univers. Toute vérité miraculeusement révélée perd sa valeur; toute réelle vérité provient de la conscience et du cerveau de l'homme. Toute force, toute sagesse, toute beauté résident dans la nature, et tout ce qui s'élève à l'encontre d'elle est fatalement stérile. Le monde ne peut survivre sans fécondité ni liberté : la chasteté et la servitude sont les deux plus actifs ferments de dégénérescence. L'humanité s'élevant à la conscience de l'Univers, par une adhésion plus complète aux normes naturelles dont la connaissance lui est peu à peu révélée par son cerveau, telle est la principale conséquence de de la nouvelle conception. Elle est par sa nature, essentiellement *sur-vitale*, si j'ose m'exprimer ainsi, parce qu'elle admet, à l'inverse du christianisme, que la vie *ne peut pas ne pas être* un bienfait.

On a pu remarquer que cette conception présentait une certaine analogie avec la doctrine connue sous le nom de panthéisme. Elle aboutit, à vrai dire, à un nouveau panthéisme, infiniment plus large que l'ancien, tout imprégné de réalité et de science. Mais à quoi bon lui donner un nom, alors qu'il est encore impossible d'en saisir l'ensemble? Bornons-nous à constater que tout ce que le monde moderne a édifié de grand et de durable s'y rattache de près ou de loin.

Le peintre des Cathédrales en est sorti.

*
* *

Agiter ces graves problèmes autour d'un roman et de quelques toiles, semblera peut-être, à quelques-uns, puéril. Je n'ai pas pensé ainsi. La lutte entre le nouveau monde et l'ancien m'apparaît aussi vive dans le domaine de l'art que dans la vie sociale. L'homme qui vote au Parlement pour le maintien des « survivances du passé » est proche de l'homme qui consacre un roman à l'exaltation de l'Eglise. Et de même, l'artiste qui scrute et interprète la réalité sans intention ni sans feinte, collabore avec l'être d'action révolutionnaire. De la lutte ardente de ces deux groupes humains sort l'avenir.

Il me reste à conclure.

Je le ferai brièvement, car, on le pense bien, il serait quelque peu téméraire de prétendre juger en quelques pages d'aussi vastes conceptions.

Quelques points du débat particulier qui nous occupe, nous paraissent toutefois assez clairs. Nous posons cette question : Est-il possible à un artiste de réaliser une œuvre forte avec des matériaux avariés?..... J'entends par œuvre forte, une œuvre qui vit ; j'appelle matériaux avariés, des sentiments faux et des idées abolies.

Je demande s'il est possible à un artiste moderne d'enfanter une œuvre vivante, alors que sa propre pensée est sans contact possible avec la pensée du monde présent, et s'il est possible à ce monde d'accepter une création d'art, conçue absolument en dehors de sa réalité. Je ne crois pas que l'équivoque soit ici permise. Comment pourrait-on admettre que l'art qui prend son inspiration en-deça des siècles ne soit pas nécessairement artificiel ? Pas plus qu'un Hellène n'aurait pu tirer de l'âme égyptienne son inspiration, ni un artiste du moyen-âge de l'âme grecque, un moderne dont les sens et l'intelligence ne sont pas clos, ne peut, quelque soit son propre tempérament, faire que la vérité d'hier soit celle d'aujourd'hui. Il ne peut que se vêtir du manteau troué que les générations ont abandonné sur la route. Mais les plis du manteau ne dissimulent pas l'anachronisme de sa conscience.

Je ne discute pas la sincérité d'une œuvre conçue en dehors de l'humanité présente ; la sincérité est ici en dehors de la discussion. Je dis seulement que cette œuvre est inacceptable, au même titre que la pensée qui l'anime. Je ne conteste ni l'érudition ni le style de Huysmans, je dis que son œuvre ne nous émeut pas.

Radicalement autre nous apparaît l'œuvre de Monet : saine, franche, vitale, réaliste, vivante. Il ne s'agit plus avec lui de dogme ni de résurrection. Il s'est mis en face de la réalité, celle d'hier, d'aujourd'hui et de toujours : et c'est avec une vision d'homme moderne qu'il l'a contrainte de révéler ses secrets. La vie déborde de ses toiles, dépouillée de tout symbole, de tout artifice, de tout mensonge. Elle est là, devant nous, frémissante et nue; et combien sa réalité nous apparaît supérieure aux pâles effigies que l'on voulut tant de fois nous faire admirer! S'il y a vraiment un art moderne, — ce dont il paraît difficile de douter, à M. Huysmans plus qu'à personne, si j'en crois les sagaces études qu'il lui a jadis consacrées (1), — un art qui se rattache à la pensée d'aujourd'hui, le peintre des cathédrales en est, à tous les points de vue, l'un des représentants.

L'âme dont Huysmans sent tressaillir la pierre est bien réellement une âme morte. Le magnétisme de la prière et de la foi s'est à jamais dissipé : les regrets, les mélancoliques ressouvenirs et les tendres regards jetés en arrière n'y feront rien. Mais si la pierre n'est plus pénétrée de vie céleste, la vie naturelle l'anime aussi intensément que par le passé. « La merveille de la sensation de Monet, dit encore M. G. Clémenceau, c'est de voir vibrer la pierre et de nous la donner vibrante, baignée des vagues lumineuses qui se heurtent en éclaboussures d'étincelles. C'en est fini de la toile immuable de mort. Maintenant la pierre elle-même vit, on la sent muante de la vie qui précède en la vie qui va suivre. Elle n'est plus comme figée pour le spectateur. Elle passe. On la voit passer. »

(1) J.-K. Huysmans. L'Art moderne (1883).

En un mot, *le romancier a considéré la vie sous un aspect illusoire; le peintre a pris la vie pour elle-même dans son intégrité.* L'œuvre du premier est issue de la superstition et du mensonge ; c'est une fleur de décadence. L'œuvre du second est sortie de la nature et de la réalité, c'est une fleur de plénitude. Tel est, à mon sens, ce qui les différencie profondément.

L'auteur de la *Cathédrale* parle quelque part d'un religieux « qui, sortant de sa cellule, au mois de mai, se couvrait la tête de son capuchon pour ne pas voir la campagne et n'être pas ainsi empêché de regarder son âme. » L'erreur de M. Huysmans provient de ce qu'il a voulu suivre l'exemple de cet héroïque mais absurde contemplateur de soi-même. Et si l'artiste véritable est celui dont les sens s'épanouissent librement devant les choses, la supériorité de Claude Monet, le peintre de la Cathédrale, nous apparaît indiscutable.

Il est vrai que M. Huysmans a pour défenseur des écrivains aussi autorisés que M. Georges Rodenbach, par exemple, qui, exaltant le pouvoir de « la vieille chanson qui berçait l'Humanité », ne craint pas d'annoncer un retour de l'humanité aux antiques « credo ». Ecoutez cette touchante parole:

« ... Peut-être que la vieille chanson n'est pas si finie qu'on pense et pourrait bien être le prochain remède, la solution de demain aux attentes de l'heure actuelle... Qui sait si, cette fois encore, ce n'est pas la « vieille chanson » qui sera le remède et la conclusion de tant d'agitations douloureuses. Déjà des vigies le prophétisent, qui regardent l'horizon d'observatoires bien divers. ... M. Huysmans est « en route », comme il a dit lui-même. *Le monde sera persuadé.* Combien vont le suivre et donner la même solution à leur crise intérieure !... La foule, ici, communique avec l'écrivain par le côté de l'âme. Il a senti ce qu'elle sent, et il croit déjà ce qu'elle voudrait croire, *comme si une Pentecôte nouvelle était attendue* et qu'on vit déjà la langue de feu, le céleste don, luire d'abord au-dessus de lui.

« M Huysmans fait avec l'Eglise un *mariage de raison*. Il l'a jugée la plus belle, la plus pure, la plus sûre, la plus capable de le rendre heureux. Là est le haut conseil, le grand enseignement qu'il donne. *Et qui sait s'il n'est pas ainsi le précurseur de quelque renouveau religieux qui se prépare ? Qui sait si la « vieille chanson » qu'on disait surannée ne va pas recommencer à être la bienvenue pour bercer l'Humanité et lui faire oublier toutes les angoisses de cette fin de siècle obscure ?* » (1)

Je crois vous comprendre, M. Rodenbach : votre esprit, infiniment las d'avoir rêvé, infiniment lointain et nostalgique, entrevoit déjà les délices d'un retour aux naïves légendes « qui berçaient l'humanité ». S'il en est ainsi, cessez d'espérer, croyez-moi, et retournez prudemment et noblement à votre tour d'ivoire, car votre

---

(1) G. Rodenbach. *Le Figaro*, 22 Février 1898.

déception serait formidable. Et pour qu'à l'avenir, une nouvelle tentation d'en sortir ne vienne interrompre votre solitaire songerie, retenez cette vérité :

Aux heures de lutte, aux « jours tumultueux et fiévreux », la nature intime de chaque homme apparaît sous son véritable jour. Il y a *les confiants qui s'avancent* et *les pusillanimes qui reculent*. Vous classez Huysmans parmi ces derniers, et je vous donne pleinement raison. Mais lorsque vous concluez de la brusque reculade d'un petit nombre d'affaiblis à la marche en arrière de l'humanité, comment voulez-vous que cette humanité, par la voix de ses individus conscients, ne salue pas vos paroles dérisoires de sa plus cinglante moquerie ?

Je le sais, vous n'êtes pas seul, puisque la Sainte Église vous couvre de sa protection, mais combien toutefois, vous paraissez faible à tous ceux que fut assez puissante pour entraîner, la *nouvelle chanson*, celle que vous n'entendez pas !

FIN

TABLE

Introduction.

	Pages
L'ESPRIT NOUVEAU.	5

I. — La Vie Artistique.

L'AVENIR DU NATURALISME.	17
L'ART ET LA SEXUALITÉ. L'ABSTINENCE SEXUELLE COMME PRINCIPE CRÉATEUR EN ART.	
I. — NARCISSES MODERNES	61
II. — RÉPONSE A M. PANIZZA	75
LA BANQUEROUTE DU PRÉRAPHAÉLISME.	93
L'ARCHITECTURE NOUVELLE.	119

II. — La Vie Sociale.

LA SOLIDARITÉ DES ÉLITES	139
L'INTER-NATIONALISME.	175
SE CONNAITRE. L'ÉGOTISME NATIONAL ET LA CONNAISSANCE DE L'ÉTRANGER	205
L'ARBITRAGE ET L'ÉLITE.	225

III. — La Vie Religieuse.

UN SYMBOLE.	241
BOSSUET ET LA FRANCE MODERNE.	269
LA RENTRÉE DANS L'ORDRE	341
LES DEUX CATHÉDRALES. CLAUDE MONET ET J.-K. HUYSMANS.	373

www.ingramcontent.com/pod-product-compliance
Lightning Source LLC
Chambersburg PA
CBHW060552170426
43201CB00009B/757